RÜDIGER DUNKEL

ICH HAB'
MICH
ANGESEHEN

ISBN: 978-3-945676-39-4
1. Auflage 2017
© Verlag Matthias Ess,
Bleichstraße 25, 55543 Bad Kreuznach
Autor: Rüdiger Dunkel
Alle Fotos: Elisabeth Reuter

RÜDIGER DUNKEL

EINE LEBENSLIEBESGESCHICHTE

ICH HAB'
MICH
ANGESEHEN

Wenn in Taizé
Erinnerungen zu Liedern und
Lieder zu Erinnerungen werden

INHALTSVERZEICHNIS

PROLOG

Ich hab's schon wieder getan! Ich wollte es gar nicht! „Die Geschichten, die Sie zu Ihren Liedern erzählen, kann man die auch irgendwo nachlesen?" Viele fragen mich nach meinen Konzerten so und
ähnlich. Auf mein „Leider nein!" sagte eine ältere Frau: „Schade! So
vieles hat auch mit meinem Leben zu tun. Ihre Situationen waren bei
mir oft ganz ähnlich!"
Also habe ich es nun doch getan. Gedacht hatte ich daran, kurze
Erläuterungen zu den Liedern aufzuschreiben, kurze Hintergrund-
lichter zu den Liedern meiner CD „Spiegelblicke" zu setzen. Aber es
begann eine Reise, ein Abenteuer. Niemals hätte ich gedacht, dass
ich noch einmal selbst so tief in mein Leben eintauchen würde, mir
selbst noch einmal die vielen Schätze hebe, die sich in mir versteckt
hatten und eigentlich gut aufgehoben waren. Einige schon seit langer
Zeit! Viele Abschnitte meines Lebens, Begegnungen, Stationen und
Gesichter von Menschen, die mich begleiteten und zu dem machten, was und wie ich heute bin, habe ich aus dem Dunkel ins Licht
gehoben. Ein nettes Wortspiel, aus dem Dunkel – also aus mir und
meinen Erinnerungen – ans Licht und dann auch gleich auf's Papier.
Ich durfte lachen, ich musste weinen. Schönes, Lustiges! Genau wie
Trauriges und Schweres! Alles gehört zum Leben, auch zu meinem.
Je länger ich an diesem Buch arbeitete – da ich so etwas nur in Taizé kann, wurden es zwei Jahre, schließlich bin ich maximal drei
Wochen im Jahr dort –, desto deutlicher wurden mir selbst meine
eigenen Lieder und ihre Zusammenhänge. Ich entdeckte die vielen
Geschichten hinter den einzelnen Liedzeilen. Es sind viel mehr, als
ich selbst es beim Texten dachte. Auch meine Melodien wurden auf
einmal klarer. Sie sind versteckte Träger meiner Geschichten dahinter. Konnten gar nicht anders klingen, als sie es dann wurden.

Nun aber eine kleine Gebrauchsanweisung zu diesem Buch:
Die Kapitel sind in der gleichen Reihenfolge sortiert, wie sie es auch
auf der CD „Spiegelblicke" sind. So sind alle Kapitel in sich abgeschlossen, bauen nicht aufeinander auf. Obwohl – sie tun es auf der
CD zumindest doch. Dort sind es die Melodien. Sie gehen auf und
ab, wechseln ihre Stimmungen. Wie im richtigen Leben!
Ein einleitender, zusammenfassender Gedanke möchte Ihnen zu

Beginn eines jeden Kapitels den Horizont eröffnen für das, was Sie dann im Kapitel erwartet. Den Text des Liedes, hinter dem sich die Geschichten des Kapitels versteckten und es zum Lied werden ließen, finden Sie jeweils am Ende des Kapitels.

Wenn Sie nun noch die CD zur Hand hätten, um nach jedem Lesen eines Kapitels eine kurze Pause zu machen und das Lied dazu zu hören, wäre das natürlich optimal! Denn dann könnten Sie vielleicht ja auch fühlen, was ich angedeutet habe. Nämlich, dass Liedtexte immer Komprimierungen von Geschichten sind, die eben auch durch Melodien erzählt werden. Klingt kompliziert, wäre aber hörbar.

Schön wäre es auch, wenn Sie beim Lesen eigene Gedanken und Fragen an Ihr eigenes Leben zuließen, die Ihnen auch Ihr Leben noch einmal spiegeln könnten. Und vielleicht werden wir darüber ja einmal, wenn wir uns begegnen, ins Gespräch kommen. Es würde mich freuen!

Klar, dass dieses Buch eigentlich auch „Spiegelblicke" heißen sollte. Aber stellen Sie sich einmal vor, dieses Wort und jede kreative Verwendung dafür hat sich doch tatsächlich jemand schützen und die Rechte dafür sichern lassen! Sachen gibt's, die glaubt man nicht!

Danken möchte ich natürlich auch.

Zuallererst Kiki und Georges in Taizé, die mir seit vielen Jahren ihre Terrasse mit dem wunderschönen Blick in die Landschaft zur Verfügung stellen, wo ich – genau so wie in Zelt F und in der Kirche von Taizé – texten, komponieren und schreiben darf. Liebe Kiki, lieber Georges: Danke!

Ich danke meiner Frau. Wofür, das kann ich an dieser Stelle nicht alles aufzählen. Dann gäbe es ein Buch im Buch. Aber ich danke ihr für die leeren Bücher, die sie mir bereitstellt, damit ich sie mit meinen Gedanken, Liedern und Texten füllen kann. Ich danke ihr für die Geduld, mit der sie in Taizé oft neben mir gesessen und ihre eigenen Tagespläne mit mir für sich behalten hat, weil sie gesehen und gespürt hat, wie tief ich in meinen Gedanken versunken war und mein Stift über das Papier flog. Und natürlich danke ich ihr, das ist doch selbstverständlich und wunderbar, für ihre Liebe! Denn sonst stünde hier nichts, gar nichts! Deshalb, mein Schatz: Danke!

Ich danke drei besonderen Menschen, die mich schon so lange jeden Tag neu glücklich machen. Früher konnte ich mir dieses Glück täglich ansehen, wir lebten schließlich eng zusammen. Heute darf ich an sie denken und mich auf ihre Besuche freuen. Wenn sie sich damals nur halb so gefreut haben, wenn Papa – also ich – nach Hause kam, wie ich mich heute freue, wenn sie ihren Besuch bei mir ankündigen, dann ahnen sie, wie viel Glück mich bewegt, sie zu meinen Kindern zu haben. Deshalb, ihr drei: Danke!

Zwei Menschen verdanke ich mein Leben. Verdanke ich, dass ich so geworden bin, wie ich bin. So denke, wie ich denke. So fühle, wie ich fühle. So rede, wie ich rede. So liebe, wie ich liebe. Die eine, meine Mutter, starb während der Entstehung dieses Buches. Aber ihr Lied zum 80. Geburtstag, in ihrem Seniorenwohnheim vor mehr als zwei Jahren vor versammelter Mannschaft „uraufgeführt", und auch die CD hat sie noch hören dürfen. Ich fand sie auch im CD-Spieler, als ich nach ihrem Tod ihr Zimmer räumen musste. Es war die letzte CD, die sie gehört hatte. Ja, und mit meinem Vater teile ich noch immer und gerne meine Zeit, leider viel zu selten. Er hat zum 80. Geburtstag vor mehr als drei Jahren natürlich auch ein Lied bekommen, es ist auf der ersten CD „Seelenreise" zu hören. Gut, dass er zumindest immer in mir ist. Und so Gott will, gibt es am Zweiten Weihnachtstag traditionell wieder ein Dreigenerationen-bier – Großvater, Vater und Sohn, der mittlere bin ich! Deshalb, liebe Eltern: Danke!

Ralf – Musikbruder, Seelenverwandter, Produzent, Arrangeur und Freund! Du hast meinen Liedern zu vollem Leben verholfen, hast sie veredelt und für mich zu kleinen Schätzen gemacht, die mich so froh machen. Du hast mir nach 35 Jahren Pause meine Jugend, unsere Jugendzeit zurückgegeben. Wir sind wieder da, wieder auf der Bühne! Grau die Haare, tiefer die Stimmen, aber die Liebe zur Musik ist und hält ewig jung. Und dein Gitarrenspiel ist für mich einfach schönster Himmelsklang!

Taizé – du kleiner Frühling! Du bist einfach alles für mich!

Holger, mein geistlicher Bruder, Berater und guter Freund! Du warst der Erste, der all diese Zeilen gelesen und redigiert hat. Du hast mich ermutigt und darin gestärkt hat, die Offenheit in diesem Buch nicht zu scheuen.

Und da sind die an dieser Stelle Vergessenen und Nichtgenannten. Bitte verzeiht mir!

Euch allen sage ich von ganzem Herzen: Danke!

So, jetzt aber viel Freude, an manchen Stellen sogar Mut zum Lesen, vielleicht ja auch beim Hören!

Sie nun mitzunehmen ist mir eine Ehre! Danke!

Rüdiger Dunkel, im Oktober 2017

Auf Georges' Terrasse in Taizé

Es gibt einen Ort in deinem Leben,

an dem du alles sehen kannst –

deine Vergangenheit,

deine Gegenwart

und die Zukunft!

Ich habe ihn gefunden!

Wo ist Deiner?

Ich weiß gar nicht mehr, wann ich damit angefangen habe. Es ist noch gar nicht so lange her. Eigentlich habe ich – gefühlt – immer hier gesessen. Gesessen und den Augenblick genossen. Den Blick auf die Kirche von Massily. Auf die Kühe, die scheinbar regungslos auf dem schrägen Feld stehen. Sie haben mir schon oft geholfen. Wenn sie sich unter die Bäume verziehen, weiß ich: noch zehn Minuten bis zum schlechten Wetter. Wenn sie laut muhend und offensichtlich höchst erfreut ihrem Bauern entgegenlaufen, lerne ich etwas darüber, dem eigenen Schicksal vertrauensvoll entgegen zu laufen, egal was es bringen mag. Ob sie mir das allerdings wirklich zeigen wollen, wage ich zu bezweifeln.

Den Blick in die Landschaft habe ich seit langem in meinem Herzen gespeichert. Und wenn ich hier sitze, dann schaue ich, ob er wirklich auch unverändert ist – mein Blick in diese Landschaft. Das ist mir wichtig. Einen Ort der Beständigkeit zu haben, der Unveränderlichkeit. Einen Ort, der mir zurückspiegelt: Ja, du bist auch immer noch der, den ich kenne. Trotz allem, was du erlebt hast; trotz allem, was du mit dir trägst, du bist immer noch der, den ich kenne; der, den ich mag, weil er so ist, wie er eben ist. Ich denke, es ist an der Zeit, diesem Ort und diesem einmaligen Fleckchen Gottesschöpfung zu danken. Dafür, dass beide mich so annehmen, wie ich bin. Mich einfach hier in beiden sein lassen.

Und doch – irgendetwas hat sich verändert. Ich spüre es ganz deutlich. Erklären kann ich es noch nicht, begreifen wohl auch nicht. Aber beschreiben – beschreiben kann ich es vielleicht. Also, ich versuch' es.

Ich schließe meine Augen da auf Georges' Terrasse. Ich schließe meine Augen und höre eine Kinderstimme. Ich kenne sie. Aber es ist lange her, dass ich sie so deutlich hörte. Mein innerer Blick wendet sich nach rechts. Ich sehe sie dort sitzen. Meine jüngste Tochter sitzt im Sandhaufen eines ganz einfachen Spielplatzes in Taizé. Das kleine Mädchen quiekt vor Vergnügen, weil ein ganz junges Kätzchen vor ihr sitzt und dem hochgeworfenen Sand nachschaut, den meine Tochter so weit, wie es ihr möglich ist, verteilt.

Dann spüre ich, wie eine etwas größere Hand an meinem Pullover zupft. „Papa", sagt eine andere Stimme, „wir müssen in die Kirche!" Wir gehen los. An der Kirchentür bekomme ich – wie immer – meinen Abschiedskuss. Nicht ich küsse ihn. Dieser wunderbare kleine

Kerl küsst mich, manchmal sogar auf die Stirn, so als hätte er es sich
bei den Brüdern von Taizé abgeschaut. Was sagt mir so ein Kuss?
Was will mein Sohn mir sagen? Vielleicht: „Mach keinen Unsinn!
Benimm dich! Und sing' nicht wieder so laut, nur damit dich alle
bewundern! Wir sehen uns wieder!" Ich denke, irgend so etwas will
er mir küssend und ohne viele Worte sagen.
Dann flitzt er los. Nein, er flitzt nicht. Er schreitet. Mit seinen kleinen Kinderbeinen schreitet er durch die Kirche, durch den eigentlich für die Brüder von Taizé abgetrennten Bereich. Sie sitzen und
knien schon dort, schweigend und ins Gebet vertieft. Der kleine Kerl
lächelt sie an, während er an ihnen vorbeigeht. Einige lächeln sogar
zurück. Dann setzt auch er sich. Vor den Mann. Er ist alt, aber seine
Augen strahlen. Sein Lächeln erzählt die ganze Güte Gottes in einem
einzigen Moment. Dem kleinen Kerl, dessen Kuss ich noch deutlich
spüre, legt der alte Mann, Frère Roger, die Hand auf. Jetzt lächelt der
Kleine zurück, hält dem gütigen Blick mit der gleichen Güte stand.
Dann setzt er sich vor die Knie des Priors, kramt nach einigen Stif-
ten in der für Kinder bereit gestellten Malkiste, nimmt ein Blatt und
beginnt zu malen. Nachher wird er es ihm wieder schenken, nicht
mir – sondern ihm!
Ich sitze so, dass ich ihn sehen kann, dass ich sie beide sehen kann
– den alten Mann und den kleinen Blonden. Wie oft habe ich dieses
Bild mit meinem Herzen fotografiert und auf meiner Seelenfestplat-
te gespeichert. Wie oft liefen mir die Tränen dabei – vor Glück, vor
Rührung, vor Liebe, ja vor geradezu überströmender Liebe.
Immer wenn er so dort saß, wenn beide so dort saßen, kam in mir
das Wissen um den Moment hoch, der mir jedes Mal neu den Atem
stocken ließ – bis heute, wenn ich daran denke. Der Moment, in
dem Frère Roger nach dem Gottesdienst aufsteht, meinen Sohn an
die Hand nimmt, ja sich sogar manchmal auf ihn stützt und mit ihm
aus der Kirche auszieht, ihn mitnimmt. „Lass ihn los!", ruft mein
Herz. „Lass ihn los und gib' ihn mir wieder! Er ist zu jung. Es ist zu
früh!" Heute – mit geschlossenen Augen und in lebendiger Rück-
schau auf Georges' Terrasse – weiß ich endlich, welcher Schmerz es
war. Es war und ist der Schmerz, den die Eifersucht der Seele eines
Menschen manchmal bereitet.
Ich wollte dieser kleine Junge sein! Mich hätte er damals an seine
Hand nehmen sollen! Mich hätte er mitnehmen, mit hineinnehmen

können in die Gemeinschaft der Brüder von Taizé. Ich wäre gefolgt, wäre geblieben. Hätte hier in Taizé gelebt. Das wäre mein Leben geworden. Und all das – all meine Gedanken, all meine Lieder und Bücher – wäre niemals geschrieben worden. Nicht die Geschichte von den beiden, dem Prior und dem kleinen Blonden. Auch nicht die Geschichte von meiner ältesten Tochter, die hier im Kindergottesdienst aufgeblüht ist. Die schnitzeljagend durch die Gegend gerast ist. In der Chorstunde sang sie die mit Abstand jüngste Sopranstimme und schaffte es, alle damit zum Lächeln zu bringen. Beim Austeilen des Essens klang ihr „Guten Appetit", ihr „Enjoy your meal", ihr „Eet smakelijk" wie die Einladung eines Engelchens zu einem himmlischen Mahl, dem die Realität auf dem Tablett allerdings oft rasch und drastisch widersprach.

All diese Erinnerungen, all diese Geschichten, die wir uns immer wieder gerne erzählen, wenn wir uns an unsere gemeinsamen Zeiten hier in Taizé erinnern, wir hätten sie nicht, wenn ich geblieben wäre. Oder besser: wenn Gott mich an diesem Platz gewollt hätte!

Dabei war ich mir so sicher. Sicher, dass er genau das gewollt hat. Vor langer Zeit kamen Wilhelm und ich hier als Jugendliche an. Ich

Auf Georges' Terrasse wird alles möglich. Lieder, Melodien, Gedanken – und Glücksgefühle, pausenlos!

war schon oft hier. Wilhelm hatte ich überredet, mitzufahren. Und es passierte damals schon Ähnliches, wie ich es viel später bei den Begegnungen von Frère Roger mit meinem Sohn erleben sollte. Wir waren abends eingeladen. Brüder gingen früher noch durch die Kirche, luden scheinbar wahllos Jugendliche ein mitzukommen. Frère Roger wollte sich immer nach dem Abendgebet noch mit Jugendlichen treffen, um ihnen zuzuhören. Und so saßen wir beide abends da. Im Kreis mit den anderen Jugendlichen und einigen der Brüder schmierte Frère Roger Brote. Es gab Kakao. Wilhelms erste Begegnung mit Frère Roger. Und als wir dann noch „Confitemini Domino" anstimmten – Dankt dem Herrn, denn er ist gut –, sah ich Wilhelm an. In diesem Moment habe ich erlebt, unvergesslich und ganz tief erlebt, wie es geschieht, wenn Gott einen Menschen ruft. Ich würde es gern beschreiben können. Aber es bleibt eine Erinnerung. Die Erinnerung an ein Gesicht, das auf einmal von innen heraus leuchtete. Eine Erinnerung an einen Menschen, dessen innere Unruhe, dessen inneres Suchen mit einem Augenblick zur Ruhe kommt. Der plötzlich befreiter lacht, anders redet, behutsamer lebt. Aber ich merke gerade, wie ich jetzt doch versuche, etwas zu erklären, was wohl nur der liebe Gott selbst tun könnte. Also lass' ich es. Auf jeden Fall geschah all das, was ich mir auch so gewünscht hätte, bei mir und in mir eben nicht. Oder besser – wie ich es jetzt und heute zu verstehen und anzunehmen gelernt habe – eben anders. Und so wurde es gut!
Heute sitze ich auf Georges' Terrasse und lache über viele Bilder, die mir die Erinnerung an den Himmel malt. Das Bild, in dem Franz-Georg, ein anderer Freund, und ich ein erstes Mal allein, zumindest fast allein als Jugendliche hier ankamen. Sein Vater hatte uns hierher gefahren, von Dinslaken nach Taizé, 960 km, einfache Fahrt, um uns dann eine Woche später wieder abzuholen. Gelobt die Eltern, die es schaffen, ihre vermeintlich fast erwachsenen Kinder loszulassen, zumindest nicht allein bis nach Frankreich! Um gleich ein Zeichen für ein einfaches, schlichtes Leben in Taizé zu setzen, fuhr er uns in einem großen neuen Mercedes bis auf den Platz vor dem Empfang, mitten in Taizé. Vorbei an den vielen gequält blickenden anderen jungen Leuten, die gerade rucksackbeladen zu Fuß hier ankamen. Mein Freund und ich stiegen aus, verabschiedeten uns von seinem Vater und luden uns die Rucksäcke für die letzten 20 Meter natürlich

auf, schließlich wollten wir wenigstens am Empfang ankommen wie alle anderen auch. Franz-Georg nahm zusätzlich noch unsere beiden Zelte. Ich weiß auch warum. Denn was blieb nun allein für mich zu tragen übrig? Richtig, eine riesengroße Kiste, die unsere Mütter für uns gepackt hatten. Daraus quoll eine große Salami, große Stücke Käse waren zu sehen. Von der Fahrt in der Sonne gestresstes Brot, Getränke, Obst, Süßigkeiten – eben alles, was Mütter für das einfache Leben ihrer Söhne als nötig erachteten.

Allein aufgrund der Tatsache, dass all die Gespräche der Menschen, an denen ich mit dieser Kiste fast prozessionsartig vorbeizog, sofort verstummten, ahnte ich, dass es wohl nicht so laufen würde, wie ich es mir für mich hier in Taizé gedacht hatte. Heute, mit dem Abstand von 42 Jahren seit dieser Szene, weiß ich, dass es nur zwei Gründe für das plötzliche Schweigen der Menschen in Taizé gegeben haben kann. Entweder war es das groteske Bild, das ich mit Rucksack auf dem Rücken und dem Riesenfresspaket vor dem Bauch abgab. Andererseits – und davon gehe ich heute einfach aus, weil ich das Essen in Taizé kenne, ja eine Zeit lang sogar mitgekocht habe – werden sie wohl alle ihren Augen nicht getraut haben. Und es wird ihnen nach einigen Tagen mit Mahlzeiten in Taizé einfach und augenblicklich das Wasser im Mund zusammengelaufen sein, gepaart mit der Vorstellung, auf mich zuzugehen, mich willkommen zu heißen, um sich wie alte Freunde von mir einladen zu lassen. Irgendetwas davon muss es gewesen sein. Welch eine Erinnerung!

Und noch eine letzte hinterher. Es war mein letzter Tag hier in Taizé. Vor langer Zeit, fast in einem früheren Leben! Ich war mehrere Monate hier, wollte eigentlich bleiben. Aber das hatten wir ja schon! Es war ein Sonntag im Sommer. Es war heiß. Und es war voll, absolut voll in Taizé. Tausende junger Menschen aus vielen Ländern der Erde. Ich war nur einer davon. Mit Sicherheit war ich sogar der verlorenste von allen. So lange war ich hier, hatte so viel gearbeitet. So viel Stille und Gebet, unendlich viele, liebevolle und wohltuende Gespräche, besonders mit Frère Adrian. All das lag hinter mir, sollte jetzt vorbei sein.

Aber ich wusste immer noch nicht, ob der Weg, den ich zumindest formal eingeschlagen hatte – eingeschrieben an der Universität in Bochum für Evangelische Theologie, besonders eigentlich wegen der dann günstigen studentischen Krankenversicherung, die auch in Frankreich galt; bisher noch nie wirklich hingegangen, eher in Taizé gelebt – ob dieser Weg wirklich mein Weg sein sollte. Ich hing so sehr an diesem Hügel in Burgund, dass dieser letzte Tag der Heimreise wirklich mein schwerster, mein traurigster wurde. Von Wilhelm hatte ich mich schon verabschiedet. Er blieb hier, wurde wirklich einer der Brüder.

Mein letzter Gottesdienst kam. Ich saß direkt neben einem der Brüder, nur getrennt durch eine kleine Buchsbaumhecke. Draußen vor der Kirche standen noch viele junge Menschen. Dabei war die Kirche schon gut gefüllt. Früher gingen dann Permanents, also junge Menschen, die wie ich eine längere Zeit in Taizé lebten oder Jugendliche, die zum Dienst in der Kirche eingeteilt waren, immer noch durch die Reihen, um diejenigen, die schon auf dem Boden saßen, zu bitten, enger zusammenzurücken. So gab es wieder freie Plätze.

Und in all meine Traurigkeit, in all meine Zweifel und meine vielen offenen Fragen, in all meine Verlorenheit und Zukunftsangst, vor allem in diese eine offene Frage „Lieber Gott, was soll aus mir werden?" tippte mir der Bruder neben mir auf meine Schulter. Ich schaute ihn an. Spürte, wie er beim Anblick meines traurigen Gesichts, in das er sah, selbst erschrak. Aber es war für ihn in diesem Moment niemand anders erreichbar als ich. So sah er mich an und sagte Worte, die mein Leben wurden. Ganz einfache, so ganz plötzlich, so völlig unvermutet. Einfach irgendwie so!

Er sah die freien Plätze, sah mich an und sagte zu mir: „Geh raus! Geh zu den Menschen, die draußen stehen und bitte sie, hereinzukommen! Es ist Platz für alle hier!" Mit einem Herzschlag, mit einem Atemzug, in einem Augenblick war alles klar. War es hell im Dunkel, also in mir. Alle Angst wich. Freude machte sich breit. Ich hatte all die Zeit gebraucht. Ich hatte mich führen lassen müssen. Ich hatte getan, was ich konnte. Küsterdienst, Essen gekocht, am Empfang gearbeitet, Nachtwache gehalten. Hatte jede Aufgabe angenommen, die man mir hier zutraute. Und erst ganz am Ende, am letzten Tag, im Gefühl, an einer Klippe zu stehen und zu fallen, da öffnet mir der liebe Gott durch einen Bruder von Taizé die Augen und einen neuen Weg: „Geh raus! Geh zu den Menschen!"

All das, was ich hier tat, war richtig und gut. Es war das, was ich in diesen Momenten damals tun sollte. Aber trotz aller Liebe in mir, es war für mich nicht der Ort. Für Wilhelm war das ganz anders. Es war sofort sein Ort. Er wurde sehr schnell einer der Brüder von Taizé. Und selbst als er sehr früh starb, tat er es mit einem Lächeln und ganz in Liebe. Er ist bis heute in meinem Herzen, jedes Mal, wenn ich hier bin. Er ist es im Verkaufsladen, der Exposition. Dort hängt seit mehr als dreißig Jahren ein Foto, das ihn bei seinen Töpferarbeiten in der Werkstatt der Brüder zeigt. Und er liegt hier in Taizé fast direkt neben Frère Roger auf dem Friedhof, ganz und weiter in seiner Nähe. Ja, hier war sein Ort. Meiner sollte woanders sein.

Aber damals, an diesem letzten Tag meines längeren Aufenthaltes in Taizé, wusste ich nun, dass es ihn eben auch für mich geben sollte. Ich musste ihn nur noch finden. Auch das sollte spannend werden, lange dauern und so ganz anders kommen, als ich es mir hatte denken können. Egal wohin es mich führen würde, so vertraute ich damals in der Kirche von Taizé, egal, wo das sein sollte, ich würde dort auf den gleichen Gott treffen, der mich an einem Sommertag in Taizé neu losgeschickt hatte.

Mein neuer Weg begann also schon direkt in Taizé mit einer praktischen Übung, zu der mich der Bruder aufgefordert hatte. Erst musste ich zu den jungen Leuten vor der Kirche, um sie herein zu bitten. Und erst dann zu den vielen Menschen, die ich durch das, was ich später einmal ihnen predigte, erzählte, mit ihnen lebte und für sie tun konnte, zu Gott einladen sollte. Auf so viele und verschiedene Weisen. Alles hat offenbar seinen Sinn. Nur das mit dem Erkennen ist eben nicht immer leicht und geschieht oft auf ganz und gar verworrenen Wegen. Und manches hat nicht nur seinen Sinn, vielleicht ja auch eben seinen besonderen Ort. Georges' Terrasse war, ist und bleibt für mich solch ein Ort.

Übrigens: An diesem Sonntag damals in Taizé lud ich wirklich alle, die noch draußen waren, in die Kirche ein. Ich hab' das doch tatsächlich geschafft! Alle waren drin. Als der Gottesdienst dann verspätet begann, war mein Platz neben dem Bruder natürlich besetzt. Ich konnte ihm also niemals mehr direkt und spontan für seine Worte danken. Mir selbst blieb nur ein kleines Plätzchen ganz hinten am Ausgang, besser gesagt: im Ausgang. Ich war wirklich von diesen vielen Menschen nun nicht mehr der Traurigste. Aber der Hinterste! Alle in der Kirche saßen vor mir. Einigen hatte ich sogar dazu verholfen. Noch einmal verstand ich in diesem Moment, wie nahe mir Gott gekommen war und dass ich keinen Moment ohne ihn war und jemals sein würde. Bis heute habe ich seine Worte ganz deutlich im Ohr, vor allem aber im Herzen: „Dein Platz ist nicht vorne! Dein Platz ist hinten! Denn nur von dort kannst du auf das schauen, was geworden ist, vielleicht ja auch durch dein Werk! Nur hinten ist deine Freude eine stille Freude. Und denk immer dran, ich sitze neben dir und freu' mich mit dir!"

So saß ich da, fast im Vorraum der Kirche, mitten in hunderten Paar ausgezogener, dort abgestellter und nicht immer wohlriechender Schuhe an meinem letzten Tag nach Monaten in Taizé – und strahlte. Voller Dankbarkeit, für alles, was ich erlebt hatte. Dankbar für alles, was nun auf mich zu Hause und wo auch immer warten sollte. Und niemand, wirklich niemand – außer dem lieben Gott vielleicht – sah, wie meine Tränen liefen, endlich liefen. Freudentränen, Dankbarkeitstränen, Lebenstränen! Ich musste gehen. Linienbusse und Fahrpläne können so grausam sein. Ein Lied noch, ein Lied noch, dachte ich, aber dann musst du los. Und das Lied kam, wurde angestimmt. „Confitemini domino quoniam bonus!" „Dankt dem Herrn, denn er ist gut!" Ja, das ist mein Lied! Vielleicht war hier ja damals wirklich nicht mein Ort. Aber dieses Lied wurde und ist es, damals wie heute – mein Lied!

All das ist mir an den Himmel der Erinnerungen gemalt, während ich dort sitze. Wo? Sie wissen es doch längst! Richtig – auf Georges' Terrasse in Taizé. Und ich atme tief, ich atme frei. Warum? Nun, weil ich es endlich geschafft habe, im Heute zu leben, im Heute Gottes. Alles, was war, ich kann es annehmen. Gott sei es gedankt, kamen mir an diesem Ort auch nur Erinnerungen von diesem Ort vor mein Herz. Nicht auszudenken, wenn all die Brüche in meinem Leben, die Täler, die schwarzen Löcher, die Verletzungen auch einen Platz am Himmel gefunden hätten. Nein, hier darf ich selbst diese ablegen, hier darf ich sie Gott anvertrauen, ruhen lassen, eben ablegen. Hier darf ich ganz im Heute sein. Und endlich genießen, einfach nur genießen!

Ich lebe eine wunderbare Liebe und lebe ein wunderbares Leben. Da sind Menschen, die mir alles sind. Eine wunderbare Frau, für die ich dem lieben Gott jeden Tag mindestens einmal danke. Und das ist jetzt nicht übertrieben! Eine Frau, mit der ich lachen kann, die mich zur Weißglut bringen kann, die mich ermahnt und die mich loben kann. Etwas, was ich immer auch vermisst habe. Vor allem aber eine Frau, die mich liebt. Ich glaube, sie meint wirklich mich. Ich hoffe sehr, sie spürt oder ich lasse sie spüren, wie sehr auch sie geliebt wird. Sie hat es verdient, mehr als verdient. Deshalb wird sie bestimmt in den nächsten Kapiteln immer 'mal wieder ihren Platz finden. Stellen Sie sich bitte darauf ein, es geht nicht anders!

Da sind die Kinder. Wunderbare Menschen auf ihrem eigenen Weg, über die an anderer Stelle in diesem Buch noch einiges zu sagen sein wird. Kinder groß zu ziehen, um sie dann gehen lassen zu können, habe ich erst begriffen, als sie gingen. Heute bin ich dankbar für eine Erkenntnis: Ich habe jeden Tag mit ihnen genossen! Ihr Lieben, es war mir ein Vergnügen! Nicht immer leicht, aber keinen Tag ohne eine ganz tiefe Liebe. Davon zehre ich jetzt. Und ich habe für mich noch etwas gelernt. Vielleicht heißt gemeinsam groß werden gar nicht, die eigenen Kinder stark zu machen, ihren eigenen Weg zu gehen. Vielleicht erziehen wir uns als Eltern ja selbst dazu, so stark zu werden, unsere Kinder loszulassen, damit sie eben ihren eigenen Weg auch gehen können. Und auch wir als Eltern müssen ihn dann wieder neu finden, einen neuen, vielleicht sogar noch einmal anderen Weg. Dazu müssen wir uns in der gleichen Zeit stark gemacht haben.

Jetzt, wo ich sehe, wie sie ihren Weg gehen, macht es mich nicht stolz. Nein, es macht mich demütig. Demütig und dankbar. Nun genieße ich jedes Treffen, höre ihre Geschichten über ihr neues, ihr eigenes Leben an. Ich sehe ihre leuchtenden Augen, wenn sie von ihren Plänen, ihren Hoffnungen erzählen. Sofort ist sie wieder da. Diese stille Freude, die mich lächeln lässt. Es sind die Momente, in denen ich spüre, wie Freudentränen nach innen tropfen können, direkt ins Herz.

Da sind meine Eltern. Als ich dieses Buch zu schreiben begann, lebten beide noch. Wenn Sie es in Händen halten, ist mir Mutters Beerdigung bereits eine liebevolle Erinnerung. Ich habe ihnen Lieder geschrieben. Meinem Vater, der mein bester Freund ist. Und meiner Mutter, die eine Löwin war. Einzigartige Menschen, bei denen es mir eine Ehre ist, sie lieben zu dürfen. Und doch, es zerreißt mir, wenn ich ehrlich bleibe, das Herz, wenn ich auf sie schaue. Mein Vater wird stiller von Tag zu Tag. Ein leiser Rückzug hat begonnen. Wohin wird das führen? Und sie, meine Mutter, führte ein so einfaches, ein so armes Leben. Sie hätte so vieles mehr verdient. Da ist noch jemand. Die Frau, mit der mein Vater nun auch schon – ich rechne kurz nach, während ich das niederschreibe – 45 Jahre verheiratet ist. Die Frau mit einem solch großen Herzen. Nie habe ich einen Menschen getroffen mit solch einer Fähigkeit zur Hingabe für andere. Ihr sei an dieser Stelle ganz herzlich gedankt, meiner – und das schreibe, denke und fühle ich jetzt zum allerersten Mal – zweite Mutter. 46 Jahre Anlauf für diese wenigen Zeilen. Und auf einmal fühle ich mich noch ein Stück befreiter.

Nun sitze ich hier und frage mich: Was wird werden? Welche Zukunft wartet? Diese Bilder sehe ich nicht. Ich sitze auf Georges' Terrasse und sehe nur einen offenen blauen Himmel. Kann es sein, dass er es ist – das Bild, das meine Zukunft beschreibt? Der offene Himmel!

Offen für Neues, das auf mich wartet.

Offen für Geliebtes, Bewährtes, Gewohntes, für das ich immer neu danken darf.

Lieber Bruder Wilhelm!
Lieber Freund aus alten
Tagen, ein Gedanke
gehört immer dir!

Offen sogar für dunkle Wolken, die durchziehen werden, weil die Sonne sie verbrennen wird.

Offen, um meine Einsamkeiten aufzunehmen, die mich manchmal einholen.

Offen für meine neuen Lieder und Melodien, die ich in den Himmel singe.

Offen für die Begegnungen der Liebe, die mich immer wieder neu den Wert des Lebens spüren lassen.

Offen auch für meine Ängste, die ich an eben diesen Himmel werfen darf.

Und offen eines Tages dann auch für mich, wenn ich auch mich selbst einmal dem anvertrauen darf, der mir diesen Himmel geöffnet hat und offen hält.

In diesem offenen Himmel sehe ich alles, was war. In ihm darf ich das Hier und Jetzt leben. In ihn darf ich schauen und vertrauend annehmen, was kommt. Und hier bin ich ihm einfach am nächsten – Gott und seinem offenen Himmel.

Auf Georges' Terrasse in Taizé!

Kurze Frage: wo liegt eigentlich Ihr Ort, an dem Sie sich Gott so nahe fühlen? Wo sitzen Sie, wenn Sie in den Himmel schauen möchten, um Ihr Leben wie einen Film am Himmel gemalt zu sehen? Es gibt ihn, ganz sicher!

AUF GEORGES' TERRASSE IN TAIZÉ

Ich erinnre mich, wie ich hier angekommen.
Hab' das Allernötigste nur mitgenommen.
Wollte nur einfach leben hier,
doch meine Mutter sagte mir:
„Ein bisschen Wurst, ein Stück Käse kannst du brauchen".
Für's Geld von ihr kaufte ich mir 'was zum Rauchen.
Doch dort hab' ich alles verschenkt.
So kommt's, wenn Gott deinen Schritt lenkt.
Und an all das denk' ich,
wenn ich heut' in die Landschaft seh'
auf Georges' Terrasse in Taizé.

Wollte bleiben, hatte mich schon als Mönch geseh'n,
bis Frère Adrian sagte: „Du solltest besser geh'n!"
Die Trauer spür' ich noch,
tief war der Fall ins schwarze Loch.
Sachen gepackt, ich musste wieder nach Haus'.
Ich weiß noch, wie ich dachte: jetzt ist alles aus.
Noch dort begann Gott mit mir neu,
kann mich bis heut' darüber freu'n.
Und an all das denk' ich, ...

Seh' das kleine Kind vor den Knien von Frère Roger.
Schließ' ich die Augen, kann ich heut' das Bild noch seh'n.
Ihn loszulassen fiel mir schwer,
und heut' fährt er allein hierher.
Auch meine Töchter hab' ich immer hier bei mir.
Die Tage höchsten Glücks, das ich noch immer spür'.
Ihre Wege geh'n sie nun allein;
so schwer es ist, so muss es sein.
Und an all das denk' ich, ...

Viele Menschen hab' ich bis heut' hierher gebracht.
Haben gesessen hier bis spät oft in der Nacht.
So wird's bleiben, habe ich gedacht;
doch da hat Gott mich angelacht.
„In der Kirche hat ein Engel 'mal gesessen.
Ich weiß, du konntest ihn niemals ganz vergessen.
Mein Geschenk, für dich gegeben,
liegt neben dir, macht reich dein Leben.
Et je pense à tout cela, regardant autour,
à la terrasse de Georges à Taizé.

Die Zeit

Wenn ich zurückschaue,

dann werde ich dankbar

– für die Gegenwart.

Leben ist immer

jetzt und hier.

Wir liegen auf der Couch. Über Eck, Kopf an Kopf. Sport im Fernsehen – Handball. Zwei Flaschen Bier in erreichbarer Nähe. Er schaute immer Sport. Oder Doku–Soaps über deutsche Polizeiarbeit; Sendungen, in denen sich Menschen permanent anschreien. Ganz ruhig liegt er da. Er schaute immer im Liegen. Ganz ruhig liegt er da und schaut schreienden Menschen zu. Oder eben Sport! Snooker – stundenlang, ohne eine einzige Regel zu kennen. Fußball, wann immer er läuft. Besonders gern aber Handball. Dann verändert er sich. Sein Blick, seine innere Haltung. Wenn ich genau und liebend hinschaue, erkenne ich seine Sehnsucht, seine große Liebe. Die Jahre, in denen er selbst Handball spielte, waren mit Sicherheit die glücklichsten seines Lebens. Er war ein guter Handballer. Und ein – ich meine es liebevoll, finde aber kein anderes Wort – „Sauhund"! Linksaußen war er. Damals beim Feldhandball, draußen auf dem Großfeld, eine längst ausgestorbene Sportart. Später dann auch beim Hallenhandball. „Als Linksaußen musst du beim ersten Wurf immer auf den Kopf vom Torwart zielen!", erzählte er mir oft. „Wenn er beim ersten Wurf den Kopf wegzieht, macht er das das ganze Spiel über. Dann hast du leichtes Spiel!" Später, als ich selbst Handballtorwart war, habe ich verstanden, was mein Vater meinte. Und ich habe ihn hingehalten, meinen Kopf! Öfter als mir lieb war. Aber es waren die Worte meines Vaters, die mich gelehrt hatten, es richtig und rechtzeitig zu tun. Alles Training! Aber es klappt eben nicht immer!

Immer wenn ich meinem Vater bei Handballübertragungen im TV ins Gesicht sehe, dann ahne ich förmlich, nein ich spüre es, er geht auf eine innere Reise. Eine Reise in eine Vergangenheit, die seine war, die ehrlich war, unverfälscht und jedes Erinnern wert. Er war ein Mannschaftssportler im besten Sinn. Jeder Spielzug musste mit jedem funktionieren, blind. Die besten Spielzüge gelingen dann noch besser, wenn die Mannschaft ausnahmslos aus Freunden besteht, die fühlen können, was der andere denkt, macht und braucht. So war seine Mannschaft damals, der VfB Lohberg. Sie waren Freunde – Freunde im besten und ehrlichsten Sinn. Freunde für ein Leben und weit darüber hinaus. Sie waren alle „Kumpels". Kumpel im Bergwerk, unter Tage. 1200 Meter tief. Aufeinander angewiesen, zur Hilfe bereit. Unter schwierigsten Bedingungen. Bei mehr als 40 Grad Hitze brachten sie es fertig, ein Lied zu singen. Da war das gemeinsame Bier in der Schwarzkaue. Gegenseitig wurde dann, alle im Kreis stehend, unter der Dusche der Rücken des Vordermannes geschrubbt. Ein gemeinsames Bierchen nach der Schicht im Kasino. Nach Hause, ein Mittagsschläfchen, so viel Familie wie möglich. Dann wieder Training. Bergmannsklamotten gegen Sporthemd und Turnhose – so nannte man es damals noch – getauscht. Und los ging's! Nach dem Training wieder ein Bierchen, oder zwei, natürlich nur um den Flüssigkeitsverlust auszugleichen. Nach Hause, schlafen. Um vier Uhr wieder raus, anziehen, zur Zeche und anfahren. Tief runter! Ein ganz normaler Wochentag.

Am Wochenende dann die Spiele. Mit allen Familien. Die Frauen zum Anfeuern, die Kinder zum Bälle holen. Nach dem Spiel dann nach Hause oder besser in den „Krusenstommel", die Stammkneipe. Sieg feiern, mit Cola und Süßigkeiten für uns Kleinen. Die Helden tranken andere Sachen. Besonders aber auch Niederlagen feiern – wie Siege oder noch mehr!

Wenn die Erinnerung in mir schon so lebendig ist, wie sehr muss sie es in ihm sein. Und wie nahe rückt sie an ihn heran, wenn er nach und nach immer wieder an einem Grab steht und sie das Lied singen: „Glückauf, der Steiger kommt!"

Wir sitzen also da, nein wir liegen auf der Couch und schauen Handball. Es ist Halbzeit. Und in dieser Halbzeit brachten sie eine kurze Reportage. Über? Natürlich, Handball! Draußen auf dem Großfeld. Ein Schwarz-Weiß-Filmchen aus den 60er Jahren mit Herbert Lübking, TUS Nettelstedt. Mein Vater hatte an diesem Nachmittag, wie meistens, noch nichts gesagt. Er redet nicht mehr viel. Aber was nun folgen sollte, sollte meinem eigenen Leben, meinem eigenen Denken eine neue, eine andere Richtung geben. Es machte mir Mühe, diese Richtung anzunehmen. Aber als ich es viel später dann doch zuließ, war sie durchaus wertvoll.

Mitten in dieses Schwarz-Weiß-Filmchen über den Großfeldhandball höre ich auf einmal sein tiefes Einatmen, um dann die Worte hervorzubringen: „Weißt du, wenn du alt bist, merkst du erst, wie die Zeit rast!"

Es war zweifelsfrei die Stimme meines Vaters, die ich gerade gehört hatte. Er hatte etwas gesagt. Ohne dass ihn jemand dazu ermuntert oder aufgefordert hatte. Es war tatsächlich seine Stimme, die wir in der Familie nur noch selten hören. Es war seine Stimme – ohne jeden Zweifel. Und was hatte er gesagt? Ich musste mir die Worte, die mich so unvorbereitet getroffen hatten und mir sofort ins Herz gegangen waren, genau von dort noch einmal hervorholen. „Weißt du, wenn du alt bist, merkst du erst, wie die Zeit rast!"

Niemals zuvor hatte ich einen ähnlichen Satz im Kopf, solch ein Gedanke war in mir noch nie vorherrschend präsent. Da waren zu viele andere tägliche Sorgen. Da war immer viel zu viel Arbeit. Aber seit diesem Sonntagnachmittag auf der Couch mit meinem Vater trage ich diesen Gedanken mit mir herum. Er hat mich lange bedrückt. Denn ich ahnte natürlich die Wahrheit darin. Ich entdeckte auf einmal, dass ich 57 Jahre alt war, als mein Vater diese bedeutungsschwangeren Worte sagte. Mir selbst wurde klar, dass es jetzt schon Dinge gab, die als Traum lange in mir waren, die aber ihre Verwirklichung nicht mehr erleben würden. Ich weiß auch, woran ich sofort dachte.

Nämlich an meine wunderbare und einzigartige langjährige Freundin. Eine wunderbare und einzigartige BMW Cruiser 1200 C, ein echt gediegenes Gefährt. Die Endmaschine in einer Reihe von Suzuki Savage 650, 750 Yamaha Virago, 1200 Triumph Trophy, 1500 Suzuki Intruder, BMW 1100 RT und eben meinem geliebten Cruiser. Ich war nie ein wirklicher Langstreckenfahrer. Aber meine Zeit im Motorradclub war bestimmt die intensivste meines Lebens. Freunde, wie mein Vater sie unter Tage hatte, in seiner Handballmannschaft,

Bibeleinführung mit Frère Pedro. Lieber Bruder, du kannst es einfach! Vielen Dank!

die gab es wirklich. Auch heute noch, auch für mich. Da im Club war ich Rudi und: „Ach ja, der ist Pfarrer! Kein richtiger Beruf, aber trotzdem einer von uns! Irgendwie! Nicht einzusetzen bei Bausachen oder schweren anderen Arbeiten. Aber gute Laune verbreiten, Neil Young und Bob Dylan auf der Gitarre kopieren, das kann er. Das kann er sogar gut! Und trauen kann er uns! Und unsere Kinder kann er taufen! Ja, sogar Ralf beerdigen, das kann er. Ja, das kann er wirklich!" So würden sie mich wohl beschreiben, meine Freunde im Club, meine wirklichen Freunde. Auch über diesen Tag hinaus, an dem ich begriff, dass alles seine Zeit hat. Gelesen hatte ich es! Oft, in der Bibel! Erfahren hatte ich es an diesem besonderen Tag.

Wieder ein Sonntag, ein warmer sonniger Sonntag. Meinen Sohn hatte ich mit meiner Motorradleidenschaft angesteckt. Wir wollten zusammen eine Tour machen, uns einen schönen Tag auf unseren Motorrädern machen. Ab in den Hunsrück, an die Mosel vielleicht. Wir hatten den ganzen Tag Zeit. Und fuhren los. Ich kam bis zum Ortsausgang, etwa 500m. Mein Sohn – wie immer – schon vorne weit weg. Ich hielt an. In der Einfahrt einer Anhängerfirma, noch in unserem Ort. Ich starrte auf meine bis dahin so geliebte, chromblitzende, sonor brummende Maschine. Ich starrte sie einfach an, weiß gar nicht, wie lange. Mindestens jedoch so lange, bis mein Sohn, der mich irgendwann vermisst und umgedreht hatte, wieder bei mir war. „Was ist los? Stimmt was nicht?" Er fragte und schaute dabei auf die Maschine, weil ich es ja auch tat. Ich sah ihn an. „Du, ich kann nicht mehr! Es ist vorbei! Ich steige ab!"

Bis heute kann ich nicht wirklich beschreiben, was damals da am Straßenrand in mir vorgegangen war. Ich wusste nur, dass sich mein Respekt vor meiner Chromfreundin in Angst verwandelt hatte. Angst davor, diese Maschine buchstäblich nicht mehr im Griff zu haben, der Faszination zu erliegen, aufzudrehen, eine Grenze zu überschreiten, hinter der es kein Zurück mehr gab. Ich hatte Angst vor der einen Fahrt zu viel. „Es ist vorbei!", hörte ich eine Stimme sagen. Es war meine. Sie sprach zwar in die Richtung meines Sohnes. Aber sie sprach vor allem in mich hinein. Ganz langsam fuhr ich nach Hause, 500m zurück. Langsam, wie ein Trauerzug. Ich stellte sie in der Garage ab, meine BMW 1200 C Cruiser. Kurze Zeit später war alles verkauft. Motorrad, Kleidung, Helme, Zubehör, alles. Nie wieder werde ich mich auf eine ähnliche Maschine setzen. Nie wieder!

Gar nicht viel später hat auch mein Sohn alles verkauft. Die einfachste und schnellste Erklärung: seine neue Lebensgefährtin fährt nicht mit. Und allein macht es einfach keinen Spaß! Hatte er nun auch das Gefühl kennengelernt, wie es ist, wenn jemand Angst hat und zu Hause wartet? Oder gibt es noch eine andere, vielleicht ganz tief versteckt liegende Erklärung? Vielleicht prägen Väter ihre Söhne ja mehr als sie denken und es ahnen! Vielleicht wollen Söhne ihren Vätern etwas zeigen! Und sollte das so sein, wie ich es hier an mir und meinem Sohn gelernt habe, dann frage ich mich selbst eben auch: Was habe ich von meinem Vater? Was wollte ich ihm zeigen? Ich bin dorthin gegangen, wo er auch war. Tief unter die Erde als Bergmann. Ich habe auch Handball gespielt, weil ich es gerne tat. Aber wohl auch, weil ich ihm zeigen wollte, dass ich sein Sohn bin. Als ob er das nicht gewusst hat! Und auf der Couch liegen, nichts sagen, fernsehen, darin bin ich heute fast genau so gut wie er. Vor allem aber habe ich Freunde gefunden, Lebensfreunde, so wie er. Und von ihm, meinem Vater, habe ich gelernt, wie wertvoll das ist – Freunde zu haben.

Und doch! Wie er lasse ich schon vieles auch ruhen. Vieles werde ich nicht mehr erleben. Die Route66-Tour mit meinem Sohn, wir beide auf zwei Harleys in Amerika. Lange geträumt, in Gedanken längst gemacht. Dabei wird es bleiben! So wie manches andere auch. Zeit rast eben! Und wenn du den richtigen Zeitpunkt verpasst, dann verabschiede dich. Lass nicht zu, dass dir die Zeit zum Feind wird, dem du all deine verpassten Chancen vor die Füße knallst! Lass los, lass auch die Träume los, die dich dann eher traurig machen können, nur weil du sie nicht mehr leben kannst. Die Zeit darf nicht zum Feind werden, dann rast sie, rast sie wirklich.

Als ich mein Lied über die Zeit schrieb, saß ich natürlich wo? Genau! Auf dieser Terrasse, da in Taizé, auf Georges' Terrasse. Ich schaute auf die Strophen, auf den Refrain, der mit den Worten „Die Zeit wird mir zum Feinde" beginnt. Ein schönes Lied. Aber worin liegt die Hoffnung verborgen, die Hoffnung, die doch in all meinen Liedern liegt?

Mitten in diese Gedanken hinein setzt sich ein Vogel auf das Geländer der Terrasse und schaut mich an. Ich schaue zurück. Wir schauen uns an, wie alte Freunde, so als ob wir uns schon lange kennen. Bis zu dieser Begegnung mit dem putzigen Federvieh hatte ich hier im Schweigen, nein besser: in der Stille gelebt. Allein. Und diese Stille wird nun unterbrochen. Unterbrochen durch einen kleinen Vogel, der mein Lied singt. Dieses kleine Tierchen legt sich mächtig ins Zeug, schmettert aus voller Vogelkehle. Irgendwo im Baum dahinter muss er einen Chor, einen Vogelchor versteckt haben. Alle Vögel in Taizé scheinen gleichzeitig zu singen, besonders der Solist vor mir. Sie singen so laut, so voller Leben, ganz ohne Angst. Keine Sorgen liegen in ihren Tönen. Nur Fröhlichkeit. Dank für ihr Vogelleben, verbunden mit der berechtigten Hoffnung, dass ich irgendwann aufstehe und reingehe, damit sie endlich die Krümel vom Tisch picken können, die ich beim Essen dort verbreitet hatte. Aber darauf müssen sie noch einen Moment warten, und daran sind sie selbst schuld. Denn genau diesen Moment, diesen Augenblick, diese Szene und Vogelmusik genieße ich gerade. Ich sauge sie auf. Und erst jetzt merke ich wohl, wie sich wieder etwas in mir verändert. All das, was ich gerade unwiederbringlich erlebe, sauge ich auf. Ich öffne mich, spüre, wie mir das Herz weit wird. Weit für einen Gedanken, der in all meine Trübsal sticht und ihr die Luft ausgehen lässt. Ich schaue auf den kleinen Vogelkerl, lächle ihn an. Welch ein Moment! Welch ein Augenblick! Ein wunderbarer Tag! Welch eine glückliche Zeit verbringe ich hier!

Plötzlich bin ich – trotz meines ständigen Übergewichtes – leicht wie eine Feder. Schwinge mich in Gedanken in den Himmel und singe mit den Vögeln mein Lied. „Die Zeit wird mir zum Freunde, lauf' nicht vor ihr davon!" Sie ist da. Die letzte Strophe, der Schlussrefrain des Liedes; des Liedes, das mich so traurig machte, bis die Vögel begannen, mir ein Lebenslied zu singen. Wieder ist der Himmel offen. Und wie in einen Spiegel schaue ich hinein.

Ich sehe wunderbare Menschen. Meine Nachbarn. Ich sehe meine Kirche in Winzenheim. Ich sehe Menschen, die ich lange begleiten darf. Ich sehe meine Eltern, für die ich Gott danke. Ich sehe meine Kinder, die selbst wie Vögel am Himmel ihre Bahnen ziehen, frei und ohne Angst. Ich sehe Lukas, Salome und Johannes, die alle ihren Platz in meinem Herzen gefunden haben – wobei es mir eines dieser wunderbaren Geschöpfe ehrlicherweise nicht gerade leicht macht. Ich sehe die Freunde, die ich habe. Vor allem aber – und dabei sehe ich nicht in den blauen und offenen Himmel wie in einen Spiegel – vor allem aber sehe ich meine wunderbare Frau. Dazu muss ich allerdings in die Sonne schauen, denn sie hat ihr Gesicht! Und das ist sie für mich – die Sonne, die mich wärmt, mich wachsen lässt, mich lächeln lässt, mir ab und zu einen gehörigen Sonnenbrand verpasst, mich dann aber auch eincremt und meine Wunden heilt. Nehme ich das alles – alle Freunde, alle Gedanken, alle Himmels- und Sonnenblicke – zusammen, dann spüre ich es auf der Terrasse von Georges ganz deutlich. Ich liebe diese Zeit, meine Zeit. Ich bin dankbar dafür, dass ich so leben darf, wie ich lebe.

Ja, da waren Brüche, da waren Wüsten. Schlimme Verletzungen, Sackgassen, Trauer, Schmerzen. All das, was zu einem Leben auch gehört. Ich habe es gelebt, erlebt und durchlebt. Und nun fühle ich es ganz deutlich. All das hat mich nicht härter gemacht. Nein, ich fühle mich befreiter, weicher, sensibler. Ich spüre meiner eigenen inneren Wende nach. Ich sitze hier und ahne, dass ich mit der Ernte begonnen habe. Geben – geben, was du hast, geben, was du kannst. Das hat mich getrieben. Nun beginne ich zu genießen. Ohne schlechtes Gewissen. Ich beginne zu genießen. Jeden neuen Tag, mein Leben, so wie es gerade ist. Die Zeit, die ich leben durfte. Die Zeit, in der ich nun leben darf; in der ich sein darf, wie ich bin; in der ich lebe – mit all den Menschen, die ich liebe.

Kleiner Vogel, ich danke dir. Und ich danke dir, lieber Gott. Obwohl ich mich doch manchmal amüsiert wundere, welche Gestalt du annehmen kannst, nur um mir nahe zu kommen! Ach ja: eine Bitte, lieber Gott, hätte ich dann doch noch! Ich genieße das Leben im Jetzt und Hier. Und dieses Gefühl hätte ich gerne noch lange, sehr lange. Am liebsten noch ... Nun, ich möchte jetzt nicht unbescheiden werden. Aber einige Jahrzehnte dürfte es ruhig noch dauern. Lässt sich das machen, lieber Gott? Ich wär' dabei!

Während ich die letzten Zeilen gerade schreibe, habe ich den Ort gewechselt. Ich sitze jetzt im Zelt F, Bibeleinführung mit Frère Pedro. Er sieht mich schreiben und staunt wohl gerade darüber, wie fleißig ich etwas von dem mitschreibe, was er uns predigt. Wenn er wüsste! Nun, während ich gerade überlege, ob „Ich wär' dabei!" ein guter letzter Satz für dieses Kapitel wäre, sagt Frère Pedro: „Was Jesus durch die Seligpreisungen sagen will, ist: Geh, und sei glücklich. Dazu segnet Gott dich!"

Und ich erfahre es wieder einmal: Du kannst es einfach besser! Sei gesegnet, Frère Pedro! Und: Danke!!!

DIE ZEIT

Ich schau' zurück, manchmal erschreck' ich
über das, was alles war.
Ich weiß, ich darf für vieles danken.
Doch auch Leiden war mir nah.
Da waren Zeiten höchsten Glückes,
und das Leben – es schien leicht.
Da war'n auch verpasste Chancen.
War so mutlos, tut mir leid.

Die Zeit wird mir zum Feinde,
sie rennt vor mir davon.
Die Uhr tickt – mein' ich – immer schneller
stoppen kann ich sie wohl nicht.
Doch ich muss mich mit ihr versöhnen,
denn meine Zeit ist mir geschenkt.
Sie führt nicht mehr ins Dunkel,
eines Tages führt sie mich ins Licht.

Ich schau' mich um, dankbar erkenn' ich
so viel Glück ist mir geschenkt.
Hab' einen Menschen an der Seite,
der mich liebt und an mich denkt.
Könnt' ich doch nur die Zeit anhalten,
würd' gern lang im Heute sein.
Doch ich weiß, ihr wollt alle weiter.
Und am End' blieb' ich allein.
Die Zeit wird mir zum Feinde, ...

Ich schau' nach vorn und tu's mit Sorge.
Habe Pläne, viel zu tun.
Und manche Traurigkeit erfasst mich.
Vieles lass ich heut' schon ruh'n.

Doch deine Liebe – sie bewegt mich.
Und wir kosten aus die Zeit.
Neuer Mut wächst aus Vertrauen,
unsre Wege führ'n uns weit.

So wird Zeit mir zum Freunde,
lauf' ihr nicht hinterher.
Die Uhr tickt – weiß ich – immer gleich schnell;
anhalten werd' ich sie nicht.
Brauch' mich auch nicht mit ihr versöhnen,
leb' schon heute mein Geschenk.
Nahmst mir die Angst vor jedem Dunkel,
Du bist heute schon mein hellstes Licht.

Eigentlich

Liebe

lässt sich keine Hintertür.

Sie ist immer ganz

und nicht immer leicht

– so wie die Wahrheit.

Manchmal mache ich einfach zu viele Worte. Gerade, wenn ich besser keine machen sollte. Manchmal bräuchte ich Worte, genau dann, wenn ich keine finde. Das ist für mich als Pfarrer oft nicht gerade günstig.

Es gibt auch das andere. Vielleicht kennen Sie das ja auch! Man bräuchte genau dieses eine Wort, das alles aussagt. Dieses eine Wort, das einem genau dann nicht einfällt. Nicht wenige denken und sagen dann: „Es liegt mir auf der Zunge!" „Ja dann streck sie doch raus! Oder sprich's zumindest aus", möchte ich dann antworten. Manchmal tu' ich es auch!

Und dann gibt es Worte, die sind so gewöhnlich. Sie werden oft und gern benutzt, aber sie braucht kein Mensch. Eigentlich – das ist solch ein Wort. Ich denke dabei zum Beispiel an einen lieben Menschen in unserer Familie, die kann so gut kochen. Nun wissen Sie es, dieser Mensch ist weiblich! Sie kann so gut kochen, dass meine Kinder dafür von Köln und Worms – und ich natürlich auch – bis an den Niederrhein fahren, um 'mal „richtig" bekocht zu werden.

Wenn wir dann zusammensitzen und gemeinsam essen, dann redet sie fast pausenlos darüber. Also über das Essen. „Ich hoffe, es schmeckt euch!", beginnt das immer ähnliche und oft einseitige Gespräch. Alle haben wir nämlich den Mund voller Köstlichkeiten. Keiner kann antworten, aber wir nicken alle brav und ehrlich. „Eigentlich tue ich ja immer noch ein bisschen Sahne an die Soße! Dann schmeckt's noch cremiger!" „Och", denke ich, „warum hast du es denn dann nicht getan?" „Eigentlich tue ich an die Erbsen immer ein wenig Zucker!" Mein Sohn bekommt große Augen. Er liebt süßliche Erbsen! „Zum Eis müsste man jetzt eigentlich heiße Himbeeren haben!" Ja heilig's Blechle, genau das habe ich gerade auch gedacht. „Warum hast du das alles denn nicht gemacht, wenn du es eigentlich tust?" Mit dieser Frage, die uns allen auf der Stirn geschrieben steht, schauen wir diese exzellente Köchin an. „Aber ich wusste ja nicht, ob euch das schmeckt", sagt sie, steht auf, um den Absacker, einen selbstgebackenen Kuchen, zu holen. Kommt zurück, stellt ihn auf den Tisch. „Eigentlich tu' ich da immer noch Puderzucker drauf!" Ich kann nicht mehr, echt nicht.

Wortlos stehe ich auf, gehe in die Küche, hole die Dose mit dem Puderzucker, stelle sie vor diese ebenso exzellente Bäckerin. „Dann mach's doch auch!" Diese letzte Szene entspringt in diesem Moment leider nur meiner Phantasie. Aber ich hätte es machen sollen – eigentlich!

Ist doch irgendwie eigenartig. Ein Wort zu benutzen, das beschreibt, was zu tun nötig wäre. Aber das beim Anwenden und Aussprechen genau dazu verhilft und gebraucht wird, um das zu verhindern. Und dieses Wörtchen, dieses eigentlich – da ist es schon wieder – so unbedeutende Wörtchen „eigentlich" hat leider eine noch viel schlimmere, manchmal geradezu verheerende Wirkung bei seiner Anwendung.

Es dient dazu, der Wahrheit zu entgehen, Wahrheit eben nicht zu sagen. Ja, es dient geradezu dazu, um sich der Wahrheit des eigenen Lebens nicht stellen zu müssen. Das glauben Sie jetzt nicht? Doch, so ist es!

Ich denke mir dieses Wort, und ich denke es mir weg. Dann kann es nämlich durchaus unbequem werden. Ich muss auf einmal Farbe bekennen. Muss mich zu klaren und eindeutigen Aussagen durchringen. Zu Aussagen, die alles klar, konsequent und verstehbar machen. Aber ich ahne gerade, Sie brauchen Beispiele!

Es ist schon etwas her. Ich lächelte sie an. Diesen wunderbaren Menschen an meiner Seite. Nach so langer Zeit wieder zueinander gefunden, besser: endlich zueinander gefunden. Gespürt, wie Liebe auch nach fast zwei Jahrzehnten wieder neu aufleben kann. Wir hatten ein wenig herum getollt, wie es Mitt- und Endfünfziger eben durchaus auch noch können und gern tun. Und in diese Unbeschwertheit fiel mein Satz, scherzhaft gemeint, aber eben doch auch wie ein kleiner Nadelstich. Im ersten Moment natürlich unerklärlich, aber so treffend, dass ich mich eben jetzt noch daran erinnere. Ich schaute sie an und sagte: „Eigentlich liebe ich dich doch!"

Ich sprach's, und irgendetwas – bei aller Heiterkeit – störte mich selbst trotzdem. Es gibt ja durchaus diese Heiterkeit, in der ein Fünkchen Ernsthaftigkeit steckt. Genau das begegnete mir hier. Hörte ich selbst einen verborgenen Zweifel, eine verschleierte Wahrheit. In diesem Moment fragte ich mich selbst. Waren da etwa Zweifel? Waren da offene Fragen?

Ich lasse das „eigentlich" einfach einmal weg. Nicht mehr „Eigentlich liebe ich dich doch!" Lasse ich es einfach weg, was stimmt dann nicht mehr? Richtig, das Ausrufezeichen. Aus dem Rest wird dann nämlich eine Frage. „Liebe ich dich doch?" Und wenn dies dann eine Frage ist, die mit „Ja" oder „Nein" beantwortet werden kann, habe ich das wirklich gewollt? Ist es irgendwo etwa eine noch offene Frage? Während ich darüber noch nachdenke, fallen mir andere Sätze ein, die mir manchmal rausrutschen.

Eigentlich mag ich dich! Eigentlich lieb' ich mein Leben! Eigentlich bin ich zufrieden! Eigentlich hab' ich, was ich brauch'! usw., usw.

Jetzt streiche ich dieses so unscheinbare, manchmal geradezu gedankenlose „Eigentlich" und frage mich, ob diese dann entstehenden Fragen wirklich offene Fragen sind?

Mag ich dich? Eine blöde Frage, oder? Ich kann keinen anderen Menschen wirklich ernsthaft fragen, ob ich ihn mag. Das kann nur eine Frage an mich selbst sein! Und die Antwort weiß oder fühle ich doch immer auch schon vorher.

Lieb' ich mein Leben? – Das können Sie doch nicht wissen! Ich muss es doch fühlen, tief in mir. Ich muss doch spüren, ob ich dieses Leben liebe. Ob ich ein Leben lebe, das mir selbst lebenswert erscheint, mich glücklich macht. Ein Leben, das mir eine gesunde Portion Selbstverliebtheit schenkt, die ich mit anderen teilen kann. Die mich stark macht, andere eben ehrlich und unzweifelhaft lieben zu können.

In dem Buch, das ich so sehr liebe, in dem ich oft lese und das mich immer wieder antreibt, heißt es an einer Stelle: „Liebe deinen Nächsten wie dich selbst!" (z.B. Gal 5,14) Ich kenne viele Menschen, die versuchen den ersten Teil zu leben, aber immer wieder am zweiten Teil verzweifeln und scheitern. Spätestens dann merken sie, dass auch den ersten Teil zu leben dann unmöglich wird.

Also: einfach einmal anders herum versuchen. Lerne, dich zu lieben, dich und dein Leben. Und dann teile, was du lebst. „Liebe, und sag es durch dein Leben!" So hat Frère Roger einmal in einem Gespräch einen der alten Kirchenväter zitiert und diesen Satz aus dem Evangelium, wie ich finde, wohltuend umgedreht!

Bin ich zufrieden? – Keine Angst. An dieser Stelle schreibe ich nicht wieder von den Brüchen in meinem Leben, von Tälern und Wüsten. Ich lasse mir doch gerade beim Schreiben dieser Zeilen nicht meine gute Laune verderben! Ich sage es einfach hier jetzt einmal anders. Und so eindeutig, wie es ohne dieses alles so einfach und schwierig machende Wörtchen „eigentlich" wäre.

Ja! Ich bin zufrieden! Jahrzehnte habe ich, so ahne ich jetzt in diesem Lebensabschnitt, säend gelebt. Nun endlich habe ich begonnen zu ernten! Ein unglaubliches Gefühl! Und die Ernte ist so reich! Jeden Tag entdecke ich neu, was mein Leben reich macht. Meine Frau, meine Kinder, mein Beruf, den ich immer noch und gern als Berufung lebe. Mein wieder neu entdecktes Hobby – das an anderer Stelle dieses Buches ausführlich und hoffentlich so liebevoll, wie es das verdient, beschrieben wird – und damit auch die alten Freunde. Die Aufzählung könnte noch weitergehen. Braucht sie aber nicht! Ja, ich bin zufrieden! Punkt, aus!

Habe ich, was ich brauche? Hat sich auch erübrigt! Ja, habe ich! Warum ich dann allerdings den Lottotipp meiner Mutter auch nach ihrem Tod einfach weiterlaufen lasse, den sie seit Jahrzehnten immer mit den gleichen Zahlen gespielt hat, weiß ich eigentlich nicht. Genauso wenig, warum ich beim Euro-Jackpot immer erst einsteige, wenn die 30 Millionen-Jackpot-Größe überschritten ist. Irgendeinen Grund wird das schon haben. Vielleicht ist es einfach auch nur schön, in der Annahmestelle ausgerechnet dann auch den ein oder anderen Kollegen zu treffen! Aber darüber spekuliere ich jetzt nicht weiter. Das werde ich erst dann zu Papier bringen, wenn ich ihn geknackt habe. Das kann sich eigentlich nur noch um wenige Wochen handeln! Eigentlich!

Aber da ist ja noch der Satz, der all dies Nachdenken in diesem Kapitel ausgelöst hat. „Eigentlich lieb' ich dich doch!" Ich lasse das erste Wort zum letzten Mal noch einmal weg und höre die Frage: „Lieb' ich dich doch?"

Ich weiß nicht, was die Zeit bringt. Leben macht vorsichtig, je älter ich werde. Ich weiß auch nicht, ob ich genug lieben kann, um einen Menschen vor Enttäuschungen zu bewahren. Oder schlimmer noch, zu einer solchen zu werden.

Aber: ich werde diesen Satz so nicht mehr sagen. Ich sage ihn künftig gar nicht oder direkt so, wie ich ihn meine und wie er, so sagt es mein Herz, richtig und einzig möglich ist: „Ja! Ich liebe dich!" Ohne jedes Wenn und Aber, ohne jedes Eigentlich! Ganz! Und wenn es nach mir geht – für immer und länger! Und darin lasse ich mich von nichts und niemandem irre machen.

Ja, ich liebe die Menschen! Ja, mein Leben liebe ich! Ja, ich lieb' die mich auch lieben! Vor allem aber lieb ich dich!

Und das musste an dieser Stelle einfach einmal laut geschrieben werden!

EIGENTLICH

Eigentlich ist doch eigentlich
überflüssig, und man braucht es nicht.
Wenn man den Mut zu klaren Worten fasst,
die Wahrheit liebt, die Lüge hasst.

Eigentlich lieb' ich dich,
eigentlich mag ich dich.
Eigentlich brauch' ich dich,
eigentlich will ich nur dich.
Und würd' ich „eigentlich" nicht immer wieder sagen,
Du würdest mir zu glauben, dich eigentlich auch wagen.
Eigentlich ist doch eigentlich …

Eigentlich bin ich zufrieden,
eigentlich find' ich mich gut.
Eigentlich möcht' ich nicht anders sein,
eigentlich hab' ich, was ich brauch'.
Doch würd' ich „eigentlich" nicht immer wieder sagen.
Was dann übrig blieb, wär'n viele off'ne Fragen.
Eigentlich ist doch eigentlich …

Eigentlich lieb' ich die Menschen,
eigentlich lieb' ich mein Leben.
Eigentlich lieb' ich, die mich lieben.
Eigentlich lieb' ich vor allem dich.
Nun streich' ich „eigentlich", werd' nicht mehr weiter klagen.
Denn jetzt werd' ich's klar und deutlich sagen.
Eigentlich ist doch eigentlich …

So ist's, ich lieb' die Menschen.
So ist's, mein Leben liebe ich.
So ist's, ich lieb', die mich auch lieben.
Vor allem aber lieb' ich dich.

Spiegelblick

Jahrelang bin ich vorbeigegangen.

Jetzt bleibe ich stehen.

Und lache mich an!

Und dann

reiße ich

Bäume aus!

„Spieglein, Spieglein an der Wand, wer ist die Schönste im ganzen Land?" „Du jedenfalls nicht!" Sie erinnern sich an das alte Märchen? In dem der Spiegel zugegebenermaßen respektvollere Worte findet! Solch ein Alltagsuntensil wie ein Spiegel hat für mich eine besondere Bedeutung bekommen. Allerdings erst in den letzten Jahren. Als ich begann, Konzerte zu geben und Geschichten zu erzählen, traf ich zufällig Freunde wieder. Eine war die Nichte von Art van Rheyn, dem wohl größten und unterschätztesten Aphorismendichter vom Niederrhein. Er war Quergeist, Querdenker, Messie, Tennistrainer, Original. Niemand hätte je eine Schublade bauen können, in die er irgendwie hineingepasst hätte. Viele Bücher mit sarkastischen, zynischen, liebevollen, gedankenreichen Aphorismen hat er geschrieben. In einem davon stand: „Ich kenne Männer, die nehmen jeden Morgen vor dem Spiegel Siegerehrungen vor!"

Zuerst konnte ich damit gar nichts anfangen. Bis ich eines Tages baucheinziehend vor eben solch einem Spiegel stand. Ich betrachtete mich. Konnte mir selbst bestätigen, dass da alles doch eigentlich noch ganz passabel aussah, was ich sehen konnte. Zumindest bis ich wieder ausatmen musste. Aber dann dreht man sich eben einfach schnell um und steigt mit gerade noch guten Gedanken ins Tagesgeschäft ein.

Seitdem konnte ich an einem Spiegel irgendwie nicht mehr einfach so vorbeigehen. Heute gehe ich nicht nur nicht vorbei, ich bleibe sogar ganz bewusst stehen. Bleibe stehen, um mich – mindestens drei (!) Minuten, kein Witz – dem zu stellen, was ich darin sehe. Mittlerweile haben wir uns auch irgendwie angefreundet, also mein Spiegelbild und ich. Was ich unglaublich an ihm schätze, ist seine Ehrlichkeit. Es kann einfach nicht lügen! Es kann nur spiegeln! Und das ist eben wahr!

Es gibt Tage, da lächle ich es an, und es spiegelt mir meine Lüge. Ich lächle es an und sehe traurige Augen, die eine ganz eigene Geschichte vom Alleinsein, von zu vieler Arbeit, von zu vielen Stühlen, zwischen die ich mich oft setze, erzählen. Manchmal lächle ich es aber auch an, und es lächelt geradewegs und ehrlich zurück. Ab und zu schauen wir uns aber auch nur einfach an. Oft kommen wir dann ins Nachdenken oder Schwärmen. Wenn dann noch mein Spiegelbild gegenüber mit der Frage „Weißt du noch?" kommt, bin ich meist ganz und gar machtlos und gebe mich einfach hin. Den Bildern, die es in mir wachruft. Vor kurzem erinnerte es mich an den kleinen Jungen, der beim Schulsport, wenn es darum ging, Mannschaften zu wählen, niemals von irgend jemandem gewählt wurde. Nein, ganz am Ende solcher Wahlen wurde er immer vom Sportlehrer einer Mannschaft zugeteilt, was diese dann meist mit einem kollektiven Herunterklappen der Kinnladen quittierte. So groß war ihre Freude über mich.

Damals dachte ich wohl schon, dass ich es eines Tages allen zeigen werde. Und das geschah dann auch, viel später. Irgendwann drückte mir jemand in einem Jugendfreizeitheim einen Tischtennisschläger in die Hand. Und ich begann zu spielen. Nicht so schlecht, sogar ganz gut, sogar immer besser. Ein bisschen so wie Forrest Gump in diesem so wunderbaren Film! Plötzlich war ich doch tatsächlich ein förderungswürdiges Talent in einem sehr renommierten Verein, der SG Pestalozzidorf Oberlohberg. Ich weiß, dieser Name klingt nicht gerade nach dem Nabel der Tischtenniswelt, er war es ja auch nicht, aber eben doch sehr renommiert. Sogar Bundesligaspieler trainierten dort gerne ab und zu mit. Einen unschlagbaren Vorteil hatte dieser Verein für mich auch noch. Meine Großtante Lilli wohnte gleich um die Ecke. Und dort gab es mit Sicherheit die besten Pfannkuchen der Welt, die jeden Gesundheitsaspekt meines Trainings danach immer gleich im Weißmehl und Zucker erstickten.

Ich war klein, wendig und flink auf den Beinen. Und konnte einstecken. Ein perfekter Abwehrspieler! Fand jedenfalls mein Trainer. „Mein kleiner Chinese!", nannte er mich. Es war für mich wie ein Adelstitel. Er nahm meinen Schläger und klebte einen ganz neu auf den Markt gekommenen Belag drauf. Einen Abwehrbelag, für Eingeweihte: Joola, Toni Hold, Anti-Topspin, 1.0! Ich war damals der erste jugendliche Tischtennisabwehrspieler. Alle wollten immer nur schmettern, den Gegner am Tisch durch geballte Angriffspower zerlegen. Nur ich stand drei Meter hinter der Platte, erwartete brav jeden Schmetterschlag, hielt wie vom Trainer verlangt meinen Schläger hin, der Belag schien den Rest zu machen. Der Ball ging nämlich zurück und der nächste Schlag meines jeweiligen Gegners beförderte dann den Ball ins Netz oder auf eine Reise ins Unbekannte der Sporthalle, nur eben nicht mehr in meine Hälfte.

Bis heute kann ich nicht wirklich erklären, wie und warum, sondern nur dass meine Gegenspieler reihenweise verzweifelten. Es dauerte nicht lange, und ich war der meistgehasste Spieler in der Jugendliga. Einer, der diesen Sport, diesen durchaus ästhetischen Sport, dadurch zunichte machte, dass er einfach seinen Schläger hinhielt und auch noch gewann. Tja, so war es eben. Bis in die höchste Jugendliga in Nordrhein-Westfalen habe ich es so geschafft, allerdings in einem anderen, noch renommierteren Verein. Ein guter Verein. Aber plötzlich waren Tante Lilli's Pfannkuchen, die bei mir wohl die gleiche Wirkung hatten wie bei Asterix der Zaubertrank, in unerreichbare Entfernungen gerutscht. Das bedeutete dann noch mehr Training. Bis auf mittwochs eigentlich täglich.

Zeitgleich trat ich im Schulsport, in dem ich mich zu einem durchaus wählbaren Mitglied in einer Mannschaft entwickelt hatte, in die Fußstapfen meines Vaters. Ich begann das Handballspielen. Wieder stellte ich mich nicht so dumm an. Sie ahnen nun vielleicht schon, was kommt! Richtig, Talent erkannt! „Du musst in einen Verein!", sagte jemand. Kurz darauf fand ich mich in einer Mannschaft wieder, beim TV Jahn Hiesfeld. Dem absoluten Feindverein meines Vaters, der eingefleischter VfB Lohberger war! Das Verhältnis der beiden Vereine zueinander war damals eines, das heute Borussia Dortmund und Schalke 04 miteinander pflegen. Falls Sie fußballinteressiert sind, werden Sie wissen, was ich meine. Allerdings führten die ersten Trainingseinheiten dazu, dass der Trainer nicht so recht wusste, auf welcher Position er mich gebrauchen könnte. Also stellte er mich erst einmal ins Tor, da störte ich am wenigsten. In ein Hallenhandballtor! Nun, ich war nicht gerade das, was manche Menschen ein Weichei nennen. Aber, wenn ich ehrlich bleibe, viel fehlte dazu allerdings nicht. Und wer sich einmal solch einen Hallenhandball „eingefangen" hat – vor den Kopf oder in den Magen –, der weiß, wie schön Engelschöre singen können. Während man selbst die Sterne in diesem Moment des himmlischen Gesangs zählt. Es gab nur eine Möglichkeit, diesem sich anbahnenden Drama zu entgehen. Ich musste meine Untauglichkeit für diese Position beweisen. Immer da hin, wohin sie mit Sicherheit nicht werfen. Ich musste die Absichten der anstürmenden Feldspieler in ihren Augen lesen, erahnen, wohin sie werfen werden. Und dann einfach das Gegenteil machen! Ich versuchte es genau so. Ich sah den anstürmenden Gegner, las in seinen Augen, dass er nach rechts werfen würde. Also warf ich mich nach links – und hatte die Kugel. Gut, er hatte sich wohl vertan. Nächster Angriff, nächster Versuch. Ich war mir sicher, links oben wird es. Deshalb nur eines: rechts runter! Und begrub diese harte Kugel sicher unter mir. Ich konnte machen, was ich wollte, ich hatte eine – und das sage ich jetzt in der mir so ganz eigenen Bescheidenheit – hervorragende Quote gehaltener Bälle. Damit war eine zweite Sportkarriere in bescheidenem Maße angebahnt, die von meiner Heimat in Dinslaken am Niederrhein über die Universitätsauswahl in Erlangen bis nach Coburg in die Oberfrankenliga führen sollte. Das war durchaus schon etwas! Heute verfolge ich meinen letzten Verein immer noch gern. Und es ist leicht, das zu tun. Mittlerweile spielte er ein Jahr in der Bundesliga, jetzt in der zweiten Liga, ist deshalb oft im Fernsehen zu sehen. Und manchmal schaue ich sehr genau hin. Schaue ins Tor. Ahnen Sie, wen ich dann dort sehe? Genau, leider 35 Jahre zu spät!

Das Tischtennisspielen hatte ich währenddessen nie ganz aufgegeben. Und als ich aus Studiengründen ins oberfränkische Leben in einem kleinen Dorf am Fuße des Walberla, eines mystischen Felsens zwischen Forchheim und Bayreuth, eintauchte, meldete ich mich, um fit zu bleiben, natürlich gleich im dortigen Tischtennisverein an. Als ehemaliger Oberligaspieler. Wie es der Zufall wollte, zogen zeitgleich noch zwei ehemalige hochklassige Spieler aus Berlin und Erlangen in den Ort und taten das gleiche wie ich. Bisher hatte dieser Verein eher immer in den untersten Klassen gespielt, das hatte im Dorf schon fast Tradition. Jetzt kommen also zwei Preußen und ein Mittelfranke und sie gewannen. Nicht einmal, sondern noch einmal. Und noch mal, und noch mal ... Viermal hintereinander stiegen wir auf. Eigentlich eine wunderbare Sache!

Nun muss man sich aber vorstellen, dass ein Sieg traditionell – und diese Tradition brach ja gerade für die Tischtennisabteilung des Vereins neu an – mit einer oder auch zwei Maß Bier, natürlich pro Person, begossen wurde. Wenn möglich noch mit einem Schweinsbraten, alles spät abends natürlich, nachts manchmal. Und Aufstiegsfeiern dauerten mindestens zwei Tage grundsätzlich. Manchmal hatte ich das Gefühl, ich lebte permanent auf einem oberfränkischen Oktoberfest! Himmlisch!

Mein erstes theologisches Examen – richtig, ich studierte ja während der ganzen Zeit auch noch – machte diesem wunderbaren Spuk im Paradies auf Erden ein Ende. Das Vikariat in Bingen am Rhein, genauer in der Evangelischen Kirchengemeinde Bingerbrück, stand an.

Noch vor meinem ersten Gottesdienst dort war ich schon Mitglied im SV Bingerbrück, Abteilung Tischtennis. Und wir steigen doch tatsächlich auf. Es ging also schon wieder los. Allerdings gab es hier kleinere Biergläser, es sei denn, man bestand auf die großen. Und einen in der Mannschaft gab es immer, der das stellvertretend für alle tat.

Auch diese Station war nicht die letzte. Ich wurde Pastor und dann auch Pfarrer für Menschen mit körperlichen und geistigen Behinderungen an der kreuznacher diakonie, damals noch Diakonie-Anstalten Bad Kreuznach. Ein Mitarbeiter, dem ich von meinem Tischtennisengagement erzählt hatte, nahm mich mit in seinen Verein. Ein Werksverein einer großen Kreuznacher Firma mit seinen Meisterschaftsspielen in einer ungemütlichen, immer nach Essen riechenden Firmenmensa, die eines Tages firmenintern gebraucht wurde, deshalb nicht mehr zur Verfügung stand. Das Ende der Tischtennisabteilung schien eingeläutet.

Und nun erinnere ich mich sehr gut daran, wie mir der liebe Gott wieder einmal – er tat das im Laufe meines Lebens ja durchaus öfter – auf die Schulter tippte! „Du musst etwas tun", hörte ich ihn mir ins Ohr flüstern. „Es wäre doch schade, wenn diese Gemeinschaft auseinander bricht! Ich hab' da eine Idee!" Und er begann damit, sie mir nicht mehr ins Ohr, sondern direkt ins Herz zu flüstern. Es war eine fabelhafte Idee und geradezu göttlich.

Ich sprach also beim Vorstand der Diakonie-Anstalten vor. Erzählte von meiner Idee. So verkaufte ich sie jetzt einfach einmal, hoffend, dass der liebe Gott nichts dagegen gehabt hat! Ein Sportverein für Menschen mit und ohne Behinderungen. Gemeinsam Sport treiben, um gemeinsam leben zu lernen. Mehr noch als bisher. Der liebe Gott hatte wohl gut vorgearbeitet. Ich war offensichtlich nicht der einzige, dem er ins Ohr flüstern konnte. Alle fanden die Idee gut, die Zeit dafür reif und die Gegebenheiten mit einer großen Sporthalle sowieso ideal. Er wurde also tatsächlich geboren, der Verein „SFD Bad Kreuznach", die „Sportfreunde Diakonie Bad Kreuznach". Heute, nach mehr als 25 Jahren, ein Verein mit Tischtennis für alle, Herzsport, Boccia für Menschen mit Schwerstmehrfachbehinderungen, Elektro-Rollstuhl-Hockey mit einer Mannschaft, den „Star Drivers" in der Bundesliga! Vieles andere mehr! Ein etablierter Verein, an sich so normal und doch immer irgendwie auch anders. Paralympicssieger, Nationalspieler, viele Meisterschaften! Vor allem aber tolle Gemeinschaftserlebnisse! Vor mehr als zwanzig Jahren endete dort allerdings meine aktive Tischtennislaufbahn. Zum einen wurde ich Pfarrer einer kleinen Vorstadtkirchengemeinde, zum anderen Teil eines ganz anderen, für mich ganz neuen Lebens! Ich schaute in den Spiegel. Dankte meinem Spiegelbild für diese Erinnerungen. Kurz danach war es wieder so weit. Ich hatte mir eine neue Lederjacke im Geschäft der niederländischen Familie und den Filialen mit den zwei Buchstaben gekauft. Runtergesetzt natürlich, sonst kauf ich nämlich gar nichts, nie. Von 129 € auf 49 €, und noch einmal auf 29 €. Dazu hatte ich noch einen 25% Rabattcoupon für heruntergesetzte Ware. Also nur noch tatsächliche 21,75 € für eine schwarze Lederjacke. Kann man doch nicht hängen lassen, oder? Gut, sie war eigentlich eine Nummer zu groß, aber ich könnte ja noch reinwachsen!

Zu Hause stand ich dann vor dem Spiegel und bewunderte mich und mein Schnäppchen. Art van Rheyn ließ kurz grüßen. Mein Spiegelbild lächelte mich an. „Leder?", fragte es mich. Ich nickte. „Leder", wiederholte es diesmal nicht mehr fragend. „Erinnerst du dich noch, Leder!" Und ob ich mich erinnerte. Schließlich handelte es sich um einen meiner intensivsten Lebensabschnitte.

Er begann damit, dass ich eines Tages überlegte, ob es auf dieser Welt nicht einen Ort geben könnte, an dem ich einmal nur ganz allein für mich sein könnte. Eigenartigerweise kam mir dieser Gedanke aus heiterem Himmel und gerade, als ich an einer Fahrschule vorbeikam. Ein lächelnder Motorradfahrer machte mich durch eine Sprechblase auf etwas aufmerksam. „Der nächste Frühling kommt bestimmt!"

Recht hatte er. So saß ich also kurze Zeit später zwischen einer Horde Achtzehnjähriger und machte wieder einen Führerschein. Einen Motorradführerschein! Der Frühling kam tatsächlich und mein Einstiegsbike – Suzuki LS 650 Savage – auch. Ein Chopper – wahrscheinlich als Vorbeugung, falls mich meine Midlife-Crisis doch früher als erwartet überkommen sollte. Eines hatte ich allerdings völlig unterschätzt. Nämlich wie toll es eine ganze Kirchengemeinde finden kann, einen noch, aber nicht mehr ganz jungen Pfarrer zu haben, der Biker war. Selbst die, die das einfach doof fanden, erzählten zumindest Gemeindegliedern aus anderen Kirchengemeinden doch durchaus überschwänglich davon.

Es dauerte deshalb überhaupt nicht lange, da fragte der örtliche Motorradclub, MC Winzenheim-Heddesheim, bei mir an. Nicht nur nach meiner Mitgliedschaft, nein, auch nach meiner Bereitschaft, einen Gottesdienst für Bikerinnen und Biker auf der grünen Wiese zu halten. Genau in der Reihenfolge geht die Geschichte auch weiter. „Rudi! Komm, hock' dich!" hieß es bald jeden Dienstag in unserer Stammkneipe. Diese Abende und Treffen wurden für mich derartig wichtig, dass ich dafür sogar mein aktives Tischtennisleben, das sich mittlerweile bei der SFD auch auf den Dienstag beschränkt hatte, aufgab.

Warum, fragen Sie? Nun, hier im MC traf ich auf Menschen, die meine Gemeindeglieder waren. Nicht unbedingt Kirchgänger, aber junge Menschen mit einem tiefen Sinn für Gemeinschaft. Mit einem tiefen Sinn für Freundschaft und für Ehrlichkeit untereinander. Vieles, was das Evangelium über das Miteinander von Menschen erzählt und fordert, fand ich hier wieder. Aber das Tiefste für mich war einfach die Tatsache, dass ich hier einfach nur Rudi war. Rudi, der ein bisschen anders war als andere. Hatte keinen richtigen Beruf, war Pfarrer. Und wenn es Gemeinschaftsaktionen gab – wie das gemeinsame Bauen an den verschiedenen Häusern der einzelnen Freunde – dann half jeder, wie er konnte. Der Installateur bei Installationen, der Maurer beim Mauern, der Schornsteinfeger beim Heizungsbau, der Maler beim Anstreichen. Und der Pfarrerbiker machte eben die Hilfsarbeiten. Einer musste ja schließlich Steine und Rohre schleppen.

Andererseits ging für viele auch an mir oft kein Weg vorbei. Ich hab' sie fast alle getraut. Ihre Kinder habe ich getauft. Ja, ich hab' sogar einen von uns beerdigt. (Ralf, während ich das schreibe oder vielleicht irgendwo vorlese, denke ich an dich, versprochen! Das tue ich übrigens ganz oft!)

Diese Zeit war für mich Leben in Gemeinschaft! Und ich habe so viel von meinen Freunden im Club gelernt. Vieles, was ich in meine Gemeindearbeit einbringen konnte. Es gab und gibt eine wunderbare Verbindung. Seit fast 25 Jahren feiern wir einmal im Jahr in unserer Gemeinde einen ökumenischen Gottesdienst für Bikerinnen und Biker, das mittlerweile weitaus größte eintägige Fest in unserem Ort. Wie oft habe ich auf dem Anhänger eines Traktors gestanden und auf eine wohl einmalige Gemeinde geschaut! Im Lederanzug unter dem Talar bei 30 Grad in der Sonne! Allein das ist verrückt genug, um unvergesslich zu sein. Vor mir die – ich schreibe das jetzt mit allem Respekt – Alten meiner Gemeinde, die sich das Dabeisein einfach nicht nehmen lassen wollten. Neben ihnen auch die Mitglieder der Angels – also die aus der Hölle –, Outlaws, Gremiummitglieder. Dazu viele „normale" Motorradfreundinnen und -freunde. Immer mehr als 1000 Menschen, der größte Gottesdienst in unserem Kirchenkreis. Deshalb, wegen meiner ökumenischen Lebensgrundeinstellung, die mich seit meiner Kindheit in Taizé glücklicherweise geprägt hat, wegen meiner Konzerte und Lesungen und dieser Bikergottesdienste gelte ich in Kollegenaugen durchaus heute noch als so etwas wie ein Exot in unserer Pfarrerinnung. Auch wieder so ein gefühlter Adelstitel!

Einmal bekamen es die Kollegen sogar zu spüren. Und das mit Absicht! Es war mein 40. Geburtstag. Ich verrate Ihnen, liebe Leserin, lieber Leser allerdings nicht, wie lange das schon her ist! Also vor fast genau zwanzig Jahren lud ich sie alle ein, meine Kollegen. Dazu meine Clubfreunde, auch Familienmitglieder, Gemeindeglieder – Partytime! Ich gab auf der Einladung nur die Adresse „Zum Hofgut Zweifel" ein. „Hofgut" klang ja durchaus nach Empfang und Buffet. Beim Namen „Zweifel" – Nachname der Erbauerfamilie dieses Gemäuers – hätten allerdings einige besser die gleichen bekommen: Zweifel! Zweifel darüber, ob ihre Vorstellung eines 40. Geburtstages sich wohl mit denen von Rudi Dunkel decken würden.

Sie taten es natürlich nicht. Die Adresse gehörte nämlich zu unserem Motorradclubkeller. Selbst ausgebaut, jede Menge Getränke, mindestens genau so viele Pin-up-Girls auf dem Klo. Dazu in Folie gewärmter Spießbraten und Fleischkäse, Brötchen, daneben Senf und Ketchup. „Bikerhäppchen" eben. Salat? Wozu? Bier und Williams, das musste reichen! Das war im Club ein Muss. Fast alle kamen im Anzug. Die meiner MC-Freunde waren meist aus Leder. Die meiner Pfarrerkollegen, nun ja, eher aus gehobenem Zwirn, so wie man es eben bei Empfängen zum 40. meist trägt. Eine schöne dezente Krawatte dazu. Feingeputzte Lederschuhe, die beim Ankommen im Keller schon mächtig zugestaubt waren. Allein für die Erinnerung an das Gesicht manchen Kollegens war mir dieser Ort und diese Art zu feiern alle Mühen wert. Und Mühen hatte es überhaupt keine gemacht. Das machten alles die MC'ler. Wunderbare Menschen! Mittlerweile ist das alles vorbei. Ich habe das an anderer Stelle in diesem Buch beschrieben. „Aber die Freundschaften sind doch geblieben!" erinnert mich mein Spiegelbild, als ich aus meinen Gedanken und Erinnerungen vor dem Spiegel wieder in die Realität – mit einer neuen Lederjacke für tatsächliche 21,75 € – fand. „Du hast Freunde, vergiss das nie! Du bist reich!" Ich schaute es an, mein Spiegelbild. Es lächelte noch milde. Aber es ahnte wohl doch schon die Unwiederbringlichkeiten des Lebens, merkte ich. „Ich bin du", flüsterte es mir zu. „Und du hast Recht! Du hast ja so Recht!"

In dem Sommer, in dem ich das alles niederschrieb, war ich krank. Mehrere Wochen, sogar Monate. Krank, erst am Leib, dann wohl auch an der Seele. Ich hatte abgenommen, 25 Kilo. Komisch, als ich abnehmen wollte, klappte es nicht, überhaupt nicht. Jetzt, wo ich hätte stark und kräftig sein sollen, purzelten die Kilos. Aber das war eben auch alles andere als gesund.

Jedenfalls passte ich wieder, so hatte ich es im Gefühl, viel besser in meinen Talar. Sogar der Knopf am Kragen, der angepasst worden war, als ich vor mehr als 30 Jahren mein Vikariat begann, ging wieder zu. Ich probierte ihn also an, es war kurz vor der Abreise nach Taizé – vor einem der Aufenthalte, bei denen ich an diesem Buch schreiben sollte. Im schwarzen Talar stellte ich mich also vor den Spiegel und schaute hinein. Ich sah – natürlich – mein Spiegelbild. In einer weißen Kutte, mit gequältem Gesicht. „Jetzt bitte nicht wieder dieses Wehklagen! Ich kann es nicht mehr hören!", raunzte es mich an. „Nicht noch einmal die Geschichte von deinem Lebenswunsch, den man dir verwehrt hat! Den hast du schon so oft beschrieben und besungen. Irgendwann muss damit doch mal Schluss sein!"

Ich hielt meinem Blick stand. Ich sah mich, wie ich eben wirklich bin. Durch und durch evangelischer Theologe. War es gern und bin es immer noch mit Leidenschaft, manchmal mit geradezu lutherischer Leidenschaft. Schon klar, da ist immer das Sehnen und die Frage im Hinterkopf, was gewesen wäre, wenn ich damals vielleicht doch in Taizé geblieben wäre. Und diese Frage ist immer wieder neu da, wenn ich in Taizé bin und die Brüder sehe, die damals als Jugendliche gemeinsam hier mit mir begonnen hatten. Aber ich spüre mehr und mehr, dass dieses kleine Klingeln im Hinterkopf längst keine wirklich offene Frage mehr ist. Sie ist und bleibt ein oft geträumter Traum. Und das ist gut so, finden jedenfalls hoffentlich meine drei Kinder. Sie profitieren schließlich von der Unerfüllbarkeit dieses Wunsches doch erheblich.

Nun komme ich hierher. Je älter ich werde, je lieber. Ich bleibe eine Woche, genieße diese atemberaubend schöne und neuen Atem schenkende Landschaft, schimpfe leise und innerlich über die mehr und mehr unerträglich harten Holzbänke. Noch scheue ich die „Rentnerstufen" und Bänke in der Kirche. Die spare ich mir wirklich für den Zeitpunkt auf, wenn es in meinem gesamten Leben so weit sein sollte. Also Seniorenausweis, Seniorenfahrkarte usw. Dann auch Seniorensitz in der Kirche von Taizé! Solange werde ich mich aber brav auf eines der Kniebänkchen zwingen. Mit knackenden Knien runter und mit einer Vielzahl von knackenden Knochen mehr nach den Gottesdiensten wieder langsam in die Aufrechte. Dabei immer schön laut singen, damit das Geknacke eben niemand hört. Es hat jedenfalls alles seine Zeit. Eine geradezu alttestamentliche biblische Wahrheit!

Sie gilt für Tischtennis- und Handballkarrieren genauso wie für Lebensträume und die Fähigkeit, eine Stunde in der Kirche zu knien. Irgendwann ist es eben damit vorbei! Fertig! Damit muss ich, kann ich und werde ich leben, besser: zu leben lernen!

Apropos Tischtennis: Im Sommer meiner Krankheit empfahl mir mein Arzt aufgrund meines körperlichen Befindens unbedingt sportliche Betätigung. „Was können Sie denn?", fragte er mich. „Handball und Tischtennis", antwortete ich wahrheitsgemäß, sogleich wieder in Nostalgie schwelgend. „Na ja, Handball sollte es in Ihrem Alter dann wohl besser doch nicht mehr sein. Aber Tischtennis wär' doch gar nicht so schlecht!" Hätte er jetzt in seinem zweiten Satz noch einmal „in Ihrem Alter" gesagt, wäre er drauf und dran gewesen, einen selbstzahlenden Privatpatienten zu verlieren.

Kurz und gut – zwei Tage später ging ich zu Hause in den Keller, um meine mehr als dreißig Jahre alten Tischtennisschläger zu suchen und zu finden. Ich wollte nämlich auf dieses ärztliche Anraten in meinem Alter etwas für meine Fitness tun. Schließlich höre ich auf meinen Arzt! Ich fand meine Schläger im Keller, und packte sie seit Jahrzehnten zum ersten Mal wieder aus. Joola, Toni Hold, Anti-Topspin 1.0 strahlte mich an. „Na, dass wir uns noch mal wieder sehen! Geht's noch mal los?" Mein Schläger wurde offensichtlich genau wie ich von einer ganz merkwürdigen Vorfreude erfasst. Ja, ich greife noch einmal an, nahm ich mir in diesem Moment vor. Besser, ich wehre noch einmal alle Bälle ab, ganz so wie früher. Das nahm ich mir jedenfalls fest vor.

Wo konnte ich meinen Plan besser umsetzen als bei dem Verein, an dessen Gründung ich ja nicht ganz unschuldig war, bei den „Sportfreunden Diakonie Bad Kreuznach". Ich stand also eines Abends – für viele einer Fata Morgana gleich – wieder in der Sporthalle, in der ich mich vor etwas mehr als 25 Jahren mit einem oder auch zwei Kästen Bier von allen verabschiedet hatte. Viele neue Gesichter, klar! Aber die anderen, die bekannten Gesichter, sie waren alle noch da! Wilfried, Celli, Ulli, Klaus, Alfred – die ganze alte Truppe. An manchen war das Alter einfach so vorübergegangen. Bei anderen musste ich genauer hinschauen, um sicher zu sein, dass sie es auch wirklich sind. „Ganz schön alt geworden", dachte ich beim Anblick einiger Sportkameraden. Von hinten tippt mir in diesem Augenblick jemand auf die Schulter. „Rudi, bist du das wirklich? Ich hätte dich fast nicht erkannt! Bist ja doch älter geworden! Und so grau! Schön, dich zu sehen!" Für seine Freude, mich zu sehen, hätte ich meinen alten Doppelpartner aus vergangenen Tagen stellvertretend für alle knutschen können. Denn ich spürte die gleiche Freude. Für das „alt und grau" musste er allerdings umgehend gegen mich antreten. Er hatte 22 Jahre durchtrainiert, aber ich war immer noch imstande, ihm alles abzuverlangen.

Lieber Gott! Ein genialer Gedanke von dir, mich wieder hierher zu führen! Einige Trainingsabende später, mit mich selbst überraschenden Trainingserfolgen, kam an mich, der sich auf ärztliches Anraten ja lediglich wieder ein wenig fit halten sollte, tatsächlich wieder die Anfrage, die kommen musste. „Rudi, wo ist eigentlich dein alter Spielerpass? Liegt der noch hier bei uns?" Natürlich musste er da noch liegen! Wartete wahrscheinlich ebenso wie mein geliebter und erfahrener Schläger dornröschengleich darauf, wieder wach geküsst zu werden. Sollte tatsächlich noch einmal bei einer Meisterschaftsspieleröffnung durch den Mannschaftskapitän mein Name verlesen werden? „Wärst du noch mal bereit? Wir könnten dich wieder gut gebrauchen?" Natürlich war ich bereit. Wenn ich

etwas anfange, dann doch richtig. So war das immer, und so wird es bleiben. Ganz oder gar nicht!
Und so habe ich tatsächlich bald nach dieser Buchschreibzeit in Taizé wieder angefangen, Mannschaftssport zu treiben, ein Riesenvergnügen. Ich wehre wieder Bälle ab, treibe andere zur Verzweiflung, zahle natürlich auch viel Lehrgeld gegen die jungen Wilden. Aber eines habe ich nun wieder einmal und dankenswerterweise erfahren: Es ist niemals zu spät, noch einmal neu anzufangen!
Und lieber Gott, wenn das tatsächlich stimmt – wenn es stimmt, dass Neuanfänge auch im Alter möglich bleiben – könnten wir dann nicht vielleicht doch noch einmal verhandeln, du weißt schon – über die weiße Kutte und so. Oder reicht es dir wirklich, dass ich wieder Tischtennis spiele?

Ein kleiner, durchaus ernstgemeinter Nachtrag:
Versuchen Sie es doch auch einmal, wenn möglich sogar über einen längeren Zeitraum. Drei Minuten täglich, in aller Ruhe Zeit nehmen, um vor dem Spiegel zu stehen, hineinzusehen und standzuhalten – dem, was sie sehen. Und dem, was Ihr Spiegelbild Ihnen erzählt. Das ist keine leichte Übung, wirklich nicht. Aber sie trennt Wahrheit von Selbstbetrug und kann einen neuen Himmel öffnen. Ein Versuch sollte es Ihnen doch wert sein!

SPIEGELBLICK

Was siehst du,
wenn du in den Spiegel schaust?
Wenn du den Blick
dich auszuhalten traust?
Du siehst dich, wie du g'rad bist.
Präg' dich dir ein, damit du dich nicht vergisst.

Du siehst den Menschen, der ein guter Sportler war.
Nach vielen Bällen musste er sich strecken.
Hat sie verschluckt, noch heute sieht man sie ganz klar.
Selbst beim Luft anhalten kann er sie nicht verstecken.

Du siehst den Menschen, der so gern Motorrad fuhr,
der wollte, dass es größer, immer schneller sei.
Der im Club Freunde fand und Lebensfreude pur;
und dann anhielt und spürte: jetzt ist es vorbei.
Was siehst du, ...

Du siehst den Menschen, der gern Mönch geworden wär
am Ort, den er so liebt, noch heut' zieht's ihn dort hin.
Dass es anders kam, mögen seine Kinder sehr.
Es wurde gut; in allem liegt ein tief'rer Sinn.
Was siehst du, ...

Heut' weiß ich,
wenn ich in den Spiegel schau',
dass ich den Blick
mich auszuhalten trau'.
So glaubt ihr mir oder tut's nicht,
denn ich schaue in ein glückliches Gesicht.

Wir

Aus ganzem Herzen „Wir" sagen!

Da haben

„Ich" und „Du"

keine Chance.

Nur „Wir" sagen

und dabei

deine Hand halten,

macht es noch schöner!

Was schenkt man einer Frau, die schon alles hat? Vor Weihnachten, vor ihrem Geburtstag, vor Monats- und Jahrestagen – immer die gleiche Frage! Was schenke ich ihr diesmal? Manchmal – ich weiß gar nicht mehr, warum – da nehme ich meinen ganzen Mut zusammen und frage sie einfach: „Schatz, was wünschst du dir diesmal?" Eine, wie ich durch mehrmaliges Anwenden dieser Frage gelernt habe, wirklich überflüssige Einleitung in eines der immer sehr kurzen Gespräche, die dann folgen. Es gibt offensichtlich nur drei mögliche Antworten.

Selbstverständlich ist die klarste und eindeutigste natürlich nicht dabei. „Einen neuen Staubsauger!" oder „Ein neues Topfset!" In diese Richtung könnte es einfach mal gehen. Wenigstens nur ein einziges Mal! Einfach so in den Laden gehen, Staubsauger kaufen, in Geschenkpapier wurschteln – auf jeden Fall selbstverpackt, etwas Persönliches soll solch ein Geschenk ja schon haben. Überreichen und sich einfach an ihrer Freude beim Auspacken mitfreuen. „Oh! Ein neuer Staubsauger! Den habe ich mir schon so lange gewünscht! Danke Schatz!" Dann in den Arm genommen und geküsst werden. Nur einmal, ein einziges Mal. Die Welt könnte so einfach sein! Ist sie aber nicht!

(Übrigens: während ich das hier niederschreibe, sitzt dieser wunderbare Mensch, dem meine gerade zu Papier gebrachten Gedanken gelten, in der Kirche von Taizé ganz dicht neben mir. Gott sei Dank habe ich eine ziemlich unleserliche Handschrift und sie ihre Brille nicht auf. Ich kann also ganz und gar ungefährdet weiterschreiben. Gerade streichelt sie meine Wange – hat sie etwa doch ...?)

Nein, so einfach macht mir meine wunderbare Frau es nie. Bleiben also die drei anderen Möglichkeiten.

Die erste: „Schatz! Überleg' doch mal schön selbst! Überrasch' mich einfach mal!" Kurz schwebt wieder ein funkelnagelneuer Staubsauger vor meinem inneren Auge. Aber diese imaginäre Luftblase platzt augenblicklich wieder! Ich weiß es nämlich auch. Ein selbst eingepackter Staubsauger ist einfach nicht der Bringer! Aber hat sie wirklich gedacht, ich hätte meine – in der Tat naive – Frage wirklich gestellt, bevor ich nicht sämtliche Hirnwindungen bemüht hätte, selbst für eine Überraschung zu sorgen? Hat sie meine Not wirklich nicht erkannt? Mit dieser ersten Antwortmöglichkeit hat sie mein Problem noch verschärft, geradezu verdoppelt! Also alles noch einmal von vorn! Und das Ergebnis ahne ich schon.

Möglichkeit Nummer zwei der drei möglichen: „Nichts!" Klare Aussage, aber fatale Folgen beim Ernstnehmen dieser Antwort. „Nichts" ist einfach die strengste Form von „Schatz! Überleg' mal schön selbst!" „Nichts!" – Da schwingt irgendwie immer auch eine depressive Tendenz mit. So nach dem Motto: „Geburtstag – würde ich am liebsten gar nicht feiern!" oder „Ich bräuchte einen neuen Staubsauger! Aber bloß nicht zum Geburtstag!" – „Nichts!" Das bedeutet für mich, jetzt nicht nur ein liebevoll und wirklich überraschendes Geschenk zu besorgen, das wirkliche Freude bereitet. Jetzt muss es auch noch etwas das Seelenheil berücksichtigen und aufpolieren! Eine Dauerkarte für die Spiele von Mainz 05! – Ich wüsste sofort, was ich in einem solchen Moment antworten würde, damit diese Bedingungen an ein Geschenk erfüllt wären. Warum fällt ihr so etwas nicht ein?

Und da bleibt die dritte Möglichkeit. Die gemeinste! Die grausamste! Die, die mich immer vielleicht nicht wie einen Idioten, zumindest aber wie einen begossenen Pudel – ich habe übrigens noch nie einen begossenen Pudel gesehen – aussehen lässt. Sie spricht diese Worte, so bilde ich es mir jedenfalls ein, immer mit so einem hintergründigen, leicht sarkastischen Lächeln! Worte wie Nägel, die sie mit einem Hammer in mich hineintreiben möchte. – Wieso kommt mir gerade Martin Luther an der Kirchentür von Wittenberg in den Sinn?

Sie schaut mich an und sagt es: „Schatz, du weißt ganz genau, was ich mir wirklich wünsche!" Und dabei betont sie das „wirklich" immer so eigenartig! Sie sagt diesen kurzen Satz und sagt es mir damit immer direkt ins Gesicht.

Du hast wieder nicht hingehört! Du hörst mir eigentlich nie zu! Interessierst du dich eigentlich wirklich für mich? Weißt du überhaupt, wie es in mir aussieht? Kennst du meine Wünsche, meine Sehnsüchte?

All diese und noch mehr Gedanken packt sie in diese wirklich grausam klingenden Worte: „Schatz! Du weißt ganz genau, was ich mir wirklich wünsche!" Wie viel Wasser muss man eigentlich über einen Pudel schütten, damit er in solch einem Moment aussieht wie ich? Sie braucht dazu kein Wasser, um mir dann den Rest zu geben. Ihr reichen sieben weitere Worte: „Das kannst du mit Geld nicht kaufen!"

Also nichts in irgendeiner Form Selbstgebasteltes. Nichts auf am Computer schön gestalteten Gutscheinen Versprochenes und dann nie Eingelöstes. Ihre Kräuterspirale im Garten wartet so schon seit einiger Zeit auf mein Handwerk. Ich hatte dummerweise den Zusatz „Wird direkt nach meiner Pensionierung gebaut!" vergessen. Dieses bisher noch nicht entstandene Teil ist somit längst zum Synonym für meine nichtgehaltenen Versprechungen geworden. Dabei habe ich tatsächlich schon seit langer Zeit Baupläne für dieses Kleinod zu Hause liegen.

Nein, sie wünscht sich etwas, von dem ich weiß, dass sie es sich „wirklich" wünscht und das man mit Geld nicht kaufen kann! Gesundheit! Das kann doch nur Gesundheit sein! Wünscht sich doch jeder, kann man nicht kaufen. Allenfalls erhoffen! Ich bin aus dem Schneider! Komplett! Ich wünsche ihr Gesundheit! Da ich ihr das allerdings nach jedem Niesen wünsche, weiß sie das ja längst. Das wird es also eher nicht sein. Für einen kurzen Augenblick stelle ich mir einen Pudel vor, der sich selbst einen Eimer Wasser über den Kopf schüttet.

In der Kirche von Taizé ist allein Gott dein Gegenüber, auch im Gottesdienst!

Ein langes gemeinsames Leben mit mir! Gemeinsam alt werden! Das muss es jetzt aber sein! Würde ich diese der drei Antwortmöglichkeiten wählen, dieser Gedanke steckte dahinter. Weiter glücklich, weiter einfach leben, einfach nur glücklich! Mit ihr, Hand in Hand! Bis ins hohe Alter! Und, lieber Gott, wenn möglich weit darüber hinaus! Oder ist das jetzt zu unbescheiden? Das wäre mein Wunsch! Kann ich nicht kaufen, kann ich nur erbitten! Und das mir Mögliche dafür tun.

Gerade bekomme ich eine Gänsehaut! Nur weil ich etwas ahne, mir bewusst wird. Ich spüre gerade, welch großes Geschenk ich leben darf. Nichts ist selbstverständlich, alles ist geschenkt! Ich schaue sie an. Wie sie neben mir sitzt. In der Kirche von Taizé. Tief in ihre Gedanken versunken, ins Gebet, die Augen geschlossen. Ich schaue sie an und atme tief. Genau in diesem Moment beginnen – wirklich – die Glocken von Taizé zu läuten und machen diesen Augenblick, dieses kurze Innehalten einfach perfekt! „Das ist es – mein Geschenk an dich!", flüstert mir der liebe Gott ins Ohr, ganz leise, damit er diese Frau neben mir beim Gebet zu ihm nicht stört. „Dafür darf es schon mal etwas himmlische Musik sein! Und nun freu' dich! Lebe! Grüble nicht immer so viel! Lebe dein Leben und teile es! Mit ihr!" „Mir ist klar", antworte ich dem lieben Gott, „dass ich genau das will, leben will! Nicht mehr, aber auch nicht weniger! Aber du weißt es doch und könntest es mir doch verraten: ist es das, was sie sich auch wünscht und ich mit Geld nicht kaufen kann?" Der liebe Gott lächelt mich an und zieht sich leise in die Gebetsstille in der Mitte des Gottesdienstes in Taizé zurück. „Na toll", denke ich einen kleinen Augenblick. Aber dann erinnere ich mich an sein Lächeln. Und merke gerade, wie ansteckend es ist. Tatsächlich, ich sitze in der Stille des Gottesdienstes und lächle. Das war auch schon mal anders! Im ICE-Tempo rast mein Leben an mir vorbei. Und beim letzten Zwischenhalt, also gerade jetzt und hier, sitze ich da und lächle. Ist das Leben nicht schön!?

Ich schaue auf meine Frau neben mir. Auf den Knien, die Stirn berührt den Boden – sie brauchen sich gar nicht zu wundern; in Taizé sitzen in der Kirche fast alle auf dem Boden, oder knien eben, wenn die Gelenke solche Beugungen noch schaffen. Sie betet. Mit so viel Würde! Ja, das Leben ist schön! Leben teilen dürfen – ist unbeschreiblich schön!

Gemeinsam alt werden! Ich weiß noch, wie ich damals, als sie mir diese fast unlösbare Geburtstagswunschaufgabe stellte, dachte, ja das will ich auch! Wir sehr hoffte ich, dass es unser gemeinsamer Wunsch sein sollte.

Wieder schaute ich sie an, wie so oft. Dachte daran, dass sie so ganz anders ist als ich. Ich bin eher der Ordnung liebende Typ. Das ist sie nun überhaupt nicht. Hoffentlich überlebe ich diese Zeilen unbeschadet, wenn sie sie irgendwann liest. Aber so ist es nun einmal. Ich liebe es, einfach nur da zu sitzen – darüber lesen Sie an späterer Stelle in diesem Buch ja noch mehr. Fünf Minuten auf einer Stelle zu sitzen, ist überhaupt nicht ihr Ding. Sie verschlingt ein Buch nach dem anderen. Fachliteratur und andere schwere Sachen. Mein schwedischer Krimi hat die Welt gesehen, war bei mindestens zehn Urlauben dabei, und ich weiß immer noch nicht, wer der Mörder ist. Komme ich nach einer anstrengenden Woche zu ihr, ausgelaugt und auf allen Vieren kriechend, allein mit dem Wunsch, einfach nur noch in ihren Armen zu liegen, empfängt sie mich mit den Worten: „Und, hast du deine Wanderschuhe dabei?"

Sie ist so ganz anders als ich. Und mit dieser Frau möchte ich alt werden? – Ja! Ja und nochmals ja! Warum? – Nun, sie ist schön! Wenn sie lacht, tief von innen heraus lacht, dann segnet sie jeden, dem dieses Lachen gilt. Ist sie traurig, stimmt man ganz automatisch das Wolfsheulen mit ihr an. Ihr passieren pro Tag etwa tausend kleine bis mittlere Katastrophen, die das Leben mit ihr täglich zu einem neuen Abenteuer machen. Pausenlos klirrt oder knallt irgendwo etwas. Und sie lacht! All das und viel mehr liebe ich an ihr, wo ich doch so ein abenteuerlustiger Typ bin.

Als ich an all das damals, als sie mir Antwortmöglichkeit Nummer drei unter die Nase rieb, dachte, war ganz plötzlich – das mögen Sie nun glauben oder nicht – eine Melodie in meinem Kopf. Kennen Sie das? Sie haben eine Melodie im Kopf und sie geht einfach nicht mehr raus? Die Melodie war da. Aber keine Worte dazu. Ich summte und summte. Bis mich eine Ahnung überfiel. Der liebe Gott hatte eine Idee für ein Geschenk, hatte sie mir einfach so ins Herz gelegt. „Schenk' ihr doch ein Lied! Eins, das ihr zeigt, was ihr beide füreinander seid!" Warum bin ich, der oft und gern Lieder schreibt, darauf nicht selbst gekommen? Vielleicht weil ich weiß, wie schwer so etwas ist. Weil ich ihr schon einmal eines geschrieben hatte. Und da war es genau umgekehrt. Da waren ganz schnell Worte, aber keine Melodie. Die hab' ich dann, wie ich fand, später noch ganz gut hinbekommen.

Aber als ich Ralf, meinem Musikbruder, meinem Freund aus Jugendtagen, Musikgenie und Produzent meiner CDs diese Melodie vorspielte, guckte er mich verdutzt an: „Rudi! So schöne Worte, ein so schöner Text! Und du machst Marschmusik dazu!" Es passiert nur selten, dass er eines meiner Lieder neu komponiert. Meist arrangiert er nur. Macht aus meinen einfachen Melodien wunderbare Kostbarkeiten! Er spielte mir mein erstes Liebeslied an meine Frau mit meiner Melodie vor. Zum ersten Mal hörte ich es quasi von außen. Schrecklich! Einfach nur schrecklich! So schöne Worte! Worte, die einen Menschen so intensiv beschreiben, dass dieser Mensch mir aufgetragen hat, dieses Lied nur dort bei meinen Konzerten zu spielen, wo ich sicher bin, dass niemand sie kennt. Sie ahnt wahrscheinlich gar nicht, wo man sie überall kennt. Diese Melodie konnte auf keinen Fall bleiben.

„Lass mir ein bisschen Zeit", sagte Ralf. „Ich versuch' es mal anders!" Ralf ist einer dieser wenigen Menschen, dem ich alles anvertrauen würde, selbst meine Lieder. Immer in dem Vertrauen, es bei ihm gut aufgehoben zu wissen. An dieser Stelle, lieber Gott, einmal ein herzliches Dankeschön für solche Freunde! Wieder etwas, was mit Geld nicht zu bezahlen ist. Ich wünsche jedem Menschen mindestens einen davon!

Nach ein paar Tagen erhielt ich über E-Mail einen mp3-File. „Hör's dir mal an", war er überschrieben. Ich öffnete ihn und lauschte. Ja, ich hörte nicht. Ich lauschte. Einem – wie ich heute immer noch finde – wunderschönen Lied. Da war meine Traurigkeit genau so wie meine Hoffnung und Zuversicht. Da war eine Melodie, die all meine Worte tragen konnte, senden konnte.

In diesem Moment – während ich das niederschreibe, trifft mich in der Kirche von Taizé ein Sonnenstrahl mitten ins Gesicht. Lustig, wie Gott selbst sich in Gedanken schleichen und seine Meinung offenbaren kann. Offensichtlich möchte er Zustimmung bekunden. Ja, so mussten Liebeslieder klingen. Ralf, mein Musikbruder, hat's eben einfach drauf. Und ich dieses Lied nun auf meiner ersten CD.

Diesmal war es allerdings anders. Eine Melodie war im Kopf, war im Herzen. Jetzt fehlten nur noch die Worte. Sie als Leserin, lesen bitte jetzt einfach kurz einmal weg. Lieber Leser, haben Sie Ihrer Frau schon mal ein Liebeslied geschrieben? Nicht so eins mit „Ganz in Weiß und einem Blumenstrauß" oder mit einem „... Stern, der deinen Namen trägt". Nein, ich meine so ein Lied, das nicht darauf angelegt ist, allen Frauen zu gefallen, auch denen, die man vielleicht gar nicht liebt. Eher ein Lied, das nur einem einzigen Menschen gilt; ein Lied, das die Wahrheit nicht scheut. Ein Lied, das nicht nur über den Menschen singt, den man liebt, sondern auch einen Blick in den Menschen gestattet, der es singt.

Solch ein Lied sollte es werden. Ein Lied über eine ganz tiefe Liebe. Eine Liebe, die mein Leben an einen Punkt gebracht hatte, an dem ich manchmal dachte: „So, lieber Gott! Jetzt einfach umfallen und sterben! Als glücklichster Mensch der Welt!" Sehr egoistisch gedacht, ich weiß es. Ich weiß es aus meinem Leben als Seelsorger, dass es die wohl grausamste Art ist, so zu sterben. Die, die so sterben, haben nämlich in diesem Moment an alles andere gedacht, aber nicht daran. Wurden also selbst mitten aus einem Leben gerissen, das sie in diesem Moment gerade nicht verlassen wollten. Menschen mit Angst vor dem Tod, Menschen mit Angst vor den Schmerzen, die ein Tod bereiten kann, die höre ich oft so reden. Auch für die, die zurückbleiben, ist solch ein Sterben grausam. Gerade waren sie noch glücklich, konnten ihr eigenes Glück genau auch durch diesen Menschen leben. Und dann ist er einfach nicht mehr da! Aber das nur nebenbei. Weg mit diesen trüben Gedanken. Außerdem liebe ich mein Leben – genau so, wie es gerade ist.

Ein Lied musste her – über eine ganz tiefe Liebe. Hatte ich sie schon gesehen, erlebt, gibt es sie? Ja! Ja, und nochmals ja. Vier alte Menschen fallen mir ein. Drei von ihnen haben sich schon Gott anvertraut. Einen darf ich – und ich tue das mit sehr viel Respekt – zu einem meiner besten Freunde zählen, obwohl er fast zwanzig Jahre älter ist als ich.

Das eine Ehepaar ist schon lange tot. Sie war eine stattliche Frau. Groß, weißhaarig, immer aufrecht und elegant, feingeistig und auf angenehme Art zurückhaltend. Manchmal geradezu sanftmütig. Beim Abendmahl im Kreis um den Altar konnte ich ihr allein an ihrer Haltung ansehen, wie sehr ein kleines in Wein getauchtes Stückchen Brot einen Menschen ganz erfüllen kann, allein weil er in diesem Moment spürt, dass Gott in ihm wohnen und in allem begleiten möchte. Nur so konnte sie wohl auch eine Demenz annehmen und über Jahre schweigend, aber lächelnd in der Ecke ihrer Wohnung sitzen. Güte ausstrahlend, geradezu Zufriedenheit. Guter Gott, ich hoffe sehr und vertraue darauf, dass ihr deine Liebe zu jedem Menschen offenbar wurde, jeden Tag neu. Anders kann und will ich mir ihr Lächeln – und auch unsere Ohnmacht – nicht erklären. War da diese Erinnerung, die sie lächeln ließ? Die Erinnerung daran, wie sehr sie geliebt wurde?

Von ihm, ihrem Mann. Mit Sicherheit einen ganzen Kopf kleiner. Ein ganz anderer Typ. Eher Arbeiter, liebenswerter „Kruschler". Aber ein Mensch, der sie zum Lachen, in ihren letzten Jahren bestimmt zum Lächeln bringen konnte. Wo er war, gewann die Fröhlichkeit über jeden dunklen Gedanken. Er war alt, fast neunzig. Aber er war ein junggebliebener Schalk, ein geradezu kleiner Junge, in vielem meinem Vater ähnlich. Im Männertreff – mittwochnachmittags haben in unserem Gemeindehaus eigentlich nur Männer Zutritt, ja, so etwas gibt es noch – unterhielt er alle. Mal dadurch, dass er die Kappe der Zuckerstreuer losdrehte und nur vorsichtig wieder drauf setzte. Dem ersten Benutzer fiel sie dann mitsamt einem Zuckerberg in die gefüllte Kaffeetasse. Dem dann meist ungläubigen, manchmal auch leicht verärgerten Blick des Betroffenen hielt er sofort mit ernstem Blick und geradezu entrüstetem Tonfall die Worte entgegen: „Ja, wer macht denn so was?" Ich konnte ihm allerdings ansehen, wie er innerlich über seinen gelungenen Spaß jubelte. Natürlich fiel er gerade wegen seines ernsten Gesichts auf. Denn alle anderen lachten sich kringelig. Da ihn alle gut kannten, war er als Senior dieser Gruppe sowieso irgendwie der einzige, dem man solche liebenswerten Albernheiten, an die wir uns alle auch viele Jahre nach seinem Tod immer wieder gern erinnern, zutraute und zugestand.

Bis zu seinem Tod – er war über neunzig Jahre alt geworden – fuhr er Fahrrad. Sah man ihn auf seinem Gefährt, musste aller andere Verkehr ruhen. Denn er brauchte zum Schluss für das Vorankommen schon eher die ganze Breite jeder Straße. An seiner Art, sich auf dem Rad fortzubewegen, hätte man Studien darüber anstellen können, wie langsam man in die Pedale treten kann, ohne umzufallen. Jeder, der ihn sah, hielt kurz den Atem an. Jeder! „Ich brauch' keinen Stock! Ich brauch' auch keinen Rollator! Ich hab mein Fahrrad!" Jeder weitere Versuch, ihn zu etwas anderem zu bekehren, war mit dieser oft wiederholten Einlassung überflüssig. Vielleicht konnte er in hohem Alter wirklich nicht mehr gut und sicher Rad fahren. Aber er konnte lieben. In all den Jahren ihrer Demenz hat er seine Frau in ihrer gemeinsamen Wohnung begleitet. Er konnte stundenlang mit ihr da sitzen und ihr Lächeln mit seinem eigenen beantworten. Er erzählte ihr vom täglichen Leben in unserem so unspektakulären Ort. Er konnte Fußballübertragungen so kommentieren als wäre er selbst Radioreporter und hatte dabei wohl das Gefühl, seine Frau würde das Spiel gemeinsam mit ihm schauen. Ab und zu – natürlich viel zu selten – besuchte ich die beiden. Es ist lange her, aber ich spüre heute noch die Rührung, die sich in mir ausbreitete, wenn ich die beiden ansah. Er schaute sie an, lächelte. „Sie war eine gute Frau", sagte er und sah sie an. „Du bist eine gute Frau! Was haben wir alles erlebt!" Sie hat ihn gehört. Hat ihn immer gehört. Davon bin ich zutiefst überzeugt. Selbst der Tod konnte ihr das Lächeln nicht nehmen! Nur ihm, ihm fiel das Lächeln danach schwerer. Heute sehe ich die beiden. Händchen haltend auf ihrer Wolke. Nur kurz getrennt, wenn er dem lieben Gott beim nachmittäglichen Himmelskaffeetrinken die Kappe seines Zuckerstreuers losdreht. Ja, die Erinnerung an die beiden kann nur ein Lächeln sein! Und da sind die anderen zwei. Die beiden Menschen, an denen ich lernen durfte, wie tief Liebe gehen kann. Ja, mehr noch! Ich durfte verstehen lernen, dass es eine Liebe gibt, für die es keine Grenze zu geben scheint. Was es heißt, über sich selbst hinauszuwachsen. Und dass es nur die Liebe ist, die das möglich macht – dafür stehen eben zwei Menschen, für die ich Gott danke, von ganzem Herzen danke. Hätten diese beiden nicht meinen Lebensweg gekreuzt, wäre ich heute ein anderer! Sie habe ich vor kurzem beerdigt. Sie war eine Freundin meiner Mutter. Beide starben kurz nacheinander. Liegen jetzt auf dem gleichen Wiesengrabfeld. Dicht beieinander! Lieber Gott! Mach' dich im Himmel auf einiges gefasst! Jetzt ist Leben im Himmel! Ewiges sogar. Viel Spaß mit den beiden! Und pass gut auf sie auf! Die Frau, an die ich denke, war lange meine größte Kritikerin. Sie war die buchstäblich „graue Eminenz" – Betonung auf „grau" – in unserer Gemeinde. Gemeindeleitung, Vorsitzende verschiedenster Gemeindegruppen, war immer da, wusste alles, manchmal sogar alles besser. Von solchen Menschen leben – auch wenn es einige

Kolleginnen und Kollegen nicht gerne wahr haben wollen – viele Gemeinden. Fast alle Kirchengemeinden kennen einen solchen Menschen. Einen Menschen, der einer Gemeinde sein Gesicht gibt, der Motor für vieles ist, was geschieht. Und der andere mitreißt, anspornt. Zugegeben, manchmal anderen auch gar keine andere Chance lässt. So war diese Frau.

Für mich war sie aber viel mehr. Nicht nur größte Kritikerin. Sie war mir Lehrerin. Sie war meine größte Fürsprecherin. Ich konnte ihr als junger Pfarrer eigentlich nichts recht machen. Dass ich vieles neu und eben anders machen wollte, als sie es gewohnt war, war ihr ein Gräuel. Aber wehe, wenn jemand ein schlechtes Wort über den neuen jungen Pfarrer – der ich ja auch mal war – sagte. Dann konnte sie genau wie meine Mutter zur Löwin werden. Ja, vielleicht tat ich mich mit ihr deshalb so schwer, weil sie meiner Mutter so ähnlich war. Lasse ich allerdings diesen Gedanken zu, dann muss ich auch all unser Miteinander unter der Ahnung einer großen Liebe verstehen. Diese Frau liebte ihre Familie, ihre Gemeinde, ihre Mitmenschen, ihren Gott und das Leben. Auf ihre ganz eigene Art. Und ob ich die Reihenfolge richtig wiedergebe, weiß ich auch nicht. Aber da war eine große Ehrfurcht vor dem Leben. Vor jedem Leben. Und vor dem, was Gott zum täglichen Leben schenkt. Sie war Bäckersfrau. In unserem Ort gab es damals einen katholischen und einen evangelischen Bäcker. Sie ahnen, wo der neue evangelische Pfarrer – also ich – am Morgen nach dem Einzug ins Pfarrhaus sein Brot kaufte. Genau! In der evangelischen Bäckerei. Sie stand hinter der Theke. Meine erste Begegnung mit einer Frau, die das Leben meiner Gemeinde – und damit auch meines – in den nächsten Jahren maßgeblich prägen sollte. Ich zeigte auf ein Brot und sagte einen Satz, den ich auf jeden Fall besser nicht gesagt hätte, der mir aber zu verstehen half, was auf mich zukommen sollte. „Das Brot da, ist das auch frisch?", fragte ich. Könnte ein Blick Schmerzen bereiten, ich hätte laut aufgeheult. Sie nickte mit dem Kopf in die Ecke der Bäckerei. Dort hing eine alte Holztafel. Mit einem Lehrsatz, den meine Eltern und Großeltern wohl als Lebenssatz am eigenen Leib erfahren hatten, den ich auf jeden Fall nie mehr vergessen und mich für immer in meiner Erinnerung mit dieser Frau verbinden sollte. Mit eingeflammter Schrift stand auf dieser Holztafel: „Altes Brot ist nicht hart! Kein Brot – das ist hart!" „Das Brot ist frisch!" Mit finsterer Miene schob sie es mir über die Ladentheke. Ich stand da, neuer Pfarrer in neuer Gemeinde, am Morgen nach dem Bezug des Pfarrhauses und wusste es sofort: Der Start war komplett verpatzt! So blieb es irgendwie über alle gemeinsamen Jahre. So richtig konnten wir nicht miteinander. Aber ohne einander konnten wir schon gar nicht. Also dann lieber doch miteinander! Heute weiß ich, für wie vieles ich dieser Frau danken darf. Ich kann es allerdings nicht mehr. Sie starb – wie schon erwähnt – vor kurzem. Allerdings konnte ich es auch nicht mehr in ihren letzten Jahren. Ganz kurz kündigte sich an, dass etwas mit ihr nicht in Ordnung war. Es ist einige Jahre her. Es war die Adventsfeier der Frauenhilfe, deren Vorsitzende sie natürlich war. Rudolf Schock und sein Lied über die „Christrose" gehörte zum sich jährlich wiederholenden Festablauf dazu. Zumindest in den 30 Jahren, in denen sie den Vorsitz innehatte. Als sie aber das Lied zum vierten Mal während dieser Feier abspielte, wussten alle, etwas war diesmal anders, war nicht in Ordnung mit ihr. Natürlich sagte keine der Anwesenden etwas. Ich schon gar nicht. Aber alle schauten wir sie an.

Dann ging alles so schnell. So dominant lächelnd sie für alle da war, so schnell zog sie sich – unerreichbar für uns alle – dann auch in sich selbst zurück. Niemals zuvor hatte ich eine Demenz so grausam an und in einem Menschen wirken sehen. Es schien, als wolle diese Krankheit dieser Frau jedes Stückchen Würde aus dem Körper saugen wollen. Das hatte sie nicht verdient! Das hatte sie niemals verdient! Babylaute, pausenlose Babylaute blieben dort, wo eine energische Stimme über Jahrzehnte bestimmt hatte, wo es lang geht. Ein Plüschtier streicheln blieb den Händen, die so sehr zupacken konnten. Nichts blieb dieser Frau! Keine Erinnerung, nichts! Bis auf eines, ein Mann!

Ein Mann, der gegen diese Krankheit ankämpfte und dafür sorgte, dass diese grausame Krankheit die Würde dieser Frau nicht bekam. Ein Mann, der eigentlich immer hinter ihr stand. Niemals, um sich zu verstecken. Niemals, um einfach in der zweiten Reihe zu bleiben. Nein, er stand dort, um ihr den Rücken freizuhalten und ihr so all die vielen Liebesdienste, zu denen sie an anderen Menschen fähig war, zu ermöglichen. Er war der Bäcker. Es war sein Kuchen, den sie verteilte, der an vielen Krankenbetten zum Trosthäppchen wurde; der so manchen Geburtstag versüßte, gerade auch bei Menschen, die ihn sich sonst nicht geleistet hätten.

Ganz nebenbei: Dieser Bäcker, den ich zu meinen wirklichen Freunden zählen darf, macht die mit Abstand besten Streusel der Welt! So gute, dass mein Sohn und ich sie oft ohne den dazugehörigen Kuchen bestellt haben. Selbst bei der Beerdigung meiner Mutter hatte er für meinen auf die 30 zugehenden Sohn eine Tüte dieser einzigartigen Leckerei als Seelentröster vorbereitet! Menschen gibt es! Wunderbar! Gottesgeschenke!

Und dieser Mann, der diese Frau so stark gemacht hatte, wuchs im Leiden seiner Frau über sich hinaus. Niemals zuvor habe ich einen Menschen so lieben gesehen! Suche ich für mein Leben Vorbilder, dann brauche ich keine berühmten Namen, keine großen Theologen, keine wortgewaltigen Menschen. Ich brauche Menschen, die mich lehren, wie man liebt. Frère Roger war so ein Mensch, in seiner ganzen Einfachheit, in seiner ganzen Demut und seiner Fähigkeit zu lieben. Und solch ein Vorbild wohnt eben ganz in meiner Nähe – in der Gemeinde, in der ich für Menschen da sein darf und auf Menschen treffe, die geradezu für mich da sind. Er zählt ohne jeden Zweifel dazu.

Die Demenz schlug so unbarmherzig bei seiner Frau zu. Unglaublich! Und er pflegte sie. So lange es ging ganz allein. Tag und Nacht, rund um die Uhr. Ganz alleine! Über Jahre! Er war für sie da. „Bewegung tut gut! Frische Luft!", hatte der Arzt gesagt. Also versteckte er sie nicht. So, wie es manche andere mit ihren so erkrankten Familienmitgliedern durchaus machen, ich habe es erlebt. Er – er zog sie an. Tag für Tag. Und drehte mit ihr die Runden durch unseren Ort. Hand in Hand, so wie immer auch schon früher. Sie begleitete diese Spaziergänge mit diesem babylautähnlichen Singsang. Trafen die beiden auf Menschen, passierte zweierlei. Entweder hielten Menschen den beiden stand, jeder im Ort kannte sie schließlich. Ein paar Worte wurden gewechselt. Eine freundliche Verabschiedung und weiter.

Oder es passierte das andere: Menschen sahen die beiden und wechselten schnell die Straße oder bogen noch rechtzeitig ab. Noch nicht einmal, weil sie die beiden nicht treffen wollten. Ich darf mir diese Einschätzung erlauben, denn ich gehörte oft genug zu diesen Menschen dazu. Es war die Ohnmacht. Die Ohnmacht, diesem Leiden zu begegnen. Die Unfähigkeit, Worte zu finden. Vor allem aber war es die Angst! Die Angst vor dem Nichtwissen, wen sich diese Krankheit als nächstes Opfer aussuchen würde. Nichts ist sicher! Gar nichts! Alles ist vergänglich, auch ich selbst! Wie viele andere auch sahen wir sie an und es stand auf unseren Stirnen geschrieben: „Lieber Gott! Bitte nicht! Bitte nicht bei mir, nicht so!"

Er hatte das nie gesagt. Er hatte mit der Krankheit seiner Frau zu leben gelernt. Wenn von uns niemand mehr sie verstehen konnte, er konnte es. Ihm genügte eine Geste, ein Laut, eine Bewegung seiner Frau und er konnte erzählen, was sie fühlt, vielleicht dachte, was in ihr vorging. Er verstand sie, immer. Ich weiß noch sehr gut, wie ein Freund ihn vor einigen Jahren fragte, ob ein Heim nicht besser für sie wäre. Er hätte es doch dann leichter. Seine Antwort kam prompt, sie kam kräftig, sie kam unzweifelhaft: „Wir haben uns das vor vielen Jahren versprochen! Vor Gott! In guten und in schlechten Zeiten! Und wir hatten viele gute Zeiten!"

Wie oft hatte ich junge Menschen bis dahin als Pfarrer begleitet, wenn sie sich in der Kirche diese Worte versprochen hatten. Ich tue es immer noch und höre ihr Versprechen heute noch oft. In ihm, nein an den beiden durfte ich einmal erleben, wie weit und viel weiter solch ein Versprechen Menschen tragen konnte. Denn es kam, was wohl nicht verhindert werden konnte. Irgendwann ging die Pflege zu Hause nicht mehr. Die Heimunterbringung war die einzig verbleibende Möglichkeit. Er hatte niemandem davon erzählt. Und doch, wir wussten es alle. Er drehte nämlich weiter täglich seine Runden, aber eben allein. Jeden zweiten Tag wurde aus der Runde in unserem Ort ein Weg in die nahegelegene Stadt. Erst zu Fuß, dann zu Fuß am Stock. Dann irgendwann mit dem Bus. Immer mit dem gleichen Ziel. An das Bett seiner Frau. Wieder einige Jahre lang. „Warum machst du das? Sie weiß doch gar nicht mehr, wer du bist!" Jemand meinte es gut, meinte es barmherzig mit ihm, als er so fragte. Es war überhaupt nicht abwertend gemeint. Seine Antwort war genau so klar, unzweifelhaft und eindeutig. Sie ließ keinen Zweifel daran, dass das Hohelied der Liebe des Apostels Paulus (1. Kor 13) mehr als eine unerfüllbare Floskel ist, sondern dass die Liebe, in der Gott Menschen trägt, allem standzuhalten vermag. „Sie weiß vielleicht nicht mehr, wer ich bin", antwortete er, „aber ich weiß, wer sie ist!"

Vor kurzem starb sie. Ich hatte die Ehre – und das meine ich jetzt genau so, wie ich es schreibe – ich hatte die Ehre, sie beerdigen und ihn begleiten zu dürfen. Alle, die dabei waren, sprachen von einer Erlösung – für sie und für ihn. Ich glaube, so richtig traurig war nur er, natürlich auch seine Kinder. Aber seine Tränen sprachen ihre eigene und wieder ganz eindeutige Sprache. Ab und zu besuche ich ihn. Sein ganzes Leben hatte er auf seine Frau und auf ihre Pflege, auf ihre gemeinsame Zeit, solange sie ihnen gegönnt war, abgestellt. Nun ist es still geworden. Einfach still, wenn ich ihn besuche.

Aber – da gibt es etwas, was uns verbindet. Und weshalb wir uns in unbestimmten Abständen immer wieder und gern sehen. Es ist eine Flasche Bier! Seit Jahren stellt er sie für mich, den niederrheinischen Biertrinker, kalt. Eiskalt! Das wäre noch keiner besonderen Erwähnung wert. Die meisten haben wohl ein Bier im Kühlschrank. Aber er trinkt sein Bier nur warm, auf keinen Fall aus dem Kühlschrank, also kann es nicht für ihn sein, wenn er eines kalt stellt. Wenn ich schreibe, er trinkt sein Bier nur warm, dann meine ich nicht nicht gekühlt, sondern gewärmt. Meist in heißem Wasser, in einem Topf mit Tauchsieder. Warmes Bier! Unvorstellbar, nicht nur für einen Niederrheiner! Aber diese eine Flasche hat er eben im Kühlschrank. Sie wartet, genau so wie er, auf mich. Manchmal sehen wir uns länger nicht. Dann begegne ich ihm zufällig auf der Straße. „Zwei Wochen", sagt er und schaut mich an. „Sie müsste jetzt gut kalt sein!" Mal ehrlich, gibt es eine charmantere Einladung, die ehrlich gemeint ist, mir aber auch den leisen Vorwurf nicht erspart, warum ich mich so lange nicht habe blicken lassen und die dabei doch niemals vorwurfsvoll oder verletzend ankommt? Ein Freund eben. Ein Mensch, von dem ich stolz bin, ihn als Freund zu haben.

- An dieser Stelle unterbreche ich das Schreiben an diesem Buch ganz kurz. Ich werde ihm nämlich schnell von hier in Taizé, von Georges' Terrasse, eine Karte schreiben. Um ihm zu sagen, dass es uns gut geht, wir an ihn denken. Und natürlich um ihm zu schreiben, wie sehr ich mich auf ein kaltes Bier in der alten Backstube freue. Also, kurze Pause! –

So, jetzt sitze ich wieder in der Kirche von Taizé. Weiter geht's! Eine Stunde vor dem Abendgebet sitze ich hier und überlege, wie ich auf die vier Alten gekommen bin.

Ach ja, das Liebeslied. Das Lied über eine tiefe Liebe. Ich denke an die vier Alten und frage mich, was ihre Liebe so stark gemacht hatte.

Und nachdem ich sie in meiner Erinnerung noch einmal ein gutes Stück begleiten durfte, weiß ich es. Es war ihre Art zu lieben. Es war ihre Art, den geliebten Menschen so zu nehmen, wie er eben war. Mit allen Ecken und Kanten, mit allen vermeintlichen Fehlern und Eigenheiten, gepaart mit dem Wissen, davon genug eigene zu haben. Vor allem aber hatten alle dieses wunderbare Grundvertrauen in ihre Liebe, das Grundvertrauen darin, deshalb niemals verletzt oder enttäuscht zu werden. Längst keine Selbstverständlichkeit mehr! Ich treffe heute vielmehr oft auf Menschen, die versuchen, perfekt zu sein, 100%ig! Allein das ist schon ein Ding der Unmöglichkeit, niemand ist perfekt – nobody is perfect! Und ausgerechnet solche Menschen sind dann oft auf der Suche nach dem ebenfalls 100%igen. Nach dem Mr Big oder nach Miss Perfect. Nach dem perfekten Partner eben. Nach der perfekten Partnerin.

Ich war nie gut in Mathematik. Musste immer bei meinem Banknachbarn abschreiben, selbst beim Abitur. Aber ein wenig kann ich es doch. Und vielleicht rechnen Sie kurz einfach einmal mit. Wenn 100% nochmal 100% suchen, um dann eine perfekte Beziehung zu haben, dann kommen da 200% zusammen. Und wenn eine Beziehung bei 100% schon perfekt ist, dann sind 200% einfach 100% zu viel! Das kann doch also gar nicht funktionieren. Was habe ich in der Erinnerung an die vier alten Menschen im Gedächtnis? Genau! Zusammen 100% – das ist perfekt. Im anderen, in der anderen die Ergänzung zu sehen, die mein Leben reich macht, es komplett macht, die das ausfüllt, was ich nicht bin, die stark ist, wenn ich schwach bin, das ist es! Die mich lässt, wie ich bin, weil sie weiß, sie darf sein, wie sie ist, ohne jedes Wenn und Aber.

Genau so denke ich gerade an die Frau, die glaubt, dass ich weiß, was sie sich wirklich wünscht und auch weiß, dass ich es mit Geld nicht kaufen kann. Ja, sie ist meine Ergänzung. Hat Ecken und Kanten, kann mich manchmal in den Wahnsinn treiben. Ist so ganz anders als ich. Wünscht mich manchmal auf den Mond, ließ sich nach einem Streit aber immer auch von meiner Mutter belehren, die dann zu sagen pflegte: „Nimm ihn! So schlecht ist er doch gar nicht!" Wie gut, dass meine bessere Hälfte an diesem Punkt auf meine kluge Mutter gehört hat. Und für einen kurzen Moment nehme ich an, sie sieht mich genau so. Recht hat sie. So schlecht bin ich doch gar nicht! Gut, ich weiß es doch selbst. Ich hab' überhaupt nichts Perfektes! Bin ganz und gar gewöhnlich, manchmal geradezu spießig. Und genau das passt so wunderbar zusammen. Anders kann ich nicht und anders möchte ich sie nicht! Sie ist mein tägliches Abenteuer, das jeden neuen Tag spannend macht. Sie ist pure Lebenslust, eine ansteckende Gesundheit. Und genau davon muss das Liebeslied für sie erzählen. Von meinem Wunsch so zu bleiben, wie wir eben sind. Vor allem sie. Bei mir gibt es vielleicht ja wirklich noch einige kleine Detailverbesserungen, die durchaus möglich wären. Aber nur kleine!

Natürlich hat sie sich dann gefreut, als ich ihr das Lied zum Geburtstag schenkte. Und diese Freude war echt! Alles andere hätte ich gemerkt, denn lügen kann sie überhaupt nicht. Kein bisschen! Allerdings weiß ich bis heute nicht, was sich hinter ihren Worten mit dem „Du weißt genau, was..." verbarg. Mein Lied war ihr eine Freude, war aber eher nicht das, an was sie dachte. Außerdem kann man es – also das Lied – ja mittlerweile doch kaufen, aber das nur als Werbung nebenbei!

Nun, ich habe ja noch ein bisschen Zeit, bis ich diese Worte wieder hören werde. Von heute – also dem Tag der Niederschrift meiner Gedanken – noch drei Monate und drei Tage bis Weihnachten. Vielleicht frage ich sie sicherheitshalber schon morgen einmal. Nicht, dass mir kurz vor dem Fest die Augen und das Herz aufgehen und ich hinter ihre geheimnisvolle Andeutung komme. Ihr ihren Wunsch – welcher es auch sein möge – zu erfüllen versuche, nur um dann zu hören: „Ganz nett! Danke. Aber schade, was ich wirklich gut gebraucht hätte, wäre ein neuer Staubsauger!"

WIR

Ich bin ich und du bist du;
wir sind wir und andere werden
wir wohl niemals sein.
So bleib ich ich, und du bleibst du.
Wir bleiben wir.
So lass uns leben, lieben
und uns an uns freu'n!

Bin nicht perfekt und will es auch nicht sein.
Doch wie ich bin, so wäre ich gern dein.
Bist nicht perfekt, du brauchst es auch nicht sein.
Doch wie du bist, bist du für immer mein.
Ich bin ich ...

Sind nicht perfekt, wir können's gar nicht sein.
Doch wie wir sind, so werd'n wir wohl bleiben.
Sind nicht perfekt, doch wir sind nicht allein.
Denn wir freu'n uns immer an uns beiden.
Ich bin ich ...

Zwei Perfekte wär'n zweihundert Prozent.
Hundert zuviel, wie es wohl jeder kennt.
Zusammen hundert, das wär' gerade recht!
Wir beide sind's, und das ist nicht so schlecht!

So streich ich „ich" und du streichst „du".
Bleiben wir beim „wir".
Denn andre wollen wir doch niemals sein.
Ich bin bei dir, du bist bei mir.
Wir haben uns.
Lass uns die Liebe leben
und uns an uns freu'n.

Ausgezogen

Es kam so plötzlich,

nur 25 Jahre zur Vorbereitung

– dann war es auf einmal still.

Dabei

wollte ich euch

noch so vieles sagen!

Er wartete. Wie immer nach meinen Konzerten stand ich an einem Tisch, auf dem ich meine Bücher und CDs präsentierte. Vor allem aber stand ich da, um mit Menschen ins Gespräch zu kommen. Er wartete. Ein großgewachsener alter Mann. Vielleicht um die achtzig Jahre alt, weißes Haar. Eigentlich eine stattliche Erscheinung. Wenn da seine Augen nicht gewesen wären. Große Augen. Augen, die eine unglaubliche Traurigkeit ahnen ließen.

Ich hatte ihn schon beim Konzert bemerkt. Er saß in der vierten oder fünften Reihe und hatte sich mit einem Taschentuch ab und zu die Augen gewischt.

Ich weiß, es passiert, dass Menschen angerührt werden. Das möchte ich ja auch. Aber dann sollen sie auch wieder lachen, lächeln zumindest. Ein gutes Konzert ist es für mich, wenn beides gelingt. Wenn es gelingt, dass Fröhlichkeit und Nachdenklichkeit sich küssen, weil beide entdecken, wie nah sie oft nebeneinander leben und immer auch beide zu einem Leben gehören.

Er hatte geweint. War nicht nachdenklich, war offensichtlich und bekennend traurig. Meine Gesprächspartnerinnen am Tisch, die mir von den eigenen Taizéerlebnissen erzählt hatten, konnten vieles in meinen Geschichten wiederentdecken. Fröhlich waren sie gegangen. Und nun kam er. Sah mich an, nahm verschiedene CD's in die Hand. „Auf welcher ist das Lied über ihre Kinder?" fragte er. „Welches? Ich habe mehrere über meine Kinder gesungen!" „Das mit der Kuhle und dem Hochhinausfliegen!" Ich zeigte ihm die CD. Er bezahlte, drehte sich um und ging. Nach ein paar Schritten blieb er stehen, drehte sich wieder zu mir und sah mich an. „Die Kuhle gibt es heute noch! Und sie ist kalt!" Nun ging er endgültig.

Später, als ich alles wieder eingepackt hatte und mit der gastgebenden Kollegin zusammenstand, erzählte ich ihr von dieser eigenartigen Szene. Sie hatte mich viel mehr berührt, als ich es eigentlich zugeben wollte. „Drei Kinder hat er", begann meine Kollegin. „Der Sohn ist gar nicht so weit weg, in Mannheim. Aber die beiden Töchter, Bankerinnen! Die eine in Singapur, die andere in Sydney. Er sieht sie so gut wie nie!" So weit hatten seine Augen also geblickt. Jetzt verstand ich sie. Seine Trauer! Auch seine Liebe, sein Sehnen. Irgendwie erkannte ich nicht nur ihn. Auf der Fahrt nach Hause, es war schon fast Mitternacht, fühlte ich es auch ganz ähnlich. Die Trauer, die Liebe, das Sehnen. Auf einmal war alles wieder da. Ein

Meer an Erinnerungen. Das viele Lachen, die Leichtigkeit, das Leben in Fülle.

Ich kam zu Hause an, stellte das Auto ab und schloss die Tür auf. „Paaapa!", hörte ich Kinderstimmen rufen, hörte das Getrappel, freute mich auf die Umarmungen. Auf die Erzählungen über den Reichtum eines Tages. Ich machte das Licht an. Und es war still, einfach nur still!

Da war nichts, außer mir selbst. Ich hatte bis zu diesem Moment wirklich gedacht, ich hätte mich daran gewöhnt. Gewöhnt an die Tatsache, erwachsene und wunderbare Kinder zu haben. Gewöhnt an die Natürlichkeit des Lebens, in dem sie ihren eigenen Raum und Platz suchen und finden. Gewöhnt an das Leben danach, das Menschen, die auch Eltern sind, einfach abverlangt wird – ohne jeden Vorbereitungskurs, ohne eine Anleitung zum Dannglücklichsein. Die Stille war anders als sonst. Bedrückender, unaushaltsamer. An Schlaf trotz aller Müdigkeit war nicht zu denken. Da war etwas. Auf das musste ich kommen. Sonst – und das spürte ich bis ins Herz – würde der Schlaf heute keine Wohnung nehmen in mir. Aber was war es? Was machte mich so noch unerklärlich traurig, wühlte mich so auf?

Ich dachte an meine Älteste. War sie es? Sie hatte schon immer einen unglaublich starken Willen. Und ein Ziel. Eigentlich hatte sie immer ein Ziel. Wusste immer, was sie wollte. Sie war deshalb auch die erste von dreien, die diesen Speer auspackte, den mir meine Kinder der Reihe nach in die Flanke rammen sollten. Abitur, Geld verdienen, deshalb erst einmal einen Beruf lernen, ausziehen und eine eigene Wohnung. Unendlich viele Gespräche zwischen uns, kurz in einem Satz zusammengefasst. Gespräche über den Wert der Familie. Auch wenn für meine Kinder zu diesem Zeitpunkt schon nur noch Fragmente übrig geblieben waren. Gespräche über die Sinnhaftigkeit eines Studiums, das man – so meine Älteste – getrost auch an eine Ausbildung anhängen kann. Gesagt – und später übrigens auch getan. Gespräche über die viele Arbeit, die eine eigene Wohnung macht, die aber immer in Einrichtungstipps und Hilfsangeboten meinerseits mündeten.

So kam schließlich, was kommen musste. Abitur, Bewerbung und – bei ihrem Abiturzeugnis allerdings kein Wunder – ein Ausbildungsplatz. Meine Tochter sollte Bankerin werden. Einen Moment lang nahm der alte, weißhaarige Mann neben mir auf der Couch Platz. „Siehst du", flüsterte er mir ins Ohr, nein ins Herz, „so hat es bei mir auch angefangen!"

Die Wohnungssuche ging los. Mit meiner Hilfe, meiner so ganz selbstlosen Hilfe fanden wir eine, nur ein paar Straßen weiter. Gemeinsames Renovieren. Und – weg war sie! Irgendwie einfach so. Es wurde Zeit für meine erste Lektion. Ein paar Straßen weiter muss nicht heißen, sich täglich zu sehen. Ich musste lernen, wieder direkte Wege in die Stadt zu fahren, ohne an ihrer Wohnung vorbei zu kommen. Nur um zu sehen, ob Licht brennt, ob ihr Auto vor der Tür steht. Und nur ihr Auto! Kein fremdes! Ich musste lernen, dass tägliche Kurzanrufe mit der mich permanent beschäftigenden Frage „Und, alles in Ordnung, was gibt's Neues?" niemals anders beantwortet werden konnten als mit der Gegenfrage: „Och Papa, was soll's denn seit gestern Neues geben?"

Niemals sprach sie von Heimweh nach dem Ort ein paar Straßen weiter, niemals von den vergangenen wunderbaren Zeiten. Waren sie für meine Älteste überhaupt wunderbar? Oder sah ich an einer Wahrheit vorbei, die ihr geholfen hatte, sehr schnell erwachsen zu werden?

Nun, es wurde gut! Sie zog sogar in eine größere Wohnung in der Stadt, ohne dass es mir scheinbar etwas ausmachte. Bis auf die Tatsache, dass die Wohnung im dritten Stock lag und ich mit meinen Versprechen, beim Umzug zu helfen, einfach vorsichtiger umgehen sollte. Übrigens eine Lebenslektion, die ich nicht schnell genug lernen und noch mit einigen Rückenschmerzen teuer bezahlen sollte. Gerade als ich mich an den Gedanken gewöhnt hatte, dass meine Älteste nun endgültig im eigenen Leben angekommen war, etwa nach zwei Dritteln der Ausbildungszeit, fiel der Satz, der all meine eingebildete Zufriedenheit mit der Unaufhaltsamkeit des Lebens in sich zusammenfallen ließ. „Papa, ich habe mich übrigens entschlossen, nach der Ausbildung zu studieren. Auf jeden Fall in der Nähe. Meinen Freundeskreis möchte ich nämlich nicht aufgeben. Ob ich mir dann allerdings noch eine eigene Wohnung leisten kann, bezweifle ich stark!"

Ich hatte es gewusst. Ich hatte es immer gewusst, zumindest geahnt. Über die ganzen Jahre! Diese leise Hoffnung, die mir mal wieder ins Ohr geflüstert hatte: „Sie kommen wieder! Sie kommen alle wieder!"

Jetzt nur ruhig bleiben, dachte ich. Kein falsches Wort, nicht aufspringen, jubeln, Purzelbäume schlagen, Fenster aufreißen und in die Welt rufen: „Sie kommt wieder! Wieder nach Hause!" Das alles nicht, nur einfach ruhig bleiben. Vaterrolle annehmen, aber nicht übertreiben. Zuhören, vielleicht höchstens milde freundlich lächeln. All das nahm ich mir in diesem Moment fest vor. Es klappte auch. Bis ich von irgendwo her eine Stimme hörte. Sie klang wie meine. Und sie sagte den Satz, den meine Tochter vielleicht wie eine kleine Niederlage empfinden sollte. „Schön, dann kannst du ja wieder bei mir einziehen!"

Egal, flüsterte mein innerer und so egoistischer Schweinehund. Hauptsache sie ist bald wieder da!

So kam es dann auch. Und es sollte eine wunderbare Zeit werden! Dass sie allerdings nur die Vorbereitung für einen größeren und endgültigeren Abschied werden sollte, ahnte ich damals glücklicherweise noch nicht. Oder doch? Jedenfalls habe ich – nein, jetzt sage ich ganz deutlich einmal „wir" – wir haben diese zweite gemeinsame Zeit genossen. Wunderbare Jahre, geschenkte Zeit!

Ich saß auf der Couch, es war weit nach Mitternacht. Und meine Gedanken wanderten, weigerten sich einfach, schlafen zu gehen. Sie wanderten von meiner Ältesten zu meinem Sohn. Ich sah ihn vor mir, diesen kleinen blondgelockten Engel, der jeden um den Finger wickeln konnte. Er hat diese wunderbare Fähigkeit, nicht viel zu reden, aber immer das Nötigste zu sagen. Eine Fähigkeit, die einen als Vater schier in den Wahnsinn treiben kann. Ich kenne übrigens viele Menschen, bei denen ist es genau anders herum. Nicht so bei meinem Sohn. Er schaut, sieht alles, achtet auf Nuancen und Zwischentöne. Dann sagt er, was gesagt werden muss. Das reicht dann aber auch.

Er hatte sich von seiner Schwester anstecken lassen. Erst einmal einen Beruf, studieren kann man dann immer noch. Aber mit inneren Widersprüchen leben, das kann er nicht, jedenfalls nicht lange. Und das, was er zunächst als Beruf versuchte, das war er einfach nicht. Und bei allem, was er war und ist, konnte es dann auch nur eines werden. Psychologie! „Ich werde Psychologie studieren!", verkündete er eines Tages. Gerade nachdem er eine Lehre angefangen hatte. In der ältesten Stadt Deutschlands sollte es sein. In Trier. Das war der Plan! Drei Nachrückverfahren brauchte es. Berge von gutgemeinten Tipps eines sich sorgenden Vaters, auch Alternativen zu haben. Und natürlich einen vieles einfach oft besser wissenden Sohn, der seinen Vater, also mich, damit oft an den Rand des Wahnsinns treiben konnte. Bis es kam, wie es kommen musste! Natürlich Trier, im dritten Nachrückverfahren. So, wie es mein Sohn von Anfang an prophezeit hatte.

Also, zweite Runde. Ein Umzug steht an. Zu einer Zeit, als das Semester längst begonnen hatte. Alle Wohnmöglichkeiten waren von tausenden Erstsemestern schon besetzt. Meine Stunde schlug! War definitiv gekommen. Wozu hat man in Trier schließlich katholische Kollegen, die in ihrer Bistumsstadt jemanden kennen, der einen kennt, der einen kennt. Und genau der letzte in dieser Kette war für die Verteilung der Studierendenwohnheimplätze verantwortlich. Er schuldete dem, der ihn fragte, noch einen Gefallen. Und der dem, der ihn gefragt hatte. Und der meinem katholischen Kollegen. Und der mir. Ein bisschen wie bei Mario Puzo's „Der Pate" und seinem Corleone-Clan.

Aber egal. Das Auto konnte schon bald gepackt werden. Bis unter's Dach, mit allem, was ein Student der Psychologie im ersten Semester unbedingt braucht. Stereoanlage, Fernseher und andere Kleinigkeiten, an die ich ihn erinnerte, wie Bettwäsche, Geschirr – nur falls er doch auch schlafen und essen wollte!

Wir kamen an, gingen hinein. Ins Wohnheim. Wunderschön zwischen vierspuriger Hauptstraße und Mosel gelegen. Ich ging in Gedanken sofort fast dreißig Jahre zurück. Der gleiche uneinladende Flur. Erst einmal die Gemeinschaftsduschen und Gemeinschaftsklos. Dann die Einzelzimmer. 9,5 m², Bett, Tisch, Stuhl, Spindschrank, Waschbecken. Für Hunde ist eine Zwingergröße von 10 m² vorgeschrieben. Die Zellen, die ich aus meinen Seelsorgebesuchen in einer JVA kenne, hatte ich in liebevollerer Erinnerung.

Ich sah meinen Sohn an und spürte förmlich seinen Kloß im Hals. Ich witterte wieder meine Chance. Jetzt das richtige Wort, die richtigen Sätze finden. Etwa: „Hier könnte ich nicht leben!" „Ich würde vielleicht versuchen, doch einen Studienplatz in Mainz zu bekommen. Dann könntest du zu Hause wohnen bleiben! Und pendeln! Wär' doch prima!" Hätte ich es so gesagt, ich denke, es hätte nicht viel gefehlt und mein Sohn hätte die Weisheit seines Vaters gelobt! Doch da war sie wieder, diese Stimme aus dem Nichts, die wie meine klang. Und die ich genau so deutlich hörte wie mein Sohn. „Das sieht genau so aus wie in meinem Wohnheim früher in Erlangen! Ich wäre am liebsten gleich wieder weggelaufen! Aber wie gut, dass ich ihm – diesem ungemütlich wirkenden Heim – und mir eine Chance gegeben habe. Es begann nämlich eine der schönsten Phasen meines Lebens! Was haben wir gefeiert und gelebt! Manchmal sogar studiert!" Ich erinnerte mich mit derartig leuchtenden Augen daran, dass zumindest der erste Zweifel in meinem Sohn offensichtlich zur Ruhe kam. Er begann nämlich tatsächlich damit, das Auto auszuräumen. Wieder hätte ich eine Chance gehabt, hätte sie nutzen können. Ich hatte kläglich versagt, zumindest in meinen Augen oder in meinem Herzen.

Und damals, da auf dem Parkplatz am Studierendenwohnheim in Trier, beschlich mich zum ersten Mal so richtig ein leiser Verdacht. Ein Verdacht, den ich lange nicht zulassen wollte. Konnte es tatsächlich sein, konnte es wirklich sein – ungeheuerlich –, dass ich vielleicht meine Kinder loswerden wollte. Dass ich leise gedacht habe, es würde Zeit? Ja, für einen nur ganz kurzen Moment ließ ich meinen Stolz zu, dass meine Kinder erwachsen werden, nein, erwachsen sind. Natürlich ganz und gar auf ihre unvollkommene und auf meine Hilfe angewiesene Art! Oder doch viel weiter, als ich es dachte? „Kannst du mal mit anpacken?" Klare Frage meines Sohnes, um in der Realität zu landen. Also wieder alles schleppen, aufbauen, anschließen. Hurra, er brauchte mich ja wirklich. Zumindest für die verschiedensten Hilfsarbeiten. Aber 9,5 m^2 einzurichten ist keine Arbeit für die Ewigkeit. Nur zwei Stunden später stehen wir deshalb wieder auf dem Parkplatz. Zeit des Abschieds. Ich schaue ihn an. „Nur nicht heulen!" Der Engel in mir warnt mich: „Er würde es falsch verstehen. Würde denken, du wärest traurig! Würde vielleicht nicht verstehen, dass es Freudentränen wären. Freudentränen darüber, dass dein Sohn beginnt, seinen beruflichen Lebenstraum zu verwirklichen. Freudentränen, die noch einmal von deiner Liebe und deinem väterlichen Stolz auf deine Kinder erzählen würden. Also, tu's nicht!"

So riss ich mich also da auf dem Parkplatz zusammen. Wir schauten uns an. Ich sah doch tatsächlich seine Augen feucht werden. Jetzt nichts sagen, nichts fragen, nichts deuten. Schließlich war es ja durchaus denkbar, dass ich seine zurückgehaltenen Tränen falsch deuten könnte. Ich wartete. „Ich denke, ich werde vielleicht nicht jedes Wochenende nach Hause kommen können. Aber mindestens jede zweite Woche. Bestimmt!" Tröstete sich mein Sohn mit seinen Worten selbst, oder wollte er etwa mich trösten? Egal, seine Worte hatten auf uns beide eine beruhigende Wirkung! Sie taten einfach gut – uns beiden. Sie machten uns stark und bereit, uns loszulassen. Eine Umarmung, dann stieg ich ins Auto und startete den Heimweg. Ich war ein paar Meter gefahren, als sich der Engel in mir meldete. „Jetzt", sagte er laut und deutlich. Ich gehorchte ihm auf's Wort und ließ sie endlich laufen, meine Freudentränen. Von Trier bis mindestens Simmern – so viel Freude, verpackt in kleine Tränen. Und mit jedem Kilometer wurde es leichter in mir. Manchmal hilft Distanz, um Nähe, unaufgebbare Nähe und Liebe zu spüren!

Zu Hause angekommen schaute ich erst einmal nach, was am übernächsten Wochenende anliegen sollte. Es sollte schließlich das erste Heimwochenende meines studierenden Sohnes werden. Hatte es gleich im Kalender markiert. Es dauerte zehn Tage, bis ich mit einer irgendwie schon längst in mir schlummernden Wahrheit konfrontiert wurde. Nach vielen Telefonaten, in denen mein Sohn mit einer geradezu sich immer steigernden Begeisterung von seinem Studienstart berichtete, rückte er endlich einmal mit etwas Unerfreulichem – zumindest für mich – heraus.

„Papa! Am Wochenende ist es irgendwie schwierig mit dem Nachhausekommen! Hier gibt es Einführungsveranstaltungen. Und eine Psycho–Erstsemesterfete. Ich glaube, es wäre gut, wenn ich dabei sein könnte! Du weißt schon, Kontakte und so. Aber wenn du willst, kann ich natürlich nach Hause kommen!"

Ganz ehrlich, was soll ich auf eine solche Rede antworten. Natürlich ahnte ich meine Chance. Ich hätte es zum Beispiel endlich einmal mit der Wahrheit versuchen können. Ich hätte sagen können, wie sehr ich ihn vermisse, er mir fehlt, wie sehr ich jeden Tag mit ihm genieße. Ich hätte ihm sagen können, wie schön und wunderbar es ist, sein Vater sein zu dürfen und mit ihm Zeit zu verbringen. Ja, ich hätte tausend Dinge sagen können, und er wäre – da bin ich mir absolut sicher – sofort gekommen. Aber, da war sie wieder, diese Stimme, die wie meine klang und wohl auch meine war. Und was sagte sie? Natürlich die Wahrheit: „Erstsemesterfete? Da musst du hin! Was glaubst du, wie wir es haben krachen lassen auf unserer Ersti–Fete! Schlimmer als Psychos kann nur eine Spezies feiern: Theos, also nicht der liebe Gott persönlich – griechisch eben: theos! Sondern eben Theos, Theologiestudenten, Gottes so wunderbares Bodenpersonal! Unsere Fete ging bis zum anderen Mittag! Dann war erst einmal schlafen angesagt. Und irgendwann auch wieder Uni. Also Erstsemesterfete ist ein unbedingtes Muss!"

Gesagt, und wieder eine Chance vertan! Obwohl, eine wirkliche Chance hatte ich nicht wirklich. Eigentlich nie!

Aus dem ersten und zweiten Semester, die mein Sohn eigentlich in Trier verbringen wollte, wurden natürlich zehn, bis zum Masterabschluss. Eigentlich auch kein Wunder: schöne Stadt, gute Uni, nette Leute! Warum sollte man da weg? Eigentlich gibt es nur einen Grund: Ein verliebtes Herz! Und die Vision vom Zusammenleben mit einem ebenso verliebten Herzen!

Das leere und wartende Zimmer zu Hause war keine wirkliche Option mehr. Eher schon die gemeinsame Wohnung zweier junger Menschen, die gemeinsam nach vorne schauen. Mittlerweile habe ich gelernt zu gönnen. Ja, mehr noch! Nämlich Gott zu danken, dass alles so gekommen ist, wie es eben kam. „Und siehe! Es war sehr gut!", erinnere ich mich an einen Satz, ziemlich am Anfang des Alten

Gott schenkt mir weiten Raum. Und ich kann ablegen, ruhen lassen, neu werden!

Testaments (Gen 1,31). Ja, so war und ist es wirklich sehr gut!
So konnte es eigentlich nur noch eine sein, die es machte, dass ich an
diesem Abend damals nach dem Konzert nicht in den Schlaf fand.
Meine Jüngste!
Während ich diesen Gedanken niederschreibe, spüre ich wieder diesen Schmerz. Einen Schmerz, der mich manchmal trifft, wenn ich
sie ansehe. Bis heute habe ich das Gefühl, sie um Vergebung bitten
zu müssen. Immer und immer wieder habe ich es. Sie war zu jung.
Zu jung, als die Familie auseinanderbrach. Ich konnte sie nicht für
zwei lieben. Dummerweise habe ich es versucht. Versucht, ihr dort,
wo sie lebte, also bei ihren Geschwistern und mir, Mutter und Vater zu sein. Dass Liebe einen Menschen erdrücken kann, das hat sie
wohl gespürt. Mehr als ich, der einfach lieben wollte, beschützen
wollte, der eine Tochter vor allem bewahren wollte. Aber vor allem
bewahren heißt irgendwann dann auch, einen Menschen ständig zu
beobachten, strenger zu sein, als ich es wollte. Immer mehr verbie-
ten als erlauben. Für mich unmerklich habe ich ihr einen goldenen
Käfig gebaut, statt Raum und Freiheit zu gewähren. Und so genügte
ein einziger Abend für einen Riss im grenzenlosen Vertrauen, das
uns bis dahin getragen und gestärkt hatte.
Diskussionen begannen über eine lange Zeit. Mein Misstrauen wurde für einen jungen und wunderbaren Menschen zu einer großen
Enttäuschung. Wie oft wurde ich von meiner Ältesten, wenn ich zu-
rückdenke, ermahnt, doch mit gleichem Maß zu messen! Wie oft
hielt sie mir einen Spiegel vor, in den ich blickte und ein ratloses Gesicht sah! Wie oft sagte sie meiner Jüngsten, dass sie jederzeit auch
zu ihr kommen könnte! Hatte ich das alles wirklich übersehen und
überhört? Heute, mit einigem Abstand sage ich es klar und deutlich:
Ja! Und nochmals: Ja! Aber ich hatte es doch gut gemeint. In meinem Herzen war, ist und bleibt nur Liebe – für meine Jüngste, für
meinen Sohn, für meine Älteste. Und ich glaube es bis heute nicht
wirklich, dass irgendwann vor einigen Jahren der Satz aus meinem
Mund kam: „Ich glaube, es ist wirklich besser, wenn du zu deiner
Schwester ziehst!"
Es gibt Sätze, die darf man nicht sagen. Man darf es einfach nicht.
Sicher, es scheint – nun mit dem Abstand von Jahren –, dass sie mir
vergeben hat. Aber ich – ich kann mir nicht vergeben. Ich kann es
nicht.

Mitten in den Abiturvorbereitungen zog sie aus. Gottlob nicht ins Nichts, sondern zu ihrer Schwester, meiner Ältesten. Das zu wissen war das einzige, das diesen Moment meines Lebens überhaupt aushaltbar machte. Wenigstens war es wohl Gott selbst, der mir die Einsicht ins Herz legte, dass sie wohl nur dann zurück kommen könnte, wenn ich sie nun ziehen und loslassen könnte. Und so wurde es. Aber wie viele Wege waren dazu nötig?

Nach dem Abitur, das sie trotz allem, was da war, glänzend hinlegte – etwas, was sie mit den beiden Geschwistern gemeinsam hatte, was sie und die anderen beiden aber eindeutig nicht von mir hatten –, ging sie nach Brasilien. Für mehrere Monate. Ganz allein! Allein die Vorstellung, wie ein junges Mädchen allein mit Rucksack in Rio de Janeiro und São Paulo umsteigen muss, jagt mir noch heute einen Schauer über den Rücken. Ich brauche keine Thriller und Gruselfilme. Manchmal reicht einfach die Realität!

Und wenn sie zurück wäre, so meine Jüngste damals, wolle sie ein Studium beginnen. Sprachtherapie – in Köln! Meine Jüngste wollte unbedingt nach Köln. Und nun schenkte der liebe Gott uns allen ein Wunder. Ein wirkliches Wunder! Niemand, der jetzt weiterliest, wird dafür später eine andere Erklärung finden. Also los geht's, ich beschreibe ein Wunder. Das erste von zweien übrigens, aber dazu später mehr.

Von ihr aus Brasilien mit allen Vollmachten ausgestattet durfte ich ran. Anmeldung meiner Jüngsten bei der ZVS für den Studiengang „Sprachtherapie" an der Universität in Köln. Ersatzweise und rein vorsorglich auch für „Sonderpädagogik" in Frankfurt. Einige Zeit warten. Der Bescheid kam. Es wurde – richtig – Sonderpädagogik in Frankfurt, verbunden mit der Absage für Köln und einem Hinweis. Für Sprachtherapie gebe es momentan lediglich 26 Studienplätze, dafür aber ein Mehrfaches an Bewerbungen, ein Nachrückverfahren wird eröffnet. Die E-Mails aus Brasilien lasen sich entsprechend enttäuscht. Nun, es war, wie es war.

Wieder ausgestattet mit allen Vollmachten – vorsorglich hatte mich meine Tochter vor ihrer Abreise damit ausreichend eingedeckt – fand ich mich also kurz nach dem Eintreffen des Bescheides in einer langen Schlange von aufgeregten angehenden Erstis auf dem Campus in Frankfurt wieder, um mich – vielmehr meine Jüngste – einzuschreiben. So viele fragende Blicke, so viel mitleidiges Anschauen waren mir schon lange nicht mehr widerfahren. „Warum will der jetzt noch studieren?", fragten einige Blicke. „Bisschen spät, oder?", las ich in manchen grinsenden Gesichtern. Irgendwie hatte ich das Gefühl, dass die meisten von ihnen, wären wir jetzt in einem Linienbus der Frankfurter Verkehrsgesellschaft, mir ohne zu zögern einen Sitzplatz angeboten hätten. Genau so kam ich mir vor.

Aber so wie ich mich wirklich so alt fühlte, so bald war ich wieder jung. Wie eben solch ein Ersti, ein angehender Student. Ich hielt nämlich wirklich durch, kam irgendwann dran, bekam die Immatrikulationsbescheinigung und trat wieder ins Freie. Ich war Student, hatte es geschafft, ein neuer Lebensabschnitt konnte beginnen. So fühlte ich mich jedenfalls für einen kurzen Moment. Bis mir – Gott sei es gedankt – wieder einfiel, für wen ich hier stand, für meine Tochter. Und ein zweifacher Jubel stieg in mir auf. Ich freute mich für sie. Und ich freute mich für mich. Ich brauchte nämlich nicht das Ganze noch einmal durchmachen. Dafür hätte ich mich nun wirklich schon zu alt gefühlt. Ich schrieb gleich eine E-Mail nach Brasilien: „Einschreibung erledigt! Glückwunsch!" Meine Jüngste antwortete ähnlich ausführlich: „Danke!" Freude war darin immer noch nicht zu erkennen.

Um das Wunder zu verstehen, das sich nun anbahnte, sollten Sie liebe Leserin, lieber Leser, wissen, was zeitgleich ablief. Meine Älteste hatte bis dahin ihre Banklehre gemacht, eine Zeitlang auch als Bankerin gearbeitet. Um mir dann eines Tages eine zweifache Mitteilung zu machen. 1. Sie höre auf, bei der Bank zu arbeiten, um jetzt doch zu studieren. 2. Für eine eigene Wohnung reiche es dann, weil ja das Gehalt wegfiele, nicht mehr und sie beabsichtige, wieder bei mir einzuziehen, weil sie auf jeden Fall nur studieren würde, wenn sie in Mainz einen Studienplatz bekäme. Ob mir das etwas ausmachen würde?

Meine Schnappatmung musste ich unterdrücken, den erhöhten Pulsschlag wieder runterholen und – um Gottes und meiner Willen – jetzt wieder einmal kein falsches Wort sagen. Darin war ich ja bekanntermaßen Spezialist.

„Die Bank wäre natürlich ein sicherer Job! Überleg' es dir gut! Und wenn du meinst, du könntest es wieder aushalten, zu Hause zu wohnen, gerne! Aber dann machen wir es so wie in einer WG!" Sprach's und wunderte mich über mich selbst, über meine konservativen und so gestelzten Worte. Und was sollte das überhaupt mit der WG? Ich hatte noch nie in einer WG gewohnt. Ich fand den Gedanken daran immer schon geradezu schrecklich. Schrecklich, so leben zu müssen. Überhaupt nicht mein Ding! Vielleicht klang das aber ja doch irgendwie studentisch. Vielleicht konnte ich meine Älteste so, obwohl es überhaupt nicht nötig war, mit der letzten Restüberzeugung ausstatten, die ihren so weisen Entschluss, wieder nach Hause zu kommen, dann auch endgültig festmachte. Aber eine Frage hatte ich dann doch noch: „Was willst du eigentlich studieren?" Sie war ein Mathe-Ass, konnte mit Zahlen geradezu jonglieren, war eine analytische Denkerin. So war ich auf fast alles gefasst, nur nicht auf ihre Antwort: „Erziehungswissenschaften und Theologie!"

Da war sie wieder – meine Schnappatmung, auch der erhöhte Puls. Erziehungswissenschaften, wer braucht denn so etwas? Theologie, willst du so enden wie dein Vater? Gedanken schossen mir durch den Kopf. Und wieder hätte ich es einfach mit der Wahrheit versuchen können, hätte all meine Befürchtungen einfach mal sagen können. „Erziehungswissenschaften und Theologie! Klingt interessant!", hörte ich wieder diese Stimme, die sich immer in solch entscheidenden Momenten meines Lebens meldete, sagen. „Was willst du denn damit einmal machen?" Diese Frage sparte ich mir allerdings. „Ich will", fuhr meine Tochter fort, „auf jeden Fall in Mainz studieren. Ich will von hier nämlich nicht weg!"

Versöhnliche Worte meiner Ältesten! Richtig, sie kam ja wieder nach Hause. Dann meinetwegen auch wegen Erziehungswissenschaften und Theologie! „Hast du eigentlich auch eine Alternative, falls das mit Mainz und diesen Fächern nicht klappt?" „Ja, genau das, was meine Schwester auch will! Sprachtherapie in Köln! Aber das wäre echt nur die zweite Wahl, ich will in Mainz studieren! Und hierbleiben!"

Beide Bewerbungen meiner Töchter liefen damals nahezu zeitgleich. Sprachtherapie in Köln wollte die Jüngste. Es wurde Sonderpädagogik in Frankfurt. Erziehungswissenschaften und Theologie in Mainz wollte die Älteste, und es wurde – sollten Sie bis jetzt aufmerksam gelesen haben, ahnen Sie es – Sprachtherapie in Köln und Erziehungswissenschaften und Theologie in Mainz, zwei Zusagen für meine Älteste. Freie Auswahl also für sie!

Aber wie sollte ich das meiner Jüngsten in Brasilien erklären? Erklären, dass ihre ältere Schwester den Studienplatz bekommen hatte, den sie selbst sich so sehr gewünscht hatte. Und dass sie ihn wohl einfach verfallen lassen würde, weil auch ihr Erstwunsch in Erfüllung ging. Wie soll man das in eine E-Mail packen und über den großen Ozean in einen anderen Kontinent senden, ohne dass dort die Enttäuschung noch größer wird?

Endlich rang ich mich einmal zur Wahrheit durch, ein ganz ungewohntes Gefühl. Und diese Wahrheit war offenbar genau das Richtige. Meine Jüngste konnte sich nämlich für meine Älteste freuen. Wunderbar!

Meine Älteste nahm den Platz in Mainz an, ließ Köln frohen Herzens sausen. Die Jüngste bereitete sich zuerst in Brasilien und dann rechtzeitig nach ihrer Rückkehr zu Hause auf Frankfurt vor.

Irgendwie waren beide auf einmal wieder da. Selbst mein Sohn kam tatsächlich öfter wieder nach Hause. Eine wirkliche Hoch-Zeit! Ich spürte es wieder deutlich. Beharrlichkeit zahlt sich irgendwann aus. „Alles wird – nein – ist wieder gut", dachte ich. Über meine Schwierigkeiten, ja, über mein Versagen, loslassen zu können, brauchte ich mit niemandem mehr reden. Schließlich waren ja alle wieder da. Und so konnte es bleiben, rosarote Zeiten sollten für mich anbrechen!

Bis einige Tage später der Brief kam. Grauer Umschlag, also irgendwie wichtig. An meine Jüngste gerichtet. Aus einer Domstadt am Rhein. Zerreißen, dachte ich intuitiv, einfach zerreißen! Meine Vorahnung schrie geradezu danach. „Post für dich!", war meine Begrüßung, als ich auf meine Jüngste traf. Und nun aber endlich das Wunder!

Meiner Jüngsten wurde in diesem Brief aus der Domstadt am Rhein mitgeteilt, dass das Nachrückverfahren in Köln für den Studiengang Sprachtherapie für sie erfolgreich war. Es wäre nämlich ein Platz von den insgesamt 26 Plätzen frei geworden. Man stelle sich dies einmal vor! Zwei Schwestern bewerben sich. Die eine will und kriegt es nicht. Die andere kriegt es und nimmt es nicht. Und auf vielen Umwegen durch die verschiedensten Uni- und ZVS-Computer sowie durch alle Verfahrenswege findet dieser eine durch die eigene Schwester freigemachte Studienplatz den Weg zur anderen Schwester! Alle mal die Hände hoch, die Ähnliches erzählen könnten. Es werden wohl nicht so viele sein!

Die Freude war riesig! Wir freuten uns alle. Freude pur! Und in diese Freude hinein rief die Jüngste diese Wahrheit, der ich mich nun wieder stellen durfte: „Ich ziehe nach Köln! Hurra! Ich brauche ein Zimmer, ganz schnell! Es geht ja schon bald los!"

Mit allem hatte meine Jüngste natürlich Recht. Zeit für meine üblichen Sentimentalitäten blieb diesmal keine. Jetzt galt es erst einmal und sofort mit der Tochter nach Köln zu fahren, sich auf den Neumarkt zu stellen und laut zu rufen: „Wir sind endlich hier! Wir brauchen ein Zimmer, bezahlbar, in Uni-Nähe, ruhige Wohngegend, und das sofort!"

Niemanden sollte es jetzt wundern, dass dieser imaginäre Ruf zunächst natürlich ungehört verhallte. Gefühlt standen nämlich mindestens tausend andere junge Menschen neben uns und riefen genau so, wie wir es taten bzw. eben nicht taten.

Während ich mich nach einer Wohnmöglichkeit buchstäblich umsah, tippte meine Jüngste eifrig in ihr Smartphone. „Hier könnten wir es versuchen!", sagte sie und zeigte mir ein Bild eines ganz netten Zimmers. Nach einige Versuchen hatten wir es dann doch tatsächlich geschafft. Ein Zimmer in einer Drei-Zimmer-Wohnung, mit Kochstelle und Gemeinschaftsklo. Teuer, wie alles in Köln, aber gerade noch bezahlbar, zentral gelegen. Noch nie hatte ich in einem Gespräch – wie in dem mit dem Vermieter – meinem Gegenüber so viel Honig um den Mund geschmiert wie diesem. Meine Tochter sank in dem Sessel neben mir vor Peinlichkeit immer tiefer. Und sie richtete sich erst schlagartig wieder auf, als die Worte vom Himmel fielen: „Sie haben das Zimmer!" Manchmal sind Väter vielleicht ja doch ganz nützlich!

Glückselig saßen wir im Auto. Meine Jüngste plante hörbar den Umzug. Was von zu Hause mitging, was neu anzuschaffen war. Sie sprühte vor Lebensfreude. Und ich wollte mich in diesem Moment einfach für sie mitfreuen. Auf keinen Fall wollte ich ihre Freude, die ich ihr wirklich so sehr und von Herzen gönnte, durch so belanglose Fragen stören wie: „Und wie kommen die Sachen nach Köln?" oder: „Wie kommen sie dann hoch in den dritten Stock, kein Aufzug, enge Treppen?" „Wer baut die Möbel denn auf?" Ich fragte so nicht, denn ich wusste die Antwort, ich ahnte sie. „Das sehen wir dann!", sagte meine Tochter. Gemeint war damit natürlich: „Papaaaa...!" Und ganz ehrlich, alles andere hätte mich auch enttäuscht und beunruhigt!

Es kam also wieder einmal, was zum wiederholten Male kommen musste. Ein bis unter das Dach vollgepacktes Auto auf dem Weg in die große Domstadt am Rhein. Auf nach Köln! Gefühlte zwei Stunden einen Parkplatz in Zimmernähe gesucht, irgendwann auch gefunden. Unzählige Male rauf und runter! Mein Rücken schrie permanent um Hilfe, niemand hörte ihn! Werkzeug ausgepackt. Schrauben, dübeln, hämmern. Fertig! Irgendwann tatsächlich und endgültig fertig! Fix und fertig! Das neue Leben meiner Jüngsten als Studentin konnte beginnen. In Köln! Meine Kleine in der großen Stadt. Ganz allein! Immerhin, besser als Brasilien! Sie an dieser Riesenuniversität. Welch wunderbare und grausame Vorstellung!

Ich spürte es auf einmal. Ich musste ganz schnell ins Auto! Also: Verabschiedung, die ich auszuschmücken mir hier erspare. (Falls Sie dennoch interessiert sind, nehmen Sie einfach die von ein paar Seiten weiter vorn und ersetzen sie die Ortsbezeichnung „Trier" einfach durch „Köln"!) Natürlich das Versprechen, oft nach Hause zu kommen. Hatte ich schon einmal gehört. Genau so hatte ich gelernt, mit den Folgen dieses Versprechens zu leben. Es war alles gesagt! Jetzt nur noch ins Auto und losfahren! Und sie dann endlich wieder laufen lassen können. Sie wissen schon – meine Tränen. Wieder einmal endlich losheulen. Trauertränen, Freudentränen, Rückenschmerztränen, egal welche, Hauptsache alle raus! Erinnerungen liefen wie ein Film vor meinem inneren Auge. Krabbelkind, Kindergarten – ein wie ich finde wesentlich liebevollerer Begriff als der heutige: „Kindertagesstätte" – Einschulung, Gymnasium, Abi-Feier, Abschied auf dem Flughafen, Einschreibung in Frankfurt – halt, das war ja ich. Hätte mich jemand in diesem Augenblick gefragt, wann das ein oder andere Ereignis gewesen war, ich hätte auf jede Frage geantwortet, wie ich es gerade fühlte: „Gestern!"

Diesmal war alles so schnell gegangen. Keine Zeit für Grübeleien. Aber jetzt endlich allein im Auto meine Zeit für meine Tränen. Den gleichen Stolz, die gleiche Freude, beides hatte mich vor einiger Zeit schon einmal angerührt, auf eben einer Fahrt von Trier nach Hause. Diesmal war es Köln-Roxheim. Andere Fahrt – ganz ähnliche Tränen!

Eines war mir allerdings klar. Möbel in den dritten Stock, ohne Aufzug, das kam für mich nicht mehr in Frage. Nie wieder! Die nächste Anfrage dieser Art würde ohne jedes Wenn und Aber die Antwort zu hören bekommen: „Ohne mich! Definitiv!" Und überhaupt, zentraler und besser für Kölner Verhältnisse konnte es meine Jüngste nicht antreffen. Hier könnte sie bleiben bis ans Ende ihres Studiums. Wenn sie klug ist, macht sie das. Und sie war, ist und bleibt klug. Darin war, bin und bleibe ich mir sicher!

Es dauerte ziemlich genau ein Jahr! Zwei von zu erwartenden sechs Semestern! Meine Tochter war auf Heimaturlaub aus der großen Stadt. „Papaaaa...!" Ich hörte es schon am Tonfall. So kündigten sich immer Dinge oder Ereignisse an, die sich nicht mehr wirklich abwenden ließen. Schulfreundinnen, so erklärte es mir meine Jüngste, studierten jetzt auch in Köln. Und man werde eine WG gründen. Sehr witzig, dachte ich, in deinem kleinen Zimmer eine Dreier-WG! „Und wir haben auch schon etwas gefunden! Ganz in der Nähe von mir!" Ganz in der Nähe hieß zweifelsfrei nicht bei ihr, nicht in ihrem Zimmer. Und das hieß zweifelsfrei dann auch wieder alles raus und woanders hin. Alles runter vom dritten Stock, ohne Aufzug. Alles wieder irgendwohin, wahrscheinlich auch wieder irgendwo hoch. Aber – was ging es mich an. „Ohne mich!", das sollte ja meine in Stein gemeißelte Antwort sein.

Sie sah mich an. „Papaaaa..." Immer dieses zweite langezogene Aaaa! Das klang allein schon wie schmelzendes Eis. „Papaaaa... könntest du mir denn vielleicht helfen, wenn wir die Sachen transportieren? Zum Schleppen habe ich Freunde!" Woher, schoss es mir sofort durch den Kopf, hatte meine Tochter in Köln Freunde? Wer waren sie? Und warum? Sie hatte doch mich! War ich ihr nicht mehr gut genug? Ein bisschen beleidigt wollte ich ihr klar und deutlich mein „Ohne mich!" entgegenwerfen. Ich tat es auch, nur ein wenig anders. „Klar, mein Schatz! Du weißt doch, dass ich immer gerne helfe, wenn ich kann!" Irgendwie bin ich scheinbar doch wie ich eben bin. Zu helfen ist mir nicht. Aber ich will es ja wohl auch gar nicht anders.

So fand ich mich eines Tages jedenfalls in der Straße mit dem Namen des bekannten Komponisten wieder, der eher mit Bonn als mit Köln in Verbindung gebracht wird. Natürlich im Halteverbot, wo sonst in Köln! Hecktür weit auf. Ich wartete auf die ominösen Freunde, die gleich mit diversen Kleinmöbeln die Treppe runter kommen sollten. Sie kamen. Und sie stöhnten. Junge Kerle, gequält schauend ob der schweren Last, die eine Umzugskiste darstellen konnte. „Soll ich helfen? Soll ich mal mitgehen?" Ich begann diese Stimme, die wie meine klang und sich immer meldete, wenn sie auf jeden Fall besser schweigen sollte, leise zu hassen. Denn kaum war sie erklungen, musste ich ihre Konsequenzen buchstäblich tragen. Die Mienen meiner Tochterfreunde erhellten sich und sie steckten sich erst einmal ein Zigarettchen an. Die nächste Kiste war somit mit Sicherheit meine.

Aber auch diese ganze Aktion endete irgendwann mit einer glücklichen Tochter, die aus ihrem Zimmer auf eine vierspurige Hauptstraße schaute, die in der Mitte durch Straßenbahnschienen und wegen der Haltestelle direkt vor der Tür quietschenden, haltenden und abfahrenden Bahnen getrennt wurde. Noch näher am Puls der Großstadt, lauter ging es mit Sicherheit nicht mehr. Ach ja, Zimmer mit Balkon, direkt über dieser pulsierenden Verkehrsader!

Aber nicht nur die Tochter war glücklich. Diese Aktion endete auch mit einem – und das meine ich jetzt ganz ehrlich – glücklichen Vater, der langsam damit begonnen hatte, seine Jüngste einer Großstadt anzuvertrauen, von der er zunehmend den Eindruck gewann, dass sie seiner Tochter zu einer wirklichen Heimat werden würde. Loslassen, immer wieder neu loslassen. Freiheit zulassen, aus der Ferne lieben und doch nah beieinander bleiben. Durch wiederholtes Einüben von Ein- und Auszügen schien ich doch tatsächlich zu lernen. Neu zu lernen. Ich, der immer alles besser weiß, der den Titel „Glucke des Jahrzehnts" mit Stolz und zu Recht hätte tragen dürfen. Ich lernte dazu. Und ich konnte mich freuen! Nicht nur über meine Tochter. Nein! Endlich auch einmal über mich! Einfach nur so! Welch ein Gefühl!

Jetzt endlich waren meine drei zumindest an ihren Zwischenzielen und Zielorten! Jetzt würde es endlich ruhiger werden. Auch in mir! Ein Sohn in Trier, die Jüngste in Köln! Und die Älteste natürlich auch auf ihrem ganz eigenen Weg und wieder zu Hause! Drei immer im Herzen, eine sogar leibhaftig zu Hause vor Augen! So konnte es bleiben! Ein herrliches Grundgefühl! Hurra!

Aber wissen Sie, lebe Leserin, lieber Leser, wie schnell ein Bachelorstudium bei drei fleißigen jungen Menschen im günstigsten Fall rumgehen kann?! Sechs Semester! Sechs Semester und nicht eines mehr bei drei Kindern, deren eigene Lebensplanung gar kein weiteres zuließ. Der Sohn in Trier hängte direkt ein Masterstudium an.

Es sei hier nur noch eine kurze Erwähnung wert, dass zwischendrin natürlich ein Umzug in eine WG anstand. Er gab doch tatsächlich sein ruhiges, dunkles, niemals sonnenlichtgefährdetes Zimmer mit Dusche und Klo auf dem Gang für ein geräumiges Altbauzimmer in einer schönen Wohnung auf, um mit anderen in Gemeinschaft zu leben, statt weiterhin die Stille und Einsamkeit in einer studentischen Einzelzelle zu suchen.

Und es ist auch kaum eine Erwähnung wert, dass ich dafür selbstverständlich einen Kleinbus mietete, um noch mehr Sachen von zu Hause nach Trier zu fahren. Aber wer wie ich ein imaginäres, kleines privates und spontanes Umzugsunternehmen mit Planungsbüro unterhält, den kann dann irgendwann irgendwie auch gar nichts mehr wirklich beeindrucken. Oder doch: mit einem großen, gemieteten Kleintransporter auf einem engen McDonalds-Parkplatz einzuparken, um studentische Umzugshilfskräfte adäquat zu versorgen, dann rückwärts auszuparken, unter der McDrive-Brücke gedankenverloren, aber – Gott sei Dank – zentimetergenau herauszufahren, das kann ich jetzt auf meiner privaten Liste der schrecklichsten Umzugserlebnisse auch abhaken. Brauch' ich nicht mehr! Wirklich nicht!

Meine Jüngste fand nach einem überaus erfolgreichen Bachelorabschluss sofort eine Anstellung als Sprachtherapeutin. Allerdings in Bonn! Meine bei Eröffnung dieser guten Nachricht sofort wieder einsetzende und verhältnismäßig lange ruhende Schnappatmung hielt sich diesmal allerdings in Grenzen. Meine Tochter erklärte mir nämlich, dass sie auf keinen Fall aus Köln wegziehen würde, weil das WG-Leben mit den anderen so toll sei. Dafür hätte ich sie knutschen können!

Auch meine Älteste legte ein Bachelorzeugnis hin, von dem ich wahrscheinlich nur hätte träumen können, wenn es das zu meiner Zeit schon gegeben hätte. Und gerade als ich insgeheim hoffte, bald wohl eher wieder mit einer Sparkassenangestellten mit pädagogischen und theologischen Kenntnissen unter einem Dach zu leben, kam es nun aus dem Mund meiner Ältesten: „Papaaaa...." Das durfte doch nicht wahr sein! Meine Älteste und „Papaaaa...!" Ich packte im Geiste schon das Auto, überlegte, wie ich ihre Möbel transportgerecht zerlegen könnte, so dass es auch eine Chance auf Wiederaufbau gab. Denn etwas anderes als ein neuer Plan zur emotionalen

Vernichtung des eigenen Vaters konnte sich ja einfach nicht anbahnen. „Ich bewerbe mich!", eröffnete mir meine Älteste. „Masterstudium! Sport und Bewegungsgerontologie!" Ich wusste gar nicht, dass man so etwas Neumodisches an der Universität in Mainz studieren konnte. „An der Sporthochschule in Köln!", fuhr meine Tochter fort. Nun muss ich kurz berichten, dass meine Tochter in der Zeit ihres Studiums in Mainz so ganz nebenbei eine Ausbildung zur Gesundheits- und Fitnesstrainerin erfolgreich absolviert hatte.

Köln? Köln? Da war doch 'was? Richtig, eine Tochter war ja schon da. Und jetzt bald die Älteste auch? Sie wollte nie in eine Großstadt, legte doch immer Wert auf ihren Freundeskreis, auf ihre Heimat! Was wollte sie nun auf einmal in Köln? Und was war überhaupt Bewegungsgerontologie? Ich ahnte es ja. Aber ich hatte eine ganz andere und eher erschreckende Vision. Wenn sie es wirklich studieren sollte, wie man alte und älter werdende Menschen fit hält und wenn diese Sporthochschulstudentinnen sich dann ein lebendes Objekt für praktische Übungen suchen sollten, wer kam dann in Frage – außer mir? Im Geiste sah ich mich über den Boden rollen und kniebeugend meine Tochter anflehen, mir meine Couch wieder zu überlassen. Alles, alles nur das nicht! Bitte, bitte nicht!

Es kam, was kommen musste. Die Bewerbung klappte. „Jetzt brauche ich dringend eine Bleibe!" Ich blieb ganz ruhig. Schließlich war ich doch ein alter Hase. Und dazu noch Köln gewohnt. Ich wusste doch, dass wir uns nur auf einen großen Platz, von der diese Domstadt am Rhein unzählige hat, stellen und unser Problem einfach nur laut rausrufen mussten. Das hatte schließlich schon einmal so nicht funktioniert, warum sollte es jetzt klappen?! „Schau' doch einfach mal ins Internet", hörte ich meine Stimme, die mittlerweile auch viel ruhiger klang. Wir hatten eben beide dazugelernt.

Ich startete also wieder einmal – ich weiß gar nicht mehr zum wievielten Mal – nach Köln. Meine Älteste hatte eine auf den Fotos wunderschön aussehende Zwei-Zimmerwohnung zu einem unglaublich günstigen Preis in einer, so hatte jemand gewarnt, der sich auskannte, nicht ganz so tollen Wohngegend gefunden. Warum musste ich gerade jetzt an Urlaubsprospektfotos denken, bei denen man zwar beim Blick aus dem Fenster das Meer sehen konnte, aber nicht die vierspurige Straße mit Straßenbahn vor dem Hotel und die Müllkippe dahinter?

Nun, wir fuhren los und kamen an, Navi sei Dank! Vor dem Haus, in dem die Wohnung sein sollte und ja wohl auch war, in einer – wie hatte mein Bekannter noch einmal gesagt – nicht ganz so tollen Wohngegend.

Nun muss ich vorsichtig und wortgewählt weiterschreiben, damit ich auf keinen Fall falsch verstanden werde. Aber in diesem Viertel Kölns hätte sich meine Älteste definitiv mit niemandem unterhalten können, außer mit den Maklern, die allesamt braungebrannt und an einem trüben Tag wie diesem sonnenbrillengeschmückt ihr Vermietbüro in einem Container auf der grünen Wiese hatten und hier einfach nur Kasse machen wollten. Genau bei denen, die sowieso fast nichts besaßen.

Mir wurde übel bei dem Gedanken, wie grausam Menschen mit der Not anderer umgehen können und dabei noch meinen, sie täten ein gutes Werk, um sich dann nach der täglichen Abzocke in den tiefer gelegten schwarzen Mercedes zu schwingen und die am Tage eingesackte Kohle zu verjubeln. Entschuldigung, das mit der vorsichtigen Wortgewähltheit scheint an dieser Stelle nicht ganz geklappt zu haben. Aber ich entschuldige mich nicht dafür! Es war nämlich widerlich mit anzuschauen.

Meine Älteste wollte die Wohnung wenigstens sehen. Wir standen also vor dem Haus. Es war voller Graffitis in einer Sprache, die wir nicht lesen konnten, und Schriftzeichen, die mehr oder weniger eindeutig eher Ländern des afrikanischen Kontinents zuzuordnen waren. Die Haustür des Mehrfamilienhauses mit ausschließlich Zwei-Zimmerwohnungen fehlte komplett, auch der dafür nötige Türrahmen. Die Wohnung, die wir besichtigen wollten, lag im zweiten Stock. Wer baut denn solche Häuser, fragte ich mich still, als wir die Treppe hinaufgingen. Dann fielen mir wieder die sonnengebräunten Makler mit ihren schwarzen Sonnenbrillen vor den Augen in dieser düsteren Wohngegend an einem trüben Tag in Köln ein. Sie hatten diese Klötze und Wohnkäfige wohl bauen lassen. Hauptsache ihre Kasse stimmt!

Vor jeder Wohnung, an der wir vorbei mussten, standen mindestens und ungelogen zehn Paar Schuhe! Stimmengewirr aus jeder Wohnung! Keine einzige Sprache konnte ich im Vorbeigehen einem Land zuordnen. Noch bevor wir oben ankamen, sahen meine Älteste und ich uns an. Ohne Worte waren wir einer Meinung. Ein Höflichkeitsrundgang und dann ab. So schnell wie es nur eben gehen konnte. Nur weg aus diesem nicht ganz so tollen Wohngebiet!

Im Auto überlegten wir kurz. Was nun? Töchterleins Smartphone beantwortete unseren kurzen Moment der Ratlosigkeit. Pling! Ein neues Wohnungsangebot. Beste Wohnlage, Zwei-Familien-Haus, nahe an der Sporthochschule, Souterrain. Niedrige Miete, wirklich tolle Wohnungsfotos. Meine Tochter war sofort beeindruckt. Bei mir schrillten allerdings alle innerlichen Glöckchen Alarm. Dieser Preis bei dieser Wohnlage, wo war der Haken? Jetzt wollte ich es wissen. Mit der Maklerin telefoniert, einen sofortigen Termin ausgemacht, hingefahren. Es stimmte! Beste Wohnlage, wirklich gepflegtes Zweifamilien-Haus. Durch die Glastür konnte man ins saubere Treppenhaus sehen. Auch die Eingangstür fünf Stufen tiefer zur Souterrainwohnung konnte man sehen. Ich erklärte meiner Tochter noch einmal kurz, dass es bei Souterrain durchaus sein kann, dass die Fenster etwas höher angesetzt sind, schließlich ist solch eine Wohnung ja halb unterirdisch.

Die Maklerin kam. Eine freundliche Frau. Ganz kurz dachte ich, dass jetzt alles gut werden könnte. Sie schloss die Tür zum Treppenhaus auf. Wir gingen die fünf Stufen zur Eingangstür herunter. Nun würde sie aufschließen und es würde herrlich werden! Ein neues Leben in einer schönen Wohnung in Sporthochschulen-Nähe konnte beginnen. Die Maklerin ging an dieser Tür zum Paradies allerdings vorbei, ging die Treppe weiter runter, machte das Flurlicht an. Wir kamen an eine tiefer gelegene Tür. „Die Waschküche!", sagte die Maklerin. Und sie ging weiter runter. Nun befanden wir uns doch tatsächlich noch ein ganzes Stockwerk tiefer, also direkt unter der Souterrainwohnung. Sie schloss die Tür auf.

Lange hatte ich sie nicht mehr, auf jeden Fall schon lange nicht mehr so heftig – meine Schnappatmung. Eine Wohnung, die Zimmer schön wie auf den Fotos. Sogar eine kleine und fast neue Einbauküche. Alles eigentlich perfekt! Nur eines hatte sie nicht, überhaupt nicht, keines, nicht ein einziges. Nämlich Fenster! Nicht ein einziges Fenster, keine Chance auf nur einen echten Strahl Tageslicht! Sollten Sie es, liebe Leserin, lieber Leser, nicht glauben, dann kann ich Ihnen gern die Adresse geben!

„Die Wohnung hat noch etwas Besonderes!", hörte ich die Maklerin sagen. Noch etwas Besonderes, welches Grauen verbarg diese – fast hätte ich Wohnung gesagt – denn noch? Ich schreckte aus meiner Fassungslosigkeit hoch und sah, wie die Maklerin einen Lichtschalter bediente. LED-Licht ging an. Sie drehte am Knopf. Es wurde heller, es wurde dunkler! „Man kann es auf Automatik stellen", hörte ich sie wieder reden. „Dann wird es hier ganz langsam hell, mittags ist es am hellsten. Und gegen Nachmittag wird es dann wieder dunkler! Fast wie draußen!" Ich sah sie noch fassungsloser an. „Haben Sie Kinder?", fragte ich sie. Sie nickte. „Welches von ihnen würden Sie hier wohnen lassen?", war meine nächste Frage. Nun war sie wenigstens ehrlich. „Keines", sagte sie, „keines!" Allein ihre Ehrlichkeit rettete diese ganze Situation. Ich sparte mir den Ausbruch meiner Wut nämlich, allein wegen ihrer Ehrlichkeit. Zum zweiten Mal an einem Tag musste ich erleben, was Menschen einfallen kann, wenn man die Notsituation von jungen Menschen geschäftemachend ausnutzen kann. Ich sah meine Tochter an, sah und spürte ihre ganze Enttäuschung, so nah an einer schönen Wohnung – leider mit einem unverzeihlichen Fehler – gewesen zu sein.

Aber meine Älteste ist eine Kämpferin im besten Sinne. Sie ist, das weiß ich heute längst – viel stärker als ich. „Abhaken, Papa! Weitersuchen!" Es war Zeit für ein zweites Wunder. Ich hatte es ein paar Seiten vorher ja schon angekündigt. Und es geschah auch! Ich glaube, der liebe Gott hielt uns beide – also sich und ein ganz kleines bisschen wohl auch mich – für ein ganz passables Team.

„So", sagte ich zu meiner Tochter. „Jetzt versuche ich es einfach einmal!" Sie schaute mich ungläubig an. Eigeninitiative von mir, sie schien das gar nicht glauben zu können. Aber ich fühlte es einfach. Jetzt sollte meine Stunde schlagen! Sie schlug. Und wie! Ich suchte die Telefonnummer des Vermieters heraus, dem ich schon einmal so viel Honig um den Mund geschmiert hatte, dass er nun – dreieinhalb Jahre später – immer noch klebrig sein dürfte. Ich stellte mich am Telefon kurz vor, nein, rief mich in Erinnerung, solange bis er wieder wusste, mit wem er es nun zu tun bekam.

„Ach Sie sind's", lachte er, „der Pfarrer vom Hunsrückrand! Was kann ich für Sie tun?" Allein seine fröhliche und unnachahmliche kölsche Art zeigte mir, dass wohl nicht alles hoffnungslos sein würde und mein damals hinterlassener Eindruck vielleicht nicht der schlechteste war. „Was macht die Familie?", hörte ich mich fragen. „Was macht das Tennisspielen?" Er lebte nämlich aus irgendeinem mir unerfindlichen Grund mitten auf einem Tennisgelände. „Ich bin wieder einmal auf der Suche nach einer Wohnmöglichkeit, diesmal für meine älteste Tochter", brachte ich das Gespräch schnell auf den Punkt, denn ich konnte mich noch gut daran erinnern, dass er gestellte Fragen zu Familie und Sport sehr gerne und weit ausholend beantworten konnte und meist auch wollte. Seine Antwort kam prompt: „Sie scheinen einen guten Draht zum lieben Gott zu haben!" „Witzbold", dachte ich. Natürlich hatte ich einen guten Draht zum lieben Gott, wir waren schließlich ein Team! „Gerade gestern ist ein schönes kleines Appartement frei geworden!" Dann nannte er die Adresse.

Wunder zwei! Meine Ohren klingelten, meine Kinnlade klappte runter. Er nannte mir nämlich den Straßennamen mit dem Namen des großen Komponisten, der in Bonn ein Haus und ein Museum mit seinem Namen hat, sogar eine große Veranstaltungshalle. In Köln hatte man eine Straße nach ihm benannt, sehr zentral gelegen. Ich hatte den Namen noch in meinem Navi gespeichert. Genau so wie die Hausnummer, die er nun nannte. Beides war noch gespeichert. Schließlich hatte ich meine Jüngste genau dort öfter besucht – vor ihrer WG-Zeit. Jetzt fehlte eigentlich nur noch die Krönung. Ich ahnte seine weitere Rede, schon bevor er sie aussprach. „3. Stock!", sagte die Stimme am anderen Ende der Leitung. „Hallo, sind Sie noch dran!" fragte er in meine Sprachlosigkeit. „Ich weiß", antwortete ich, „ohne Aufzug! Wir nehmen sie. Sofort! Betrachten sie es als gemietet!" Wir machten noch schnell einen Termin für die Vertragsunterzeichnung aus, denn auch dieser unglaublich nette und wunderbare Vermieter war wahrscheinlich froh, wieder solch einen genau so netten und ebenso wunderbaren Mieter gefunden zu haben. Ich legte auf, sah meine Tochter an. „Du hast ein Appartement! Zentral gelegen! Das nimmst du jetzt! Schluss! Aus!"

Eigentlich sah sie ganz zufrieden aus. Ich übrigens wohl auch. Ich konnte es ja doch noch. Machtvolle Worte sprechen! „Schluss! Aus!" Es hatte wunderbar geklungen. Dann erst begriff ich das eigentliche Wunder. In der Millionenstadt Köln findet meine Älteste nach einer Suche mit ganz unglaublichen Einblicken in eine erschütternde Wirklichkeit für viele andere Menschen schließlich im gleichen Haus, auf der gleichen Etage wie vor ein paar Jahren meine Jüngste ihre Studentenwohnung, ein Appartement mit Kochgelegenheit, eigenem Bad, bezahlbar und wirklich schön und zentral gelegen. Deshalb zum zweiten Mal die Frage: wer kann Ähnliches erzählen? Jetzt fehlte eigentlich nur noch der Umzug. Mir kamen meine Worte in den Sinn, die ich auf dem Bürgersteig vor dem Haus in der Komponistenstraße schon einmal gedacht hatte: „Der nächste Umzug – ohne mich!" Und so versuchte ich es meiner Ältesten auch schonend beizubringen. Doch statt jetzt irgendwie traurig oder enttäuscht zu gucken, war sie gleich wieder die Starke. „Keine Sorge, Papa, das kriege ich schon hin! Ich mach' das schon! Das organisiere ich selbst!" Jetzt war es wohl wieder eher ich, der enttäuscht guckte. Ein bisschen Werben um meine Hilfe hätte mir schon gut getan. Brauchte mich dieser so erwachsene junge Mensch denn gar nicht mehr? Abwarten, dachte ich. Irgendwann braucht sie mich ja doch. Einfach abwarten!

Es war dann soweit! Die Umzugskisten ins Auto packen – sie machte es selbst. „Lass ruhig stehen, Papa! Die sind zu schwer für dich!" Ein Satz wie ein Schwert. Hier die Jungen, die Kräftigen, die diplomierten Gesundheits- und Fitnesstrainerinnen, die angehenden Bewegungsgerontologinnen. Da die Alten, die Schwachen, der altgewordene und nicht mehr belastbare Vater, den sie bald wahrscheinlich wieder fit zu machen versuchen würde. Was war ich in ihren Augen? Na warte, dachte ich, ich kann warten. Irgendwann bin ich bei diesem Kapitel deines Lebens wieder im Spiel.

Wir verabschiedeten uns vor dem Haus. Das Auto war gepackt, vollgepackt bis unter's Dach. Wir standen da. Ich spürte die Besonderheit dieses Augenblicks. Irgendetwas war komplett anders. Es ging tiefer. Es war endgültiger als so oft vorher. Ich fühlte, wie es in mir zu arbeiten begann. Spürte meine eigene innere Ergriffenheit. Was war es?

Es war das Wissen, dass nun etwas endet – unwiederbringlich! Ein Kapitel, das mit drei wunderbaren Kindern zu tun hatte, schloss sich für immer. Ein neues, wohl anderes Kapitel musste sich auftun. Denn es musste doch weitergehen! Leben geht weiter, immer weiter! Bis ans Ende und weit darüber hinaus!

All das fühlte ich, als ich meine Älteste in meinen Armen hielt. Nein, es war anders herum! Sie hielt mich. Ich wurde gehalten! Und dieses Gefühl sog ich in mich auf. Gott hielt mich und ließ mich los, um bei mir zu sein – in einem neuen, einem vielleicht ganz eigenen Kapitel meines Lebens. So fühlte ich es unvergesslich in diesem Moment. Und so standen wir da. Und ließen uns los. Sie ließ mich los, nicht ich sie. Sie mich!

Ich gehe meinen Weg, las ich aus ihrer Geste. Sie hatten ihren Plan. Alle drei hatten ihren Plan für ihr Leben. Jetzt war es an mir, einen zu machen, für mein eigenes Leben. Es war ein ganz besonderer Moment da in der Einfahrt vor unserem Haus in Roxheim. Kein Platz für einen dummen Scherz, wie sonst! Keine dahingesagten Floskeln, mit denen Menschen manchmal das Schweigen überbrücken! Keine bedeutungsschwangeren Worte. Das alles nicht. Nur eine Umarmung! Eine Umarmung schloss ein 27 Jahre dauerndes Kapitel. Und der Satz: „So, ich fahr' jetzt mal! Ich ruf dich an, wenn ich angekommen bin!"

Ich winkte dem Auto hinterher. Natürlich nicht dem Auto, sondern der Tochter, bis sie um die Ecke war. Ich wartete, draußen in der Einfahrt. Irgendetwas hatte sie doch bestimmt vergessen, meine Älteste, meine Vater-Tochter-WG-Genossin. Sie dreht bestimmt noch einmal um, war ich mir sicher. Ich wartete. Wartete. Und begriff es endgültig. Sie war längst auf ihrem Weg, schon so lange. Viel, viel länger als ich es wohl dachte.

Ich drehte mich um, um ins Haus zu gehen. Oft hatte ich mir diesen Moment ausgemalt. Diesen Moment, wenn alle Kinder endgültig aus dem Haus sind. Endlich! Diesen Moment, in dem ich – wenn ich es wollte – nackt durch die Wohnung tanzen, endlich auch einmal meine Musik laut aufdrehen könnte. Wenn ich mich in den eigenen vier Wänden endlich und tatsächlich als der Herr im Haus fühlen konnte. Dieser Moment war nun da – endlich! Leider! Schrecklich! Ich ging rein. „Papaaaa...!" Ich sah einen kleinen blondgelockten Jungen auf mich zu rennen. Ich hörte eine Stimme von oben. „Papa, kannst du mal kommen!" „Ich hab' Hunger. Machen wir Spaghetti?", rief eine dritte Stimme. Ich hatte die Augen geschlossen und hörte Kinderstimmen. Ich öffnete die Augen und hörte – nichts! Gar nichts! Nur das Ticken der Wanduhr! In ihrer ganz eigenen Unbarmherzigkeit! Die Zeit kannst du nicht anhalten, grinste sie mich an.

Ich setzte mich ins Wohnzimmer. Es war still, nur still. Tiefes Einatmen, ausatmen! Angespannt! Die Lippen zusammengepresst! „Lass doch laufen", flüsterte der Engel in mir, der es schon so oft so gut mit mir gemeint hatte. „Lass sie doch einfach laufen! Sieht doch niemand außer mir! Wir sind doch beide ganz allein!" Das war das Stichwort. „Allein!" Sie liefen, meine Tränen. Diesmal waren es keine Freudentränen. Nein! Die Trauer darüber, dass etwas unwiederbringlich vorbei war, das endgültige Ende der Kindheit dreier wunderbarer Kinder, die Unsicherheit über das, was nun kommen und werden sollte – all das waren Gründe genug für ein Meer von Tränen. Und ich erlaubte sie mir. Schließlich war ich ja allein.

Einige Zeit ist mittlerweile seit diesem Moment vergangen. Diesem Moment, den ich seitdem als ein ganz kostbares Geschenk unverlierbar im Herzen trage.

Nun sitze ich wieder einmal in der Kirche von Taizé und schreibe all diese Gedanken einer Nacht nach einem Konzert vor noch gar nicht langer Zeit nieder. Nicht nur das tue ich. In erster Linie bin ich hier, um meinem Teampartner, also dem lieben Gott, zu danken. Es ist alles gut geworden. Die Jüngste ist in Köln sesshaft und Großstadtpflanze geworden. Mit einem netten und vor allen Dingen vollbeamteten Freund und gerade in ihrem draufgesattelten Masterstudium – Rehabilitationswissenschaften und Organisationsentwicklung. Raus aus der gesicherten Arbeit in der Sprachtherapeutenpraxis und wieder rein ins studentische Leben. Es sei ihr gegönnt! Mein Sohn lebt mit seiner ebenfalls netten Freundin in Worms und geht seinen Weg während seiner Weiterbildung zum psychologischen Psychotherapeuten im Klinikum in Worms. Unglaublich interessante Schritte in einem wunderbaren Beruf. Tja, und die Älteste ist nach allen Studien und Abschlüssen so sehr in der Domstadt am Rhein, in die sie ja eigentlich nie wollte, eben weil sie so groß ist, vernetzt, dass auch sie jedem, der es hören will – oder auch nicht – auf die Nase bindet, dass sie aus dieser Stadt, wenn möglich, nicht wieder weg will.

Oft rufen sie an. Gespräche, die alle Wunden heilen und kleine gute Gaben sind. Sie melden sich an, kündigen ihre Besuche an. Sie kommen, um ihren Vater – mich – zu besuchen. Ganz bewusst, weil sie es wollen. Natürlich kommen sie auch, um ihre alten Freunde zu besuchen. Das kann man schließlich so gut verbinden. Aber in erster Linie wegen Papa, also wegen mir! Und nicht, um mit mir einen Umzug zu planen oder Werkzeug zu leihen. Nein, sie kommen zu Besuch! Es wird erzählt, was sich getan hat, was es Neues in unseren so verschiedenen Leben gibt, welche Pläne die nächsten sind. Ich kann von all dem auch erzählen. Ich höre fasziniert von ihrem Glück, kann aber auch von meinem erzählen. Denn nicht nur meine Kinder, auch ich lebe ein wunderbares Leben. Wer hätte das gedacht! Das war nicht immer so! Aber so ist es jetzt. Und meine Kinder gönnen es mir von ganzem Herzen. Also – es ist alles wunderbar geworden! Aber welche Wege mussten wir gehen, um dorthin zu kommen? Bewegte neun Jahre in einem Kapitel zusammengefasst, das ich nun endgültig versöhnt und glücklich schließen darf.

Während ich dies niederschreibe, trifft mich in der Kirche von Taizé ein Sonnenstrahl voll und ganz. Er meint mich. Der liebe Gott scheint ebenfalls seine Unterschrift unter dieses Kapitel setzen zu wollen. Wie ich hat auch er wohl gerade kurz meine drei erwachsenen Kinder im Kopf. Denn auf einmal erkenne ich etwas. Vielleicht scheint mich Gott ja darauf stupsen zu wollen. Ich erkenne einen Zusammenhang. Den Zusammenhang in all dem Werden meiner Kinder. Ein Psychologe und Psychotherapeut, eine Bewegungsgerontologin und eine rehabilitationswissenschaftlich gebildete Sprachtherapeutin. Das Alter, also meines – mit all seinen großen und kleinen Zipperlein und Wehwehchen – darf kommen. Ich kann mich geborgen fühlen. Sie werden für mich sorgen können, werden mir vielleicht sogar irgendwann einmal helfen können. Mit dem, was sie schon immer für mich waren, aber auch mit dem, was sie gelernt haben, um Menschen zu helfen. Deshalb wird – so hoffe, nein, weiß ich es – alles gut, vor allem aber genommen, wie es eben kommt!

Auch das letzte Gespräch mit meiner Jüngsten. „Weißt du Papa, so ein WG-Leben ist ja immer nur etwas auf Zeit. Wir werden uns eine eigene Wohnung suchen. Natürlich in Köln!" „Ohne mich!", schoss es mir durch den Kopf. Und was heißt überhaupt „Wir"? Aha, sie schlägt ein weiteres Kapitel auf. Wie wunderbar! Allerdings, wenn die neue Wohnung einen Aufzug hat, dann könnte ich ja doch vielleicht...

So viele Erinnerungen! Erinnerungen, in einer einzigen Nacht auf der Couch im Wohnzimmer durch den Kopf, vor allem aber durch's Herz geschossen. Nach einem Konzert, vor gar nicht langer Zeit. Und alles noch einmal vor dem lieben Gott in der Kirche von Taizé ausgepackt, alles noch einmal vor ihm ausgebreitet. Ich habe den

alten Mann nach dem Konzert vor Augen. Wie wird es ihm gehen?
Ich gönne ihm mein Abendgebet.

„Ich bin bei ihm!", flüstert der liebe Gott, als er kurz auf meine
Schulter tippt. „Natürlich bin ich auch bei ihm! Und für dich freue
ich mich! Es ist doch alles wunderbar geworden! Jetzt lass einfach
alles hier liegen, ich packe es später zusammen! Und dann komm,
wir gehen weiter! Da wartet noch so vieles auf uns! Lass uns leben!
Und lieben!"

AUSGEZOGEN

Das Nest ist leer, die Kuhle kalt.
Ihr drei seid ausgezogen.
Nicht lange her, ich spürte bald,
niemand kommt zurückgeflogen.
Fliegt hoch hinaus, zieht eure Bahn.
Für euch gibt's keine Schranken.
Und von zu Haus', wo wir es war'n,
begleit' ich euch in Gedanken.

Du bist die Älteste
mit solchem starken Willen.
Deinen Freiheitsdrang –
den konnt' ich niemals stillen.
Dann warst du fort,
fast so wie über Nacht.
Heute weiß ich:
Du hast es gut gemacht!
Das Nest ist leer, ...

Du bist mein Sohn.
Du hast nie viel geredet.
Doch langes Schweigen
hat das Schicksal fast besiegelt.
Doch dann gehst du
ganz deinen eig'nen Weg.
Darf dankbar spür'n,
wie viel Glück mein Herz bewegt.
Das Nest ist leer, ...

Du meine Jüngste
hattest es nicht immer leicht.
Ich hab' dir weh getan,
hast ohne mich dein Ziel erreicht.
So dank ich dir,
groß war deine Geduld.
Eins bitt' ich noch:
Vergib mir meine Schuld!
Das Nest ist leer, ...

Fliegt hoch hinaus, zieht eure Bahn.
Für euch gibt's keine Schranken.
Und von zu Haus', wo wir es war'n,
begleit' ich euch in Gedanken.

Ein Hoch der Eitelkeit

Nur weil ich

jeden Morgen

vor dem Spiegel

eine Siegerehrung feiere,

bin ich doch nicht

eitel,

oder?

Art van Rheyn hat es geschrieben. Der niederrheinische Zyniker und Aphorismendichter. Jeden Samstagmorgen empfing uns einer seiner Sprüche in der „Neue-Ruhr-Zeitung". Erste Seite, unten rechts. Wunderbare kleine Bücher mit Aphorismen hat er geschrieben. Er, mit der intellektuellen Größe eines anderen Niederrheiners, Hanns-Dieter Hüsch. Er, der kein Niederrheinflüchtling wurde, sondern Zeit seines Lebens durch die Straßen Wesels zog, in Cafés saß und seine Gedanken aufschrieb. Er, der Messie und Tennistrainer. Wunderbare Sätze brachte er zu Papier. Jedes seiner Bücher lohnt es zu bedenken. In einem stand und ließ mich nicht los, weil ich es wohl für völlig übertrieben und so gar nicht auf mich passend fand: „Es gibt Männer, die nehmen jeden Morgen vor dem Spiegel eine Siegerehrung vor!" War bei allen meinen Konzerten, bei denen ich von Art van Rheyn erzählte und einige seiner Aphorismen vortrug, immer ein Riesenbrüller. Wie gesagt, völlig übertrieben. Jedenfalls bei mir. Wer macht denn sowas?

Ich jedenfalls nicht! Gut, ich stelle mich regelmäßig morgens vor den Spiegel. Gut, ich beuge mich weit vor, ziehe Grimassen, um jeden neu zugezogenen Pickel in meinem Gesicht einzeln zu begrüßen und um ihm deutlich zu machen, dass er da überhaupt nicht hingehört. Gut, ich schaue schon mal die Gesamtphysiognomie an. Zumindest um nur kurz festzustellen, dass sie doch erheblich jünger als fast sechzig aussieht. Erheblich jünger! Ok! Manchmal schaue ich auch noch kurz etwas weiter nach unten. Vielleicht ist eine kleine Vorwölbung zu erkennen. Ich würde jetzt nicht gleich von einem Bauch oder besser: Bauchansatz sprechen. Und überhaupt! Wenn man tief einatmet, die Vorwölbung einlädt, sich doch eher kurz mal im hinteren Körperbereich aufzuhalten, die Luft anhält, dann geht es eigentlich ganz gerade von oben nach unten herunter. So stehe ich vor dem Spiegel, werde morgens langsam rot bis blau, nur weil ich nicht atme. Im Spiegel neben meinem so überaus ansehnlichen Spiegelbild erscheint er. Art van Rheyn! „Siehst du", sagt er, „genau das, was ich sage! Eine Siegerehrung!" „Päh!", antworte ich. Die braucht kein Mensch, denke ich und beginne wieder, tief zu atmen. Und dieser klitzekleinen Vorwölbung gestatte ich auch wieder, ihren Platz einzunehmen, zumindest vorläufig! Ich werde mir schon etwas einfallen lassen, um sie zum Rückzug zu bewegen. Das tue ich übrigens schon seit Jahren! Auf der Couch liegen, ein kühles Bier genießen und überlegen, wie ich es meinem Bauch mal so richtig zeigen könnte. Aber Siegerehrungen? Vor dem Spiegel? Brauch' ich nicht! Solche Eitelkeit geht mir völlig ab! Aber völlig!

Überhaupt! Für mich als Pfarrer, für Menschen in einer Kirchengemeinde, für alle, die sich dort engagieren, hat Eitelkeit überhaupt keinen Platz. Eitelkeit – geht gar nicht! In der Kirche – Eitelkeit – aber wirklich nicht! Gott sei es gedankt, habe ich so gar nichts davon! Ehrlich, oder!?

Ich liebe es eher, in der zweiten Reihe zu stehen. „Das war aber eine schöne Trauung! Wunderbar!" „An diese Taufe werden wir uns noch lange und gerne erinnern!" „Zu ihnen könnte ich eigentlich öfter in den Gottesdienst kommen! Sie machen das so locker und fröhlich!" Solche Sätze höre ich gar nicht so selten. Ich übertreibe jetzt nicht und schreibe sie in der mir so ganz eigenen Bescheidenheit. Übrigens wohl auch ab und zu eine besondere Form von Eitelkeit!

Aber solche Sätze höre ich wirklich oft. Und eigentlich – Stopp, „eigentlich" wollte ich ja eigentlich nicht mehr sagen – deshalb direkt: sie gehen runter wie Honig! Natürlich tun sie das! Alles andere wäre schlichtweg gelogen. Und lügen kann ich nicht! Also boshaft jedenfalls nicht!

Ich stehe da, höre das Wohlwollen der Menschen, freue mich wirklich, gerade auch wenn es Menschen sind, die eine Kirche fast nie von innen sehen, was bei „Kasualfamilien" durchaus oft vorkommt. Wenn sie die Kirche und einen Gottesdienst darin als einen Raum für sich entdecken, in dem sie sich durchaus auch wohlfühlen können, freue ich mich. Dass so etwas keinen missionarischen Langzeiteffekt auslöst, weiß ich natürlich auch. Und trotzdem, lieber Gott, du hattest wieder einmal deine Chance! Würde mich echt interessieren, was du daraus gemacht hast.

Ich stehe also oft an der Kirchentür, nehme all die Lobeshymnen entgegen und denke: „Liebe Leute! Wenn ihr wüsstet!" Eine meiner Standardantworten ist in solchen Momenten oft: „Vielen Dank! Aber ich habe ja gar nicht so viel gemacht! Das haben die beiden (also: die Brautleute) selbst gemacht!" Oder bei Taufen eben die Taufeltern. Welche Vorarbeiten allerdings manchmal nötig sind, allein um ein paar wenige Sätze beinhaltende Texte unter einer Verwandtschaft zu verteilen, ahnen die wenigsten. Um Patinnen und Paten zu einem kurzen Segenswort für ihr Patenkind zu überreden! Um Trauzeugen dazu zu bringen, die kurzen Traulesungen zu lesen! Um solche einfachen Dinge von Menschen einzufordern, die bei 50. oder 60. Geburtstagen oder anderen Familienfeiern ganze Gedichte aufsagen oder launische Reden schwingen können, arbeite ich nach 32 Jahren im Seelsorgedienst doch mittlerweile mit ganz gut funktionierenden Tricks.

Beispiele gefällig? – Bitte schön! Typische Situation: ein Trauge-spräch! Wie bekommt man heraus, wer von den beiden wirklich das Sagen in der Beziehung hat? Ganz einfach! Planen Sie einen Gottesdienst! Er schaut mich an. Gottesdienst? Wie? Ich denke wir heiraten nur! Die Vorstellung, dass ja auch allein das einen gan-zen Gottesdienst erfordert, sorgt oft für das erste – in der Tat meist männliche – Zucken. „Haben Sie schon Ideen? Dinge, die sie gerne in diesem Gottesdienst hätten?" Sie holt einen kleinen Zettel hervor. Allein an dieser Geste weiß ich schon, was jetzt fast hundertprozen-tig und was fünfundsiebzigprozentig kommt. Das erste: „Also wir hätten da jemanden, der ein Lied singen wird!" Ohne zu fragen weiß ich, wie es weitergeht. „Sie kennen das bestimmt – dieses Hallelujah! Von diesem Priester da aus dem Internet!" Manchmal könnte ich dieses digitale Zeitalter...

Natürlich kenne ich das „Hallelujah". Schon lange! Habe es sogar schon vom Schöpfer selbst gehört. Ich meine natürlich jetzt nicht den lieben Gott. Ich meine den Schöpfer dieses Liedes, Leonard Cohen. Wenige Jahre vor seinem Tod habe ich ihn dieses Lied live singen gehört. Er singt es wie kein anderer. Kein Wunder, ist ja auch sein Lied! Klar, ich singe es auch, spiele es auf der Gitarre, gehört schon ewig zu meinem Repertoire. Allerdings tue ich das nur für mich oder bei kleinen Folk-Konzerten, die ich ab und zu noch gebe und darin an ihn, Leonard Cohen, aber auch an Bob Dylan, vor allem aber an Neil Young erinnere. Und darin bin ich – da ist sie wieder, meine Bescheidenheit – gar nicht so schlecht. Witzigerweise – obwohl es im Internet ja auch der Pfarrer macht – kam noch kein einziges Brautpaar auf die Idee, mich zu fragen, ob ich es spielen würde. Ich weiß jetzt schon, dass ich mich pflichtgemäß erst einmal zieren würde. Aber, liebe Leute, ich kenne es sozusagen auswendig und habe es beim Original gelernt! Ich warte einfach mal weiter, ein paar Dienstjahre habe ich ja noch!

Jetzt wollen sie sicher auch noch den anderen, den fünfundsiebzigprozentigen Wunsch wissen, oder? Sehr einfach! „Mein Vater soll mich in die Kirche führen!" So weit etwas zur Emanzipation in heutiger Zeit. Eine Frau möchte sich von einem Mann einem anderen Mann übergeben lassen! Alter, uralter „Übergaberitus"! Und das heute, wo die meisten jungen Menschen, die mir dann in der Kirche gegenüber sitzen, längst zusammen wohnen. Aber ich ahne natürlich etwas ganz anderes dabei. Ich ahne die Liebe! Die Liebe, die dahinter steckt und die wir Kolleginnen und Kollegen manchmal gar nicht sehen, sehen wollen. Diese Liebe sehe ich nicht einmal zuallererst an den jungen Bräuten. Ich sehe es an den Vätern! Ich sehe ihre Rührung. Ihre Dankbarkeit! Die Dankbarkeit, dass ihre Töchter in einem der wichtigsten Momente ihres Lebens nicht einfach nach vorne laufen, sondern in einem solch wichtigen Moment durchaus auch wissen, woher sie kommen. Wem sie danken können und auch danken möchten! „Du hast es gut gemacht! Danke!" So etwas liegt manchmal geradezu spürbar in dieser Geste, in solch einem Einzug in die Kirche. So etwas muss ich einfach auch zulassen und gönnen können. Und ich ärgere mich maßlos über Kolleginnen und Kollegen, die ständig dagegen anstänkern. Manche lehnen es einfach ab! Welche Pfarrherrlichkeit! Ist das auch eine Form von Eitelkeit? Aber in solch einem Traugottesdienst gibt es ja noch mehr zu planen. Die Lesungen halten die Trauzeugen, schließlich sind sie ja Zeugen und nicht Traustatisten. Sie sollen schon ein wenig arbeiten. „Wenn es gute Freunde sind, machen die das!" Ich sage es so. Und das sitzt. Jetzt liegt der Ball nämlich bei den Heiratswilligen. Überbringen sie die Lesungstexte und sie – also die ausgesuchten Zeugen – sträuben sich, scheinen sie, zumindest nach meiner Einlassung, ja keine wirklich guten Freunde zu sein. Das klappt allerdings nahezu immer. Es klappt, weil die Eheleute ihre Trauzeugen dadurch überzeugen können, dass sie selbst das gleiche Engagement aufbringen müssen. Ich ringe ihnen nämlich immer die Aufgabe ab, sich selbst in ihrem Gottesdienst das Trauversprechen zuzusprechen. Etwas, was so manchen Bräutigam durchaus zu kleinen Panikattacken veranlassen kann. Die Alternative – einfach als Pfarrer eine Traufrage zu stellen, die sich mit einem schnöden „Ja" beantworten lässt – rede ich ihnen galant aus. „Stellen Sie sich vor, ich frage Sie, ob Sie diese Frau heiraten wollen. Sie antworten mit ‚Ja'. Dann kommt irgendwann der erste Streit. Sie könnten dann ja sagen: Ich hab' dir gar nichts versprochen! Ich hab's dem Pfarrer versprochen! Das wäre doch blöd, oder?" „Genau", höre ich meist spontan die Braut antworten. „Der macht das schon!" Und genau jetzt wird spätestens klar, wer wirklich das Sagen hat.

Willkommen im Leben, denke ich in solchen Momenten, während ich den Bräutigam ansehe. Schnell noch eine Meditation für die Tante, die so gerne etwas vorliest. Fürbitten zum Verteilen in der Verwandtschaft. Und schon findet sich eine ganze Hochzeitsgesellschaft dabei, einen gemeinsamen Gottesdienst zu feiern. Viele tragen dazu bei. Ich natürlich auch. Mir bleibt oft allein die Predigt. Und ich predige so gerne, wirklich! Von allen Diensten ist mir der Predigtdienst der liebste. Obwohl er bei zeremoniellen Gottesdiensten nicht immer der einfachste ist. Warum? Nun, weil ich die Brautleute ihren Trauspruch in der Bibel selbst suchen lasse. In Zeiten von www.trauspruch.de keine wirklich schwierige Aufgabe. Bei Taufen suchen die Eltern einen Spruch für das Kind. Sie ahnen, wo? – Richtig, www.taufspruch.de! Auch nicht schwieriger. Bei Trauungen kommt meist etwas mit „Glaube, Hoffnung, Liebe, diese drei..." Paulus' Hohelied der Liebe (1. Kor 13) lässt grüßen. Bei Taufen ist es zu achtzig Prozent der selbst gewählten Sprüche Ps 91,11, manchmal noch um Vers 12a erweitert. Schlagen Sie ruhig einmal nach, oder googeln Sie! Ein sehr verständlicher Spruch für eine Taufe. Ich predige dann immer frei. Weil ich weiß, wie ich selbst diese Bibelstelle verstehe und was ich darüber sagen möchte. Dadurch, dass ich darüber ins Verkündigen komme, hört es sich zumindest immer etwas anders an. Und das ist gut so. Denn ich denke gerade an unsere Küsterin. Sie sitzt immer hinten in der Ecke und hört mich seit Jahren über die meist gleichen Bibelstellen predigen. Ist es zum Beispiel Ps 91,11 – Denn er hat seinen Engeln befohlen, dich zu behüten auf all deinen Wegen! –, dann geht sie schon fast schlafwandlerisch sicher auf die Empore und holt das Lieschen aus dem Schrank, eine große Engelspuppe mit echten Gänseflügeln, die zu diesen Predigten immer herhalten muss. Aber das ist für mich auch sehr beruhigend. Sollte ich nämlich kurzfristig einmal ausfallen, sollte mir die Stimme versagen, ich schwindelig darnieder sinken, sie – unsere Küsterin – könnte einfach nach vorne kommen und die Taufe halten, den Gottesdienst einfach weitermachen. Davon bin ich zutiefst überzeugt. Und sie würde es gut machen! Dann sehe ich unsere Küsterin nach solchen Gottesdiensten

an der Kirchentür stehen, um all die Lobeshymnen entgegenzuneh-
men. „Wunderbar!" „Das haben Sie so schön gemacht!" „Und so
spontan!" Allerdings – passiert ist es noch nicht.

Nein, ich stehe da. Wehre alles Lob ab, verweise auf die vielen Mühen, die sich die Eheleute oder die Tauffamilien gemacht haben. Natürlich freue ich mich innerlich doch riesig über jedes Lob, keine
Frage. Aber ich bin eben so bescheiden! Und keine Spur eitel! Ehrlich nicht, oder!?

Ich freue mich wirklich – und damit allen Spaß einmal beiseite –,
wenn Dinge einfach gut laufen. In meinen jungen Jahren als Pfarrer
wollte ich immer die Welt, zumindest die eigene Gemeinde verän-
dern. Eine Idee sprudelte nach der anderen. Für viele Ideen brauchte
ich Menschen. Menschen, die sie mit mir umsetzten. Irgendwann
musste ich allerdings auch verstehen lernen, dass Menschen für
Pfarrerideen nicht unbegrenzt zur Verfügung stehen.

So kam dann auch die heilsame Wende. Ich schaute nämlich die
Menschen an, die Gott mir als Seelsorger ans Herz gelegt hatte.
Irgendwann fragte ich mich, was sie brauchen und was ich ihnen
geben könnte. Und noch später traute ich mich endlich, sie auch
danach zu fragen. Seitdem geht es mir gut! Ich überfordere mich
nämlich nicht mehr. Ich tue, was ich kann. Mehr geht nicht! Was ich
nicht kann, müssen eben andere machen. Und genau so habe ich es
über viele Jahre versucht, den Menschen um mich herum auch so
nahezubringen. Tu, was du kannst! Und das ist genug. Andere können anderes. Gerade auch das, was du nicht kannst. Und so ergeben
wir vielen ein großes, immer natürlich auch unvollkommenes Ganzes als Kirchengemeinde! Ein Mensch findet sein Engagement und
lebt es! Nicht um sich oder anderen darin zu gefallen. Nein, es wird
zu seinem ganz persönlichen Gottesdienst, zum Gemeindedienst!
Und da bleibt dann wirklich kein Platz mehr für persönliche Eitelkeit! Ehrlichkeit ist gefragt!

Heute empfinde ich als Pfarrer eine große Dankbarkeit, empfinde
ich es geradezu als Luxus, in einer Gemeinde arbeiten und mit Menschen zusammen leben zu dürfen. In einer Gemeinde, die funktioniert, in der ein Rädchen ins andere greift. So läuft immer alles
weiter, auch wenn ich drei Wochen im Urlaub bin. Niemand scheint
mich zu vermissen. Dann komme ich nach meinem Urlaub wieder
in die Gemeinde, treffe meist als erstes auf unsere Küsterin. „Und?",

frage ich sie. „Gab's was?" Sie überlegt einen kurzen Augenblick, wohl um zu überlegen, womit sie anfangen soll, um dann ausführlich zu antworten: „Nö! Was soll's gegeben haben? Alles gut!"
Toll, ich müsste mich als Pfarrer jetzt riesig freuen. Lange weg, alles läuft! Wunderbar! Aber da ist immer auch das andere. Meine offene Frage: „Hat mich wirklich niemand vermisst?" Geht es in dieser Gemeinde wirklich alles ohne mich? Brauchen mich die Menschen hier eigentlich noch?

Es gibt also – wenn ich nun den Mut zur Ehrlichkeit finde – doch etwas, was mich kratzen kann, zum Beispiel an meiner Eitelkeit! Herrlich, ich bin also doch noch nicht entrückt! Bin selbst als Pfarrer Mensch geblieben! Das scheint mir nicht immer selbstverständlich! Zumindest wenn ich an einige aus meiner Zunft denke!

Aber ich bin eben so einfach, so bescheiden! Ich würde einfach nur gern meine Lieder singen und Bücher schreiben. Würde so gerne davon einfach einfach leben!

Ich würde gerne einfach aus reinem Gottvertrauen leben, irgendwie so in den Tag hinein.

Ich möchte auch in Zukunft solch eine ehrliche Haut bleiben, wie ich bin.

Es geht mir immer eher darum, andere mehr zu verstehen als sie mich.

Werde ich missverstanden, stört mich das alles nicht! Schließlich kann ich immer ganz und sofort vergeben! Allen Menschen, bis auf einen!

Ich zähle auch zu den Menschen, die das Glück momentan einfach küsst. Alles um mich herum entwickelt sich prächtig! Selbst ich selbst habe irgendwie das Gefühl, noch einmal neu durchzustarten. Ich könnte jauchzen, tanzen, jubeln!

Und doch!? Oft ertappe ich mich dabei, wie ich nach Sicherheiten suche, entdecke meine Zwanghaftigkeit. Mir ist manchmal einfach zum Heulen zumute, wenn ich daran denke, dass meine Kinder so wunderbar ihre eigenen Wege gehen und meine Frau immer noch 110 km weit weg wohnt! Pendelliebe! Tiefe Pendelliebe!

Ja, es geschieht oft. Es geschieht oft, dass ich da stehe und das Gefühl habe, einfach zu funktionieren. Und mir etwas vorzumachen! Ich bin, liebe Leserin, lieber Leser, gar nicht einfach und bescheiden! Von Liedern und Büchern leben, ohne sicheres A-Beamtengehalt, eine grauenhafte Vorstellung! Aus Gottvertrauen leben, das ist etwas für Predigten. Der Alltag verlangt nach Sicherheiten, nach Konstanten! Ehrliche Haut! Natürlich bin ich eine ehrliche Haut! Taktieren – kein Problem. Menschen sanft in eine Richtung drängen, in der sie – wie ich finde – Gutes und Besseres entdecken, so etwas kann ich gut. Natürlich verstehe ich andere Menschen gerne, höre ihnen zu, bin dann auch ganz bei ihnen. Darauf dürfen sie sich verlassen. Aber mein Anspruch an sie ist der gleiche! Und das mit der Vergebung ist so eine Sache! Zu vergeben ist wohl die schwierigste Aufgabe, die Gott uns Menschen zugedacht hat. Denn, so habe ich es aus dem Gleichnis des verlorenen Sohnes im Lukasevangelium (Lk 15, 11-32) gelernt – und übrigens in meinem vorigen Buch ausführlich beschrieben –, die Vergebung läuft jeder Entschuldigung voraus. Das muss man sich erst einmal im Kopf, vor allem aber im Herzen langsam zergehen lassen. Aber selbst da bin ich mit mir selbst hochprozentig im Reinen.

Bei allem, was ich in meinem Leben erleiden, ertragen, erdulden musste, ich konnte eigentlich allen – bis auf einen – Menschen vergeben. Und es würde mich jetzt wirklich mal interessieren, wie

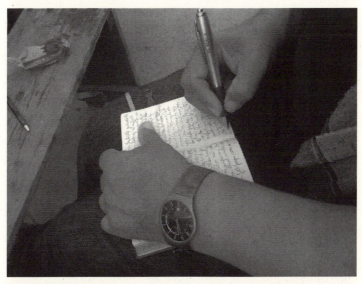

Bei der Bibeleinführung in Zelt F hören alle zu. Ich bin auch dabei, aber ganz weit weg – tief in meinen Gedanken und Erinnerungen. Alles fließt!

viele, die das jetzt lesen, so ähnlich fragen würden wie der Jünger Jesu beim letzten Abendmahl. Als er, Jesus, ihnen damals auf den Kopf zusagte, dass einer von ihnen da am Tisch ihn verraten würde. „Herr, bin ich es?", fragten fast alle.

Also noch einmal: einem Menschen kann und werde ich wohl auch nicht vergeben. Wer von Ihnen oder Euch fragt nun so ähnlich wie die Jünger damals: „Rudi, bin ich es?"

Wahrscheinlich kommt es, wie so oft. Der Mensch, der gemeint ist, wird sich wahrscheinlich überhaupt nicht angesprochen fühlen. Oder aber, er kommt mit diesem Buch niemals in Berührung!

All das sind – merke ich gerade – Gedanken, die ich lieber für mich behalten sollte. Wie es innen aussieht, geht schließlich niemanden etwas an. Aber dann hätte ich dieses Buch niemals schreiben dürfen! Ich hab's aber getan! Und das wirklich nicht aus Eitelkeit. Es ist vielmehr die Ehrlichkeit! Die Ehrlichkeit, die mir hilft, dass andere mich besser verstehen können.

Und es ist die Liebe! Die Liebe zu Menschen, die Liebe zu meinem Glauben und wie er geworden ist. Schließlich auch die Liebe zu mir, einem glücklichen Menschen. Und das alles ist keine Eitelkeit! Es ist das Verstehen und das Leben eines Satzes, den Jesus Ihnen und mir so sehr ins Herz geschrieben hat: „Du sollst deinen Nächsten lieben – wie dich selbst!" (3. Mose 19,18) Mehr tue ich nicht! Aber auch nicht weniger!

EIN HOCH DER EITELKEIT

Ein Hoch der Eitelkeit, der eig'nen, die ich meine,
die ich so oft und gern verdräng'.
Ein Hoch der Arroganz, der eignen, die ich meine,
die Gedanken leider zu oft lenkt.
Doch ich lass' mich nicht unterkriegen.
Mit Liebe und mit Dankbarkeit
werd' ich sie irgendwann bestimmt besiegen.
Und dieses Lied es könnt' ein Anfang sein.
das wird es dann, wenn ich es ehrlich mein'.

Es gibt Menschen, die möchten einmal Fallschirmspringen.
Es gibt Menschen, die möchten einen Berg bezwingen.
Es gibt Menschen, die möchten einfach Lieder singen.
Und ich glaube, solch ein Mensch bin ich.

Es gibt Menschen, die gerne in die Zukunft schauen.
Es gibt Menschen, die möchten sich're Häuser bauen.
Es gibt Menschen, die leben voller Gottvertrauen.
Und ich glaube, solch ein Mensch bin ich.
Ein Hoch der Eitelkeit, der eig'nen, die ich meine, ...

Es gibt Menschen, die lassen sich leicht verleiten.
Es gibt Menschen, die Gerüchte gern verbreiten.
Es gibt Menschen, die lieben lieber Ehrlichkeiten.
Und ich glaube, solch ein Mensch bin ich.

Es gibt Menschen, die gerne in der Mitte steh'n.
Es gibt Menschen, die andere gerne überseh'n.
Es gibt Menschen, die wollen and're mehr versteh'n.
Und ich glaube, solch ein Mensch bin ich.
Ein Hoch der Eitelkeit, der eig'nen, die ich meine, ...

Es gibt Menschen, die sich immer gern raushalten.
Es gibt Menschen, die nicht leben, sondern sich verwalten.
Es gibt Menschen, die ihr Glück gern festhalten.
Und ich glaube, solch ein Mensch bin ich.

Es gibt Menschen, die man besser schnell vergisst.
Es gibt Menschen, die man um so mehr vermisst.
Es gibt Menschen, die das Glück andauernd küsst.
Und ich glaube, solch ein Mensch bin ich.
Ein Hoch der Eitelkeit, der eig'nen, die ich meine, ...

Es gibt Menschen, die alles in Worte fassen.
Es gibt Menschen, die Abschiede so sehr hassen.
Es gibt Menschen, die das Singen besser jetzt mal lassen.
Und ich glaube, das tu' ich jetzt auch.
Ein Hoch der Eitelkeit, der eig'nen, die ich meine, ...

Einfach nur hier sitzen

Ich brauche keine

Rundreisen und Erlebnisurlaube.

Ich brauche einen Stuhl,

eine Bank oder eine Liege.

Den Rest erledigen

Augen, Ohren und Herz.

„Komm, lass uns ans Meer fahren!" „Und dann?" „Wie? Und dann?"
Zwei Urlaubsphilosophien in diesem ausführlichen und völlig aus-
reichenden Dialog! Wobei ich immer derjenige wäre, der den ersten
Satz sprechen würde. Und natürlich den letzten! Vielleicht muss ich
deshalb erst einmal erwähnen, was für mich Urlaub ist.
Urlaub ist Ehrfurcht, ist Anbetung, ist tiefe innere Freude, ist ein
Zur-Ruhe-Kommen. Urlaub ist Vertrautheit und tiefe Freundschaft
mit Orten, die mir Bruder und Schwester geworden sind. Deshalb
ist meine Welt sehr klein. Meine Kontinente heißen Roxheim, Taizé,
Moraira, Sulden, Okrug Donji und Sinzig. Und natürlich Dinslaken,
meine niederrheinische Heimatstadt, in der – so weiß es jeder, der
Hanns-Dieter Hüsch und seine Bücher kennt – der liebe Gott wohnt
und seine Schwester eine Wäscherei hat. Aber da der liebe Gott
selbst am besten weiß, woher er kommt, und es schon ausreichend
beschrieben ist, brauche ich das hier nicht mehr zu tun. Vielleicht
darf ich aber kurz erwähnen, dass man ihn einmal wirklich am
Bahnhof in Dinslaken treffen konnte und er sich einen schönen Tag
in seiner Heimatstadt gemacht hat. Irgendwo habe ich sogar noch
ein Foto davon, ehrlich! Aber das ist eine eigene Geschichte wert!
Ich liebe meine kleine Welt. Da ist Roxheim. Es war ein Kampf, dort
sesshaft werden zu können. Da war tiefe Verletzung, Zerrissenheit,
Trauer, Wut, Depression. Ein Mix von allem davon war der Beginn
des Weges, raus aus dem Pfarrhaus in Winzenheim mit seiner Geschichte, die ich endlich irgendwann in der Kirche von Taizé dem
lieben Gott vor die Füße legen und anvertrauen konnte. „Lass sie
einfach hier liegen! Und dann geh' und mach's noch einmal neu!"
Seine Worte. Von Winzenheim nach Roxheim sind es im günstigsten Fall sechs Kilometer. Aber bis zu meinem Strandkorb in meinem
Garten in Roxheim, in dem ich jetzt abends sitze, um die Sonne bei
ihrem Niedergang zu begleiten, führte dieser liebende Gott, der so
wunderbar lächeln kann und doch manchmal so unverfügbar und
unverständlich bleibt, mich durch eine Wüste, in der ich alle meine
drei Kinder fast verloren hätte. Heute danke ich diesem Gott.
Gut, ich hätte es mir an seiner Stelle vielleicht etwas leichter für mich
gemacht. Aber Gott bleibt eben Gott und Rüdiger bleibt Rüdiger.
Und dieser Rüdiger, also ich, gehört nun – ich glaube, ich erwähne
das noch mehrmals an anderen Stellen – mit Sicherheit zu den zehn
glücklichsten Menschen in Gottes Schöpfung. Ich will jetzt nicht

übertreiben, aber zu den Top 100 auf jeden Fall. Einfach, weil ich ein großes Geschenk leben darf. Ein Geschenk, das Gott sich bestimmt einfach für den richtigen Moment aufbewahrt hat, um mir dann mein Leben noch einmal ganz neu zu öffnen. Ein Leben mit wunderbaren Menschen.

Auch sie beschreibe ich an anderen Stellen ausführlichst! Diese wunderbare Frau, die jeden neuen Tag für mich zu einem kleinen, im besten Sinne liebenswerten Abenteuer macht, weil ich nie weiß, was sie sich als Nächstes einfallen lässt. Kinder, die mich neu begreifen ließen, dass Reichtum nur aus einem liebenden Herzen wachsen kann. Und Nachbarn! Nachbarn, die Freunde wurden und es mir irgendwie unmöglich machen, dieses mittlerweile viel zu groß gewordene Haus wieder aufzugeben. Also bleibe ich! Punkt!

Sollte es einmal anders werden müssen, wird's der liebe Gott mich schon rechtzeitig wissen lassen. Eine Bitte hätte ich dann allerdings an ihn: bitte nicht noch einmal durch die Wüste! Wenn ich mir wirklich etwas wünschen dürfte, dann das: keine Wüste mehr! Dann lieber ein kleines Stückchen Paradies.

In dem sitze ich nämlich, als ich diese Zeilen schreibe, wieder. Und wieder hält in Zelt F Frère Pedro gerade vor mir die Bibeleinführung. Erzählt von dem reichen Jüngling und dem Geist des Kindseins. Er schaut mich mit seinen lobenden Augen an. Offensichtlich beeindruckt davon, wie viel ich mitschreibe. Ich lächle zurück und lasse ihm diese Annahme gern. Meine Art des Kindseins.

Taizé – meine geistliche Heimat, mein Zufluchtsort, mein Sehnsuchtsort. Meine Vergangenheit, Gegenwart und mit Gottes Willen auch meine Zukunft – ist in allen meinen Liedern, irgendwie. In jedem Kapitel dieses Buches. Es wohnt in mir. Und ich in ihm. Ganz egal, ob ich gerade hier bin oder nicht. Aber, wie schön, bin ich gerade hier. Blauer, offener Himmel. Ein liebender Gott, der mir seine ganze Schönheit der Schöpfung zeigt, nur um mich wieder einmal demütig zu machen.

Dieses Gefühl der Demut, des Staunens über die wunderbare Vielfalt der Schöpfung – so spüre ich es gerade und verstehe mich selbst wieder ein wenig mehr – verbindet mich mit den Orten, denen ich Strophen in meinem Lied geschenkt habe.

Moraira. Diese wunderbare und einzigartige Perle an dieser schönen Costa Blanca. Meine Schwester! Seit Anfang der 80er Jahre des vergangenen Jahrhunderts des vergangenen Jahrtausends kennen wir uns. Dank meiner Tante und meines vor einigen Jahren verstorbenen Onkels, die auf die geniale Idee kamen, dort ihr Haus zu bauen. Mit diesem einmaligen Blick auf's Meer und den Peñon d'Ifach. Dem wunderbaren Platz auf der Terrasse, auf der ich so oft sitzen durfte. Dafür bin ich so dankbar. Übrigens: wieder eine Terrasse. Fällt mir gerade so ein, während ich auf Georges' Terrasse in Taizé sitze.

Im Moment fällt mir leider nicht ein, wie ich Ihnen, liebe Leserin, lieber Leser, die Schönheit dieses Fleckchens Erde in Spanien, da auf der Terrasse, beschreiben sollte. Ich schreib's und beschreibe es einmal so:

Ich könnte von Roxheim achtzehn Stunden lang, ohne anzuhalten, nur um zu tanken oder auf's Klo zu gehen, nach Moraira fahren. Ich weiß gar nicht mehr, wie oft ich genau dieses schon gemacht

Ortler, mein Ortler!
Wenn ich könnte, ich
würde dich umarmen!

habe. Dann würde ich mit dem Koffer auf die Terrasse gehen, ihn abstellen, mich dort in einen Schaukelstuhl setzen und auf's Meer und den Peñon, dieses gewaltige Felsmassiv, schauen. Nach einer Woche würde ich dann ganz leicht anfangen zu schaukeln, um dann nach einer zweiten Woche aufzustehen, den abgestellten Koffer zu nehmen, mich ins Auto setzen und nach Hause fahren. Ein perfekter Urlaub! Zumindest für mich.

Das, was ich im Urlaub suche, ist Vertrautheit, ist Ruhe. Und wenn ich deshalb vorwiegend an Orte fahre, die mir eben vertraut sind, dann bin ich eben auch gleich da, angekommen, ganz da. Die Seele baumelt schon, während ich vielleicht noch auspacke.

Und an jedem Ort meiner kleinen Welt sind mir Dinge wichtig. An Moraira sind es mindestens zwei. Zum einen darf ich mit ansehen, wie dieses ursprünglich kleine Fischerdorf bis heute immer noch wie eine sich öffnende Blume schöner wird. Gut, wenn es immer auch noch Orte gibt, an denen Stadtplaner Zurückhaltung zum Prinzip machen und sich den Blick für Schönheit bewahren. Das ist in Spanien – und anderswo – nicht immer so.

Zum anderen kann ich nach Moraira reisen und mir in meiner eigenen Vergangenheit begegnen. Früher, fast wie in einem anderen Leben, arbeitete ich auch im Bergbau, wie mein Vater. Wahrscheinlich wollte ich ihm einfach beweisen, dass ich – wenn es sein muss – auch mit meinen Händen arbeiten kann. Hände reichen übrigens für die Arbeit unter Tage nicht. Da braucht es die Kraft eines ganzen Menschen. Nach der Schicht ging der Bergmann ins „Kasino". In die Kneipe, direkt gegenüber dem Eingangstor der Zeche, in die die Bergleute eben gingen, um nach der Schicht ein oder zwei „Pilsken" zu trinken. Oft hatte ich als Kind meinen Vater dort abgeholt. Eines Tages war es dann so weit. Das „Kasino" schloss seine Pforten. Etwas, was es in den folgenden Jahrzehnten nach verschiedenen Neueröffnungen übrigens noch öfter machen sollte. Ein Dinslakener hatte damals die glänzende Idee, nach Spanien auszuwandern, um dort ein Lokal zu eröffnen. Und was machte er deshalb? Er kaufte die Theke und Zapfanlage des geschlossenen „Kasino" auf, um sie dann in Spanien wieder aufzubauen. Und wo war sein Lokal? Richtig – in Moraira. Höchstens zweihundert Meter vom Haus meiner Tante entfernt. Dort steht es bis heute und hoffentlich noch lange – „La Marina", ein Lokal das ich hier ausdrücklich nenne und empfehle, ganz ohne Werbevertrag! Alle Autofahrten dorthin plane ich so, dass ein Gezapftes kurz vor Thekenschluss auf jeden Fall noch geht. In meiner alten Kneipe in Dinslaken, die jetzt in Spanien weiterlebt. Moraira. Es bleibt mein Ort, wie Taizé und wie Sulden.

Sulden, mein Südtiroler Bruder. Mit deinem so majestätischen Ortler, dem König der Südtiroler Berge. Der mit dem in der Sonne funkelnden Gletschereis, Heimatdorf des Vorzeigesüdtirolers Reinhold Messner mit seinen Yaks – aber ohne Yetis. Eine lange Zeit stille, fast vergessene Liebe. Lange ist es her, fast wie in einem früheren Leben, da haben meine Kinder hier das Snowboardfahren gelernt. Für mich war es damals schon Liebe auf den ersten Blick. Sie lernten, ich fuhr Ski. Und wir machten Pause in „Toni's Bärenhöhle". Weit und breit kein Bär, aber mit Sicherheit eine der leckersten Pizzen, die mir jemals in Liebe durch den Magen gerutscht ist. Wir sehen uns wieder, bald! Ich versprach es diesem Ort damals. Und ich war sicher, dass es auch so kommen würde. Aber dass dann alles ganz anders kam, dass es fünfzehn Jahre dauern sollte, bis ich mein Versprechen einlösen konnte, dass es nach diesen fünfzehn Jahren ein Wiedersehen geben sollte, bei dem ich mittlerweile ein komplett neues und glückliches Leben führen würde, das hatte ich damals auch nicht im Entferntesten geahnt.

Sei's drum! Seit einigen Jahren strahlt mich die Sonne über dem Ortler an und ich strahle zurück. Vor Glück und – wenn ich es einmal so sagen darf – vor Stolz. Stolz im besten Sinne auf meine an vielen Stellen in diesem Buch schon beschriebene wunderbare Frau, die an dieser Stelle einmal den ihr gebührenden Raum bekommen soll. Deshalb erst noch einmal eine Kurzbeschreibung: Sie ist schön! Wenn sie lächelt oder so ganz tief aus ihrem Inneren lacht, ist sie eine echte Gefahr für jedes Gletschereis, Schmelzgefahr! Sie ist stark, unglaublich stark! Natürlich manchmal auch schwach. Gott sei Dank! Sie ist eine Kämpferin, musste es wohl oft sein. Sie ist mutig. Mutig und neugierig. Für sie dürfte das Leben jeden Tag etwas Neues bieten. Ein neues Abenteuer, eine neue Herausforderung. Stillstand geht bei ihr gar nicht. Einfach nur da sitzen – für sie undenkbar! Kurzum: sie ist so ganz anders als ich. Wahrscheinlich der Grund, warum ich sie liebe. Weil sie eben sie ist, so wie sie ist. Und eben nicht wie ich! Aber auch dazu gibt es genügend andere Stellen, Sie werden sie finden.

Vor einigen Jahren stand unser erster gemeinsamer Skiurlaub an. Sie war noch nie im Schnee in den Bergen. Immer nur im Sommer. Irgendwann war es aber so weit. Meine Suldenliebe brach sich ihre Bahn, es brauchte einige Überredungskunst. Eines Tages standen wir beide tatsächlich vor „Toni's Bärenhöhle". Ich schloss kurz die Augen, atmete tief und hörte in meinem Herzen meine Kinder vor Freude lachen, sah sie vor meinem inneren Auge im Schnee toben. Aber das war – wie gesagt – ein ganz anderes Kapitel in meinem Leben. Also Augen auf und ganz und jetzt und hier im neuen und wunderbaren Leben sein.

Einen Tag später hatten wir uns zwei komplette Skiausrüstungen geliehen, natürlich gleich auch für meine Frau, die bis dahin ja noch nie auf Skiern gestanden hatte, für sieben Tage. Morgens begannen wir also auf dem Kinderhang direkt vor unserer Höhle, dort wo die Kinder – wie damals auch meine – eben ihre Karrieren im Schnee beginnen. Machen das Erwachsene am gleichen Ort wie die Kinder, sehen ihre ersten Versuche wesentlich ungeschickter aus als bei den Kleinen. Und beim Betrachten solcher einübenden Erwachsenen wird aus solch einem Kinderhang bei erfahrenen Skifahrern in volkstümlichen Gebrauch das gleiche Gelände schnell zu einem „Idiotenhügel". Aber genau das verkneife ich mir an dieser Stelle natürlich, weil es auch absolut unzutreffend wäre.

Meine Frau stellte sich nämlich auf die Ski, ich schob sie in die Schleppliftspur. Für meinen dem Liftboy laut zugerufenen Hinweis, dass diese Frau hier zum ersten Mal Lift führe und deshalb Hilfe wohl angesagt wäre, erntete ich den ersten strafenden Blick. Also nicht vom Liftboy, sondern von dieser mutigen Frau da am Tellerlift. Sie fuhr los. Einfach so. Ich am nächsten Teller hinter ihr. Pausenlos auf sie einredend, nur um sie von der Tatsache abzulenken, dass eigentlich nicht wirklich funktionieren konnte, was da gerade geschah. Sie fuhr einfach hoch. Und kam an. „Was hast du da denn pausenlos gerufen, ich hab' kein einziges Wort verstanden?" Ihr erster Kommentar zur ersten eigenen Liftfahrt ihres Lebens.

Nun aber kam ein ganz besonderer Augenblick. Nämlich ihre zweite Frage. „So, und wie geht das jetzt?" Diese Frage impliziert doch immer auch die Bereitschaft des so Fragenden, einem anderen – in diesem Fall wohl mir – zuzuhören. Meine Frau will mir zuhören, will vielleicht sogar auf mich, der es immer so gut mit ihr meint, hören. Welch ein Tag könnte das werden!

Ich bekam ungefähr eine Minute, um kurz alles zusammenzufassen, was Skilehrer ihren Jungtalenten in einem Sechs-Tage-Kurs sehr bedacht und in Einzelheiten erklären. Eine Minute für die Technik bei Links- und Rechtsschwüngen. Sie fuhr los! Wieder einfach so! Mein lautes und wirklich gut gemeintes „Stooooooop!" beantwortete sie mit einem Linksschwung, mein ungläubiges Kopfschütteln darüber mit einem Rechtsschwung. Und so weiter. Diese Frau fuhr einfach los. Typisch, so typisch!

Was lernte ich in diesem Moment? Richtig! Man kommt im Leben voran, wenn man sich nicht von seinen Ängsten, sondern manchmal auch von seiner eigenen Neugier und Lebenslust leiten lässt! Eine wunderbare Frau, ich liebe sie!

Und doch – ich sah ihr nach und hatte auf einmal dieses untrügliche Gefühl, irgendeine wichtige Erklärung in meiner einminütigen Zusammenfassung vergessen zu haben. Ich sah, wie sie unten ans Pistenende kam, sturzfrei natürlich. Dann wusste ich es plötzlich: Bremsen! Ich hatte ihr mit keinem Wort erklärt, wo bei den Skiern die Bremsen sind, besser: wie man bremsen kann. Noch während ich überlegte, ob in Südtirol eigentlich die gleiche Notrufnummer gilt wie in Deutschland, löste meine wunderbare Frau das Problem wie Millionen Skianfänger vor ihr, nämlich mit der sogenannten, zumindest von mir sogenannten, „intuitiven Textilbremse". Deutlicher: einfach auf den Hintern setzen, ein paar Meter rutschen und aus die Maus! Keine zehn Sekunden später war ich bei ihr. Mir war ganz klar – so wäre es wahrscheinlich allerdings eher bei mir gewesen –, das war es jetzt mit ihrer Skikarriere, mit diesem und allen künftigen Skiurlauben. Tschüs Ortler, wir werden uns wohl nie wiedersehen, tut mir leid!

Ich stand vor ihr, sie saß im Schnee. Saß im Schnee und strahlte. Strahlte über's ganze Gesicht, lachte ihr strahlendstes Lächeln. „Hast du gesehen, Schatz? Ich kann's! Wo warst du denn, ich hab' dich gar nicht mehr gesehen?" Ich liebe diese Frau. „Ach ja, wie bremst man eigentlich im Stehen?" Ich erklärte ihr beides. Erst einmal, weil ebenso wichtig, die Aufstehtechnik und natürlich auch die Möglichkeiten, Skier zum Stehen zu bringen. Dann sofort wieder mit dem Lift rauf! Und die Piste runter! Diesmal ohne die intuitive Textilbremse, eher elegant abgeschwungen! Ich immer schön brav hinterher!

Nach der ersten Stunde ihres Lebens auf Skiern schaute sie hoch. Sah direkt ins Gletscherskigebiet. „Nein!", dachte ich. Sie beantwortete meinen Gedanken sofort. „Schatz, schau mal! Wie schön die Sonne da oben scheint. Warum fahren wir da nicht?" Sie zeigte hoch, hoch auf über 3000 Meter.

Ich wusste, jeder meiner Einwände wäre zwecklos und würde nur unnötig zu verhindern versuchen, was nicht mehr aufzuhalten war. Trotzdem wollte ich ihre Endorphinausschüttung nun doch ein wenig bremsen. Um in das Gletscherskigebiet zu kommen, gab es zwei Möglichkeiten. Die bequeme war die, mit dem Skibus zur Gondeltalstation zu fahren, um eben mit der Gondel hoch zu fahren, natürlich, wenn nötig, auch wieder runter. Die schwierigere und für Geübte interessantere Variante war die Tour hoch mit dem Kanzellift, dann von 2600 Metern die Abfahrt zur Gondeltalstation zu fahren, und dann mit der Gondel auf 3400 Meter hoch. Also, bequemer Bus oder Lift? „Sitzt man im Lift in der Sonne?", fragte die Mutige. Meine Frau erwog nach etwas mehr als einer Stunde Skifahren tatsächlich die Tour über die Piste zur Gondel. Es kam, wie es kommen musste. Nämlich genau so!

Nach einer zugegebenermaßen sonnigen Sesselliftfahrt kamen wir oben auf der Kanzel an. Von oben auf das plötzlich und ja auch in Wirklichkeit so kleine und liebenswürdige Sulden schauend, spürte ich, wie beeindruckt meine Frau jetzt doch war. Mir lag es auf der Zunge, dieses: „Siehst du, ich hab's dir ja gleich gesagt! Aber du wolltest ja unbedingt hier rauf!" So hatte ich es eigentlich auch sagen wollen. Aber was aus meinem Mund – und natürlich aus meinem Herzen – heraus kam, war etwas ganz anderes: „Du hast das vorhin so wunderbar gemacht! Du schaffst das! Du bist einfach ein Naturtalent. Ich bin so stolz auf dich!" Ihr Strahlen war wieder da. Aller Mut zurück! Konnte es sein, wirklich sein, dass sie mir vertraut?

Mit dieser dann folgenden ersten richtigen Abfahrt und diesem ersten Skitag in Sulden, mit dem Entdecken eines neuen und gemeinsamen Hobbys, begann eine Reihe von Urlauben, in denen wir bis jetzt jeden Tag genossen und jeden Pistenkilometer lieben gelernt haben. Und ich hoffe, viele werden noch folgen.

Mittlerweile gehen wir die Berge um Sulden sogar auch zu Fuß ab. Irgendwann erinnerte sich meine Frau nämlich daran, wie schön die Berge auch im Sommer sind. Mich zu überreden, durch die Berge zu wandern, kostete sie keine große Kunst. Immer wenn ich beim Skifahren auf die Gipfel schaute, war immer auch der Gedanke da, ihnen einmal nahe zu kommen, so nahe wie möglich. Heute weiß ich, wie wunderbar es ist und wie demütig ich vor Gott werden kann, wenn ich durch diese einmalige Schönheit seiner Schöpfung in aller Stille hinter meiner Frau herlaufen darf. Und der Satz, den ich bei solchen Wanderungen am meisten denke und wohl auch sage: „Schatz, kannst du nicht mal auf mich warten?!"

Sulden! Sulden und die kleine Terrasse unseres Appartements, auf der ich immer so gerne sitze, im Winter genauso wie im Sommer. Schon wieder eine Terrasse. Nicht Georges' in Taizé, nicht die in Moraira. Auch in Sulden eine Terrasse. Zwei davon fehlen noch.

Okrug Donji! Eine davon wartet in Okrug Donji immer wieder gern auf mich, im Süden Dalmatiens. Kroatische Adriaküste, nahe Split auf der Insel Ciovo, gegenüber vom einmaligen Weltkulturerbe Trogir. Nur falls Sie diesen so kleinen, unscheinbaren, unbedeutenden, aber so liebenswürdigen Ort einmal auf der Karte suchen wollen. Dort ist es gar nicht nur die Schönheit des Plätzchens auf der Terrasse der „Villa Corona". Vor allem sind dort wunderbare Menschen, die es mir leicht machen, mich dort zu Hause zu fühlen. Da ist Marian. Früher in Dinslaken, meiner niederrheinischen Heimat, Chef der zweiten Frau meines Vaters. Ein wunderbarer Mensch. Er könnte der etwas jüngere Bruder meines Vaters sein. Äußere Ähnlichkeiten, das gleiche graue Haar, der gleiche Schalk im Nacken, der gleiche Sinn für jeden Unsinn, die gleiche Lust am Leben. Was können die beiden für Geschichten erzählen! Marian ist meinem Vater ähnlich. Er ist nicht mein Vater. Aber seit wir uns kennen, weiß ich, was ein wirklich väterlicher Freund ist. Es ist ein Mensch, dem man vertrauen kann, dem man sich anvertrauen kann. Dessen Rat ich gerne annehme, weil ich die Lebenserfahrung und Weisheit darin spüre, die sich auch um mich sorgt. Beide Katastrophen meines Lebens hat er mir angekündigt. Beide Male hatte er Recht. Bei unserer vorletzten Begegnung hat er mir zu meinem neuen Glück gratuliert. „Das ist sie für dich! Bleib' liebevoll! Du hast dein Glück an deiner Seite!" Weise Worte, als wir nachts zu zweit auf der Terrasse saßen und auf das Meer schauten. Sie wissen es. Er meinte dieses skifahrende Naturtalent, das mein Leben reich und zu einem Abenteuer macht.

Mein Vater und er werden sich wohl nie mehr wiedersehen. Aber sie tragen sich gegenseitig im Herzen und in ihren Erinnerungen. Eine wunderbare Freundschaft, die oft Thema in unseren Gesprächen ist. Internet sei Dank sind zumindest geteilte Augenblicke möglich. Aber Facebook und Co. können niemals auch nur annähernd an eine Freundschaft reichen, die sich aus gemeinsamem Leben, Erleben tief im Herzen ihren Platz speist. Keine Chance für Facebook!

Und da ist Zeljka! Ich kenne keine Frau, die eine solche Freude darin findet, ihren Gästen den Urlaub bei ihr zu einer Hoch-Zeit ihres Lebens zu machen. Es gibt Menschen, die haben die Gabe, sich zurückzunehmen, wenn es nötig ist. Sie gehört dazu. Es gibt andere, die haben die Gabe, genau dann da zu sein, wenn man sie braucht. Sie gehört dazu. Es gibt Menschen, die können hart arbeiten, ohne ihre Freundlichkeit, ihr Lächeln zu verlieren. Sie gehört dazu. Es gibt Menschen, die können einfach kochen, grillen und bruzzeln, wie es alle Fernsehköche der Welt niemals hinkriegen würden. Dazu gehört Zeljka, Marians Frau. Mittags gefragt zu werden, worauf man abends Appetit haben könnte, um dann alles frisch einzukaufen und es abends dann tatsächlich auf den Tisch zu zaubern, das können nicht viele. Sie kann es! Und es gibt eher wenige, die dann auf die Frage, woher all die Kraft für ein solches Lebensengagement kommt, mit „Von Gott!" antworten würden. Zeljka tut genau das. Ein tiefer Glaube speist ihre Liebe zu den Menschen. Und so tut sie alles mit Demut, mit Andacht! Mit Leidenschaft und oft in aller Stille!

Menschen, die mich beeindrucken wollen, müssen keine vermeintlich großen Taten vollbringen oder klangvolle Namen haben. Nein, Menschen, die mich beeindrucken und mir durch ihre Art zum Vorbild werden können, müssen vor allem eines sein – authentisch! Zeljka gehört zu den wenigen.

Da sind auch noch Barbara, die etwas ausgeflippte und extravagante ältere Tochter, die gerade dabei ist, zu einer brillanten Wissenschaftlerin auf dem Gebiet der Biochemie zu werden, und Maria, fröhlich, hilfsbereit, pure Lebenslust, die jüngere Tochter. Bald auch Mutter! Und da ist, obwohl er nicht mehr da ist und woanders lebt, in Erinnerung aber an diesen Platz gehört, „Mr. Pivo", der jüngste Sohn. Er hat die kroatische Heimat verlassen, bleibt Stachel im Fleisch von Menschen, die ihn lieben.

Auch hier an diesem Sehnsuchtsort sind es wieder zwei Dinge, die mir wichtig sind. Zum einen ist es der Ort Trogir. Weltkulturerbe! Ich kenne es seit meiner Kindheit, ohne dass ich es lange Zeit wusste. Winnetou III – dieser so traurige Film, den ich immer fünf Minuten vor Schluss ausmachen muss, weil ich das Sterben meines indianischen Bruders, Häuptlingssohnes und Kindheitshelden einfach nicht ertrage – wurde in Teilen dort gedreht. Im Film wurde dieser so historische Ort Trogir zu Santa Fé, Sitz des Bezirksgerichtes. Heute freue ich mich jedes Mal auf diese Szene, wenn Winnetou und Old Shatterhand durch das abendliche Santa Fé reiten, das nichts anderes ist als mein geliebtes Trogir, durch das ich selbst so gerne laufe. Die Filmschießerei auf dem Platz findet genau dort statt, wo ich so oft sitze, allein mit der Sorge, wie viele Bällchen Eis es diesmal werden dürfen.

Obwohl – eine Schießerei wurde zur brutalen Wirklichkeit, auch auf diesem Platz. Dort steht heute eine unscheinbare Tür des Verwaltungsgebäudes offen. Und gehst du nichtsahnend durch diese Tür, weil du wieder irgendwelche antiken Reste oder neue Bilder erwartest, an der aber im Sommer die Menschen auch unaufhörlich einfach vorbeilaufen, gehst du also durch diese Tür, dann schaust du in die Gesichter junger Menschen. In schwarz-weiß gerahmt an der Wand hängend. Du schaust dich um, siehst die Flagge Kroatiens, siehst ein Kreuz.

Eine Tafel erklärt dir, dass diese Menschen, meist jungen Menschen in dieser wunderbaren, so historischen, so schönen Stadt gewohnt haben. Und dass sie in einem so sinnlosen Krieg, auch an diesem Ort, in einem Krieg, in dem Menschen sich gegenseitig umbrachten, obwohl sie für uns aus der Distanz – noch gar nicht so lange her – in einem Land eins zu sein schienen, ihr Leben lassen mussten. In einem Krieg, den wir bei uns in Deutschland zum Teil live im Fernsehen verfolgen konnten – Sensationsjournalismus, pfui Teufel! In einem Krieg, den wir, Karl May ähnlich banalisierend, „Balkankrieg" nannten, wurden die jungen Menschen auf den Fotos zu sinnlosen Opfern. Auch für die Tatsache, dass ich nun in einem Land, das sich frei fühlt, mittlerweile zur EU gehört, vor dem Raum mit den an sie erinnernden Bildern sitzen darf, um über die Anzahl meiner zu bestellenden Eisbällchen nachdenken zu dürfen, starben sie. Frieden, Freiheit – nichts ist sicher, nichts ist kostbarer.

Und es gibt natürlich das zweite, das hier keinesfalls unerwähnt bleiben darf. Marians Terrasse über dem Meer. Direkt am Wasser. So gebaut, dass du morgens nach Osten schauen kannst, um die Sonne, aufgehen zu sehen. Sonnengleich rückst du mit deinem Sessel immer ein bisschen weiter rum, um abends dann im Westen dieselbe Sonne, die dir unaufhörlich und ohne ein geringstes Wölkchen den Tag beschienen hat, untergehen zu sehen. „Und, was hast du heute gemacht?", fragt mich diese untergehende Sonne, bevor sie mir verspricht, am nächsten Tag auf der anderen Seite wieder aufzugehen. „Ich? Ich habe einfach nur hier gesessen! Bis morgen, ich bin da! Wir sehen uns!" Ich genieße den Abend, ein letztes kühles Karlovacko und höre die Worte meiner Frau: „Und Schatz, was machen wir morgen?" „Verrat' ich jetzt noch nicht!", antworte ich. Denn mein Plan wäre – glaube ich, wenn ich alleinentscheidend wäre – nicht der ihre. Und für eine abendliche Diskussion bin ich einfach zu müde. Sitzen Sie mal den ganzen Tag in der Sonne! Auf der Terrasse in Okrug Donji!

Sinzig! Jetzt bleibt noch Sinzig! Kein Sehnsuchtsort wegen seiner Schönheit, höchstens wegen der Schönheit eines Menschen. Sehnsuchtsort wegen eines Menschen, eines wunderbaren Menschen, einer wunderbaren Frau, die dort in ihrem Haus, in ihrem Blumengarten, in ihrem Feengarten lebt! Und wie! Unendlich viele Bücher,

Ich möchte einfach nur da sitzen! Und bleiben!

ein Flügel im Wohnzimmer, auf dem sie leider viel zu selten spielt. Ein kleines Chaos wie bei mir, manchmal liebevoll im Haus verteilt und davon erzählend, wie leidenschaftlich sie arbeitet und für andere da ist. Oft stehe ich staunend davor. Obwohl – ich arbeite genau so leidenschaftlich gern, das soll hier zumindest erwähnt werden. Wenn ich nicht gerade in Taizé, Moraira, Sulden, Okrug Donji oder eben Sinzig bin.

Genau da beginnt es, ein wenig kompliziert zu werden. Die beiden Orte, in denen wir unserer Berufung nachgehen, liegen 110 Kilometer auseinander. So sind unsere gemeinsamen Zeiten in unseren gemeinsamen Jahren einfach viel zu selten. Und immer noch freue ich mich auf jedes Zusammensein, wie ein kleines Kind sich eben freuen kann. Wenn wir zusammen sind, scheint die Sonne – mitten im Regen. Und ihr Gesicht hat sie auch noch.

Oft sitzen wir da und malen uns aus, wie es werden wird, wenn die oder der erste von uns beiden einmal pensioniert wird und wir dann einen Tag später zusammenziehen, um gemeinsam, also richtig gemeinsam, zusammenzuleben. In solchen Momenten sitze ich meist da und überlege: Wo hab' ich dann eigentlich mein Zimmer? Das Zimmer, in dem ich 'mal ganz für mich sein darf? Wo werden all meine Gitarren, meine Konzertanlagen ihren Platz so finden, dass ich sie täglich sehen kann, weil sie doch zu meinem Leben gehören? Wo wird es die große weiße Wand geben, an die mir mein TV-Beamer die Fußballübertragungen, Pater Brown- und Don Camillo Filme wirft? Ich überlege, wie ich meinen Platz in ihrem Haus, das ja bisher ihr Leben ist, finde.

Mitten in diese Überlegung hinein bemerke ich plötzlich, dass alle Holzbalken im Haus und außen herum bautypisch bedingt schwarz sind. Eine Farbe, die gerade gut zu meinen Gedanken passt. Aber dann sind sie auch schon wieder weg. Sie sind weg, weil mir unser letztes Zusammensein wieder einfällt, während ich gerade hier unter der Orgel der Kirche von Taizé sitze. Wunderbar, wie der liebe Gott meine trüben Gedanken sofort mitbekommt und prompt alle Glocken für mich klingen lässt und mir erst einmal einen Gottesdienst schenkt. Ein überaus aufmerksamer, mitfühlender und liebender Gott! Danke!

Der Gottesdienst ist vorüber, ich bin gelöst und ruhig und knüpfe an meine Gedanken an. Bei unserem letzten Zusammensein vor meiner Abreise – daran erinnere ich mich gerade hier in Taizé – kommt meine strahlende, lachende, so wunderbar liebende Frau auf mich zu. „Schau' mal, Schatz!", sagt sie. „Komm' mit in den Garten!" Wir gehen hinter das Haus und da liegt sie. Die neue Terrasse, die sie wahrscheinlich nur für mich – und das sage ich jetzt in der mir für mich so typischen Bescheidenheit – hat bauen lassen. Die neue Terrasse vor der neu errichteten Holzwand zu den Nachbarn. Ade, ihr schwarzen Balken; ade, ihr trüben Gedanken. Jetzt weiß ich, wo ich sitzen werde, wenn ich einmal pensioniert bin.

Ich schaue auf die neue Terrasse in der Sonne von Sinzig und sehe mich da sitzen. Einfach nur da sitzen! Mitten zwischen meinen Gitarren und Lautsprecheranlagen, meiner einzigen Kiste Bücher, die ich besitze. Ich sehe mich da sitzen und nachts malt mein TV-Beamer Don Camillo an den Himmel, der gerade zu seinem Erzfeind und besten Freund Peppone nach einer überstandenen Überschwemmung ruft: „Mach dir keine Sorgen. Es geht immer weiter! Wir fangen an und bauen neu auf!"

Also: alles wird werden! Alles geht weiter, solange nur eine Terrasse in der Nähe ist, auf der ich einfach nur da sitzen darf.

So wie bei Georges auf der Terrasse in Taizé, von der ich auf eine liebevolle Landschaft schaue, die mir mein Leben spiegelt.

Wie auf der Terrasse in Moraira, auf der mir Gott beim Blick auf das Meer mein Leben weit macht und mich mit dem Blick auf das Felsmassiv des Peñon d'Ifach daran erinnert, dass auch ganz schön schwere Brocken auf einem Lebensweg liegen können.

So wie die Terrasse unseres immer gleichen Appartements in Sulden, von wo ich auf das Gletschereis des so schönen, in der Sonne glänzenden Ortlers schauen darf. Wenn ich das tue, sieht dieses Eis immer auch traurig aus. Und manchmal meine ich zu hören, wie es ruft: „Hilf mir! Rette mich!"

Oder die Terrasse bei Marian in Okrug Donji. Die Terrasse, auf der mich die Sonne mit ihrem wunderbaren Auf- und Untergehen an Vergänglichkeit und Neuwerden erinnert.

Je älter ich werde, desto mehr macht mich das Untergehen traurig. Weil ich es so sehr liebe zu leben, aber genau dieses Leben immer öfter auch an das Vergehen erinnert. Besonders seit ich meine sterbende Mutter in den Armen hielt. Aber ihr Frieden, in dem sie nach ihrem fünftägigen Kampf starb, hat mich beeindruckt. Und tut es immer noch. Sie werden später davon lesen. Es hat mich so sehr beeindruckt, dass ich immer auch Neuwerden und Unvergänglichkeit ahne, Auferstehung eben. So wie meine Mutter in mir lebt, mich begleitet und ihren Platz in meinem Herzen behält, ja, so wünsche ich es mir einmal irgendwann für mich und die Menschen, die ich liebe. Ob sie es können, ob sie es tun, liegt für mich auch viel an mir selbst. Ich versuche jedenfalls so zu leben. Ab sofort!

An all meinen Sehnsuchts- und Lieblingsorten gibt es eine Terrasse. Endlich habe ich entdeckt, was all diese Orte miteinander verbindet und für mich zu einem einzigen Ort, zu meiner Mitte macht: eine Terrasse! Ein Ort, an dem ich einfach nur da sitzen darf. Sitzen und hoffen. Hoffen, dass der Mensch, der all diese Orte erst mit Sonne, mit Glück und Liebe füllt, sich dort neben mich setzt. Und mit mir in die Sonne schaut.

Eine Sonne, die gerade, als ich das alles niederschreibe, in ihrer ganzen Pracht scheint, das Leben wunderbar macht und sich bald schon wieder auf den Weg macht unterzugehen.

Und während ich das alles niederschreibe, fällt mir ein Cartoon ein. Dort sitzt Charlie Brown, dieser ewige Verlierer und Pessimist, mit seinem Hund Snoopy auf dem Dach der Hundehütte. Sie schauen in den Sonnenuntergang. Charly Brown sagt in der für ihn so typischen Art: „Weißt du, eines Tages werden wir alle sterben!" Sein kluger Freund, sein Hund Snoopy, schaut ihn an und antwortet: „Ja, aber an allen anderen Tagen werden wir leben!"

Wunderbar! Diese Szene da auf dem Hundehüttendach. Sie kann genau so auf jeder meiner Terrassen stattfinden. Einfach wunderbar!

EINFACH NUR HIER SITZEN

„Ich möchte einfach nur hier sitzen!"
Das ist oft mein größter Wunsch.
Wenn ich dann einfach nur da sitze,
heilt meine Seele, wird gesund.
Ich spüre, ich bin hier zu Hause
– ganz egal, wo ich grad' bin.
Ich spüre tief in mir die Mitte,
deshalb setz' ich mich jetzt hierhin.

Ich sitz' auf der Terrasse
in der Sonne von Taizé.
Alle Last fällt von den Schultern,
selbst der Rücken tut nicht weh.
Schau' ins Tal und in die Landschaft,
seit ew'gen Zeiten Ruh.
Nur manchmal gibt's Aufregung,
da bewegt sich – eine Kuh.
Und dann kommst du angelaufen,
ja dein Lachen hör' ich weit.
„Schatz, was sollen wir jetzt machen?
Wünsch dir was, ich bin bereit!"
„Ich möchte einfach nur hier sitzen!" ...

Sitze in Moraira,
schaue auf den Berg im Meer.
Gott sei Dank, es ist nicht meiner,
denn mein Kopf ist so schön leer.
Ich genieß' den off'nen Himmel,
geb' der Sonne einen Kuss.
Höre nur die Grillen zirpen.
Niemand da, der sagt: „Du musst!"
Und dann steigst du aus dem Pool.

Und du könntest jetzt auch ruh'n.
Doch du kommst, nimmst meine Hand.
„Schatz, was möchtest du jetzt tun?"
„Ich möchte einfach nur hier sitzen!" ...

Sitz' im Schnee von Sulden,
und der Ortler strahlt mich an.
Meine Sorgen werden kleiner.
Ich lass' fall'n, so viel ich kann.
Ein Adler kreist am Himmel
ohne einen Flügelschlag;
lässt sich einfach treiben,
vielleicht nur, weil er's so mag.
Und dann kommst du angerauscht
auf deinen Skien im frischen Schnee.
„Schatz, komm lass uns jetzt fahren!
Oder hast du eine andere Idee?"
„Ich möchte einfach nur hier sitzen!" ...

Sitz auf dem Balkon in Okrug,
unter mir die Adria.
Alle Arbeit so weit weg,
so als ob's nie anders war.
Delphine zieh'n am Morgen
ihre Bahnen hin und her.
Vorwärts kommen, scheint so leicht.
Warum fällt es mir oft schwer?
Und dann hör' ich deine Stimme,
aus dem Wasser rufst du laut:
„Schatz, komm' rein, es ist so herrlich!"
Doch ich kann nicht aus meiner Haut.
„Ich möchte einfach nur hier sitzen!" ...

Und dann seh' ich mich in Sinzig,
in ein paar Jahren leb' ich hier.
Mäh' den Rasen, hacke Holz.
Und ich hoff', es gefällt dir.
Wasch' die Wäsche, koch' gesund.
Etwas muss ich immer tun.
Hab zu lange da gesessen.
Deshalb ist jetzt Schluss mit Ruh'n.
Und dann seh' ich dich da sitzen,
in deinem Lieblingsgartenstuhl.
Frag' dich: „Willst du mir mal helfen?"
Doch du antwortest ganz cool:

„Lass mich einfach mal hier sitzen!"
Das ist jetzt mein größter Wunsch.
Wenn ich dann einfach nur da sitze,
heilt meine Seele, wird gesund.
Dann spür' ich, ich bin zu Hause!
Jetzt kannst du auch mal was tun!
Bist du geschafft, ich überleg's mir,
könn' wir ja gemeinsam ruh'n.
Nur du und ich, ja nur wir zwei.
Wir sitzen da, ganz froh und heiter.
Glaub' nur fest dran! Wach endlich auf!
Oder, mein Schatz, träum' ruhig weiter!

Morgen fang' ich an

Morgen

ist das Heute

schon gestern!

Und wieder den Start verpasst!

Zum wievielten Mal?

Manchmal schlafe ich schlecht. Kann einfach nicht einschlafen. Wälze mich herum und bekomme die Bilder nicht aus dem Kopf. Bilder des Tages, Bilder von Menschen, denen ich begegnet bin. Erinnerungen an Situationen, die mich am vergangenen Tag ganz unvorbereitet überfallen hatten. Ich weiß es mittlerweile sehr wohl, wie schlimm es werden kann, wenn ich als Pfarrer die Gemeinde mit ins Bett nehme. Wie quälend es werden kann, wenn ich es abends manchmal nicht schaffe, meinen geistigen Aus-Knopf zu drücken. Kein Tag ist wirklich planbar. Gott stellt mich jeden Tag vor neue Überraschungen, führt mich in neue Abenteuer. Aber jeder dieser Tage hat einen Abend. Einen Abend, an dem der Punkt kommt, an dem Schluss sein muss. Schluss mit dem Denken, ich wäre immer im Dienst. Schluss mit allem Leid, das ich nicht nehmen, vielleicht nur lindern helfen konnte. Schluss mit dem manchmal so zerstörerischen Gedanken, für alles verantwortlich zu sein. Nein! An jedem Abend muss der Punkt kommen, an dem ich sagen darf: „So! Schluss jetzt! Es reicht! Feierabend!"

Ich denke an viele Kolleginnen und Kollegen, die diesen Punkt nicht finden. Die nicht mutig sind, ihn zu setzen. Ich sehe sie leiden, krank werden, auch am Leiden anderer. Sie nehmen es auf sich, machen es zu ihrem Leiden und nehmen es einfach hin, darüber selbst krank zu werden! Das ist doch krank, oder? Ich erlaube mir dieses Urteil, weil ich selbst dazu gezählt habe. Die Krankheit manches Kollegen, mancher Kollegin mit Überlastung zu erklären ist leicht. Wir werden immer weniger. Gemeinden werden zusammengelegt und machen aus vielen Pfarrerinnen und Pfarrern Großgrundbesitzer von Gemeinden, die es mit der Größe der Ranch der Familie Cartwright in der Westernserie „Bonanza" locker aufnehmen könnten. Bezirke werden größer, gegenseitige Vertretungen immer schwieriger.

Und doch – gibt es da nicht noch etwas, was zu solch einem ständigen Gefühl der Überlastung führt? Ist es nicht auch die Unfähigkeit, einmal deutlich „Nein" zu sagen. Ein deutliches „Nicht mit mir!", „Bis hierher und nicht weiter!" Und das so deutlich, ohne das Gefühl eines schlechten Gewissens, ohne das Gefühl ein schlechter Seelsorger zu sein. Wie soll ich für Seelen sorgen, für andere Seelen Sorge tragen, wenn ich die eigene verkümmern lasse? In einem wunderbaren Buch habe ich einmal gelesen und mir auch für mein Leben gemerkt: „Du sollst deinen Nächsten lieben wie dich selbst!" (Mk 12,31)

Ja, dazu sind wir da, wir Seelsorgerinnen und Seelsorger. Den Nächsten zu lieben, ihm beizustehen, ihn zu begleiten bei allem Schweren, sich mit ihm zu freuen bei allem Schönen. Wir wollen stärken, ermutigen, mittragen, aufhelfen und, und, und ... Dabei dürfen wir auch noch weitergeben, dass wir nur Mittler dieser Seelsorge sind. Wir dürfen Menschen spüren lassen, dass Gott selbst es ist, der sie liebt, ihnen beisteht, sie begleitet, sich mit ihnen freut, sie stärkt, ermutigt, selbst mitträgt und wieder aufhilft. Es ist einfach ein wunderbarer Beruf, den wir als Berufung leben dürfen!

Aber um das tun zu können, gehört es eben dazu, den ganzen Satz aus dem Neuen Testament zu verinnerlichen. Besonders auch den zweiten Teil ernst zu nehmen, zu verinnerlichen. Den zweiten Teil eben genau so wie den ersten: „... wie dich selbst!"

Da, wo ich als Seelsorger nicht auch für mich sorge; da, wo ich nicht dafür Sorge trage, dass es mir gut geht; da, wo ich meine eigenen Prioritäten immer hintanstelle; da, wo ich zulasse, dass meine Seele verkümmert, mein Gebet nur noch zur Klage wird; da, wo ich innerlich austrockne, obwohl mich Gott doch ganz erfüllen möchte. Wo soll ich überall da die Kraft, die Energie, die Freude, die Lust, den Mut hernehmen, für andere Seelen zu sorgen?

Sie dürfen mir an dieser Stelle ruhig glauben, dass ich weiß, wovon ich schreibe. Ich habe einen hohen Preis dafür gezahlt, um zu der Einsicht zu gelangen, dass es anderen in der Begegnung mit mir nur besser gehen kann, wenn es mir auch gut geht.

Ich hatte das Glück, vor vielen Jahren einmal Mutter Teresa zu begegnen. Wo? In Taizé natürlich! Gut, sie hat nicht persönlich mit mir gesprochen, aber ich durfte ihr zuhören. Ich habe viel über sie gelesen. Und einen ihrer Sätze habe ich mir gemerkt: „Lass nicht zu, dass du jemandem begegnest, der nicht nach der Begegnung mit dir glücklicher geworden ist!" Ein Satz, leicht zu merken, schwer zu leben! Er ist Lebensprogramm, auch für mich.

Natürlich habe ich es zuerst auch einmal ganz anders probiert. Wollte Karriere machen, Kirchenkarriere. Ich habe das auch geschafft. Ich bin bis zu dem – wie ich heute weiß – traurigen Höhepunkt gekommen, dass ich an einem Wochenende freitagmorgens eine Sitzung um 9.15 Uhr in Düsseldorf hatte; am Nachmittag dann eine Sitzung um 15 Uhr in Bonn; samstagvormittags dann eine Sitzung um 10.00 Uhr in Leipzig, um abends um 19.30 Uhr bei einem Konzert in meiner kleinen Kirche in Winzenheim die Veranstaltung zu eröffnen. Ein Beleg für meine Wichtigkeit! Oder für meine Dummheit? Vielleicht sogar für meine Arroganz?

Ich habe heute keine Ahnung mehr, wie das alles ging. Aber es funktionierte. Ich funktionierte! Ein wunderbares Wort dafür, schließlich war ich ein Funktionär geworden! Einige gleichrangige Dinge leistete ich mir noch dazu. In landeskirchlichen Ausschüssen, Vorsitzender eines kirchlichen Hilfswerkes und vieles andere!

Dass eine Familie allein daran schon zerbrechen kann, weiß und verstehe ich heute sogar. Außerdem hatte ich Zeit, darüber nachzudenken. Im Krankenhaus! In den Tagen, nachdem mein Herz gestreikt hatte. Kurz ausgesetzt! Stechender Schmerz, ein Ziehen, kalter Schweiß! Im Langsammodus von Bad Kreuznach nach Wiesbaden! Liegend im Krankenwagen. Dauerüberwacht! Erster Wendepunkt!

Die kurze Vorstellung, meine Kinder in ihrem Leben, bei ihrem Erwachsenwerden nicht begleiten zu können, das war damals meine größte Angst. Sie war größer als meine Angst vor dem eigenen Sterben! Liebe nicht mehr leben zu können, Freude nicht mehr teilen zu können. Ich werde diese Fahrt niemals vergessen. Es mag sein, dass sich mein Herz in diesem Moment – medizinisch gesehen – zusammenzog. Ich fühlte aber, wie es groß wurde und sich wehrte. Es wollte leben, es wollte lieben. Gut, ich weiß nun, dass Kalk meinen Herzarterien im Alter zusetzen wird, genau wie bei meinem Vater. Aber bis dahin wird gelebt, wird geliebt! All die, die mir so nahe sind! Als meine Frau und Geliebte – beide sind übrigens ein und dieselbe Person, nur damit Sie das nicht falsch verstehen –, als meine Familie und Freunde. Und als meine Gemeinde!

Ja, so ist es. Seit nun mehr als 26 Jahren bin ich in der gleichen Gemeinde. Ich kenne die Menschen dort. Sie kennen mich. Ich liebe sie, sie lieben mich. Zumindest einige von ihnen. Natürlich gibt es diejenigen, die ich nie überzeugen werde, mich für einen tiefgläubigen, innerlich ökumenisch glaubenden protestantischen Pfarrer zu halten. Es gibt diejenigen, denen ich es niemals Recht machen werde; diejenigen, für die ich immer der Pfarrer bleibe, der irgendwie nicht richtig tickt. So muss es wohl auch sein. Zumindest, damit ich die anderen zu schätzen weiß, die nach dieser Aufzählung noch übrig bleiben. Die, die mich unterstützen. Die, die sogar extra Wege auf sich nehmen, weil sie meine Predigten gerne hören und schätzen. Die, die sich freuen, dass ich sie zu meinen Freunden zähle und umgekehrt! Darüber lesen Sie in diesem Buch einiges an anderen Stellen.

Allerdings – und auch das weiß ich nach vielen Jahren in der Seelsorge – sendet mich der liebe Gott ja nicht nur zu den Wohlgesonnenen. Er legt mir oft ganz andere Menschen ans Herz. Menschen, die es mir nicht leicht machen, sie zu lieben; bei manchen ist es für mich sogar unmöglich! Menschen, die es mir nicht leicht machen, sie davon zu überzeugen zu versuchen, dass Gott sie liebt.

Ich erinnere mich an ihn. Wie ein Häufchen Elend saß er vor mir. Heulend! Heulend darüber, wozu er fähig war, wenn er sturzbesoffen nach Hause kam. Wenn er dann seine Frau prügelte, das Kind schlug. Er wollte, dass ich ihm vergebe! Ausgerechnet ich! Gott vergibt, sonst niemand! Ich hätte es auch gar nicht gekonnt. Ihm nicht! Ich hatte ihm vorgeschlagen, mit ihm gemeinsam nach Hilfe zu suchen. „Ich hab' das im Griff! Ich hör' damit auf! Versprochen!" Seine Antwort, seine Lüge, seine Feigheit, sich seinem Problem zu stellen, habe ich heute noch im Ohr. Sie steigerte nur meine Verachtung!

Ich besuchte seine Frau. Musste mir die Geschichte vieler Frauen in schlechten Filmen anhören. Vor den Türrahmen gestolpert! In einer 3½-Zimmer-Wohnung! Als ich das Kind mit aufgeplatzten Lippen in der Kindergruppe unserer Gemeinde sah, reichte es mir. Ich ging zu ihr, besuchte noch einmal die Frau, die Mutter. Sagte es ihr auf den Kopf zu, für wie verantwortungslos ich sie hielt. Dass ich ihr Verhalten für genau so verabscheuungswürdig hielt wie das ihres Mannes. Ihre ganze Feigheit warf ich ihr vor die Füße. Da war nichts Seelsorgerliches. Da war nur meine Wut, meine Verachtung.

Endlich brach sie zusammen. Brüllte endlich einmal raus, wie sehr sie davon erlöst werden wollte. Ich überredete sie zu packen. Sachen für sich und das Kind. Wir warteten, bis es von der Schule kam. Ab in mein Auto und weg! Ich hatte in der Zwischenzeit telefoniert, mit Hilfe ein Frauenhaus gefunden, 65 Kilometer weit weg. Beide saßen nun im Auto. Im Rückspiegel sah ich, wie sie sich hielten. Und weinten! Leise vor sich hin. Ich konnte nichts sagen, kaum schlucken, zitterte. Kein Gefühl von Sieg, überhaupt nicht! Nur die ganz im Hinterkopf versteckte leise Ahnung, das Richtige getan zu haben. Sie blieben dort, für eine lange Zeit. Auch mit dem Versuch, alleine neu anzufangen. Ihren Mann hatte ich ein paar Mal fluchend und vor meine Haus- und Bürotür hämmernd ertragen. Aber ganz ehrlich, er war mir egal! Ich weiß, ich sollte das nicht zugeben. Aber genau so war und ist es.

Monate später stockte mir dann nämlich der Atem. Ich sah ihn – und sie! Und das Kind! Auf der anderen Straßenseite. In unserem Ort! Er, so meine ich es gesehen zu haben, grinste. Sie, das weiß ich heute noch genau, sah weg. Das Kind hielt sich an seiner Mutter fest. „Lieber Gott", erinnere ich mich an meinen damaligen Gedanken, „wenn noch einmal, dann mach' du! Ich nicht mehr!" Natürlich – das weiß ich, weil ich mich über die Jahre doch ganz gut kennengelernt habe – wäre ich für sie und das Kind sofort ganz und wieder da. Aber es gibt keinen Kontakt mehr. Nur mein Wissen, meine Ahnungen, meine Vorurteile. Vielleicht müsste ich mehr tun.

Und dieses Gefühl habe ich nicht nur bei dieser Familie. Da ist die Frau, deren Mann ich beerdigt habe. Die, die nach 52 gemeinsamen Jahren von der Liebe ihres Lebens erzählen kann, als könnte sie jeden einzelnen Tag in ihrem Gedächtnis abrufen. Sie möchte nur eines – wieder bei ihm sein. Im Himmel! Dort, wo er ist. Wenn sie von ihm erzählt, schaut sie manchmal hoch! Sie möchte – und sie sagt es jedem, auch denen, die es gar nicht hören wollen – einfach nur wieder mit ihm zusammen sein. Doch sie ist überhaupt nicht organisch krank, wohl aber an der Seele. Um dem eigenen Leben ein Ende zu setzen, dafür ist sie zu gläubig. Aber genau das wird ihr zum Problem. „Warum hört mich Gott nicht? Warum holt er mich denn nicht auch?" Das sind ihre Fragen. Was soll ich ihr sagen? So sagen, dass sie vielleicht einfach einmal ruhig einschlafen und durchschlafen kann, statt nachts vor innerer Unruhe in der Wohnung herumzulaufen. Ich wünsche ihr ein wirkliches Zur-Ruhe-Kommen. Oft kommt sie mir entgegen. Ich merke, wie ich gerne ausweichen würde, halte aber stand. Und setze auf den nächsten Tag. Ich werde mir Zeit nehmen, werde nachdenken. Ich möchte ihr wirksam helfen. Wenn heute nicht, dann spätestens morgen.

Da ist die unglaublich dicke Frau. Sie läuft ihre Runde, Tag für Tag. Alle denken, sie isst. Isst und isst und wird immer dicker. Dabei ist sie krank. Es ist gar nicht das Essen. Sie lebt in dem Gefühl, dass ihr das niemand mehr glaubt. Sie hat sich entschlossen, Kontakte zu anderen Menschen aufzugeben, Freundschaften nicht mehr zu pflegen. Wenn möglich läuft sie abends, bei anbrechender Dunkelheit. So, dass möglichst wenige sie sehen. Und dass es denen, die sie sehen, nicht auffällt, wie sehr sie sich gehen lässt, wie unbarmherzig sie zu sich selbst geworden ist. Nicht nur äußerlich, auch innerlich! Sie war mal anders. Ganz anders! Ich würde sie gerne wieder daran erinnern. Aber heute nicht mehr. Ich tu' es morgen.

Ich bleibe jetzt mal ehrlich, auch wenn es mir selbst schwerfällt. „Heute nicht mehr! Aber morgen bestimmt!" Ich glaube, das ist einer meiner häufigsten Gedanken. Ein Gedanke, der mich durch meine Arbeit als Seelsorger ständig zu begleiten scheint. Nach jetzt insgesamt 32 Jahren seelsorglichem Dienst, nach 26 Jahren in ein und derselben, in „meiner" Kirchengemeinde, weiß ich einfach zu viel. Ich gehe durch die Straßen, schaue die Fenster der Häuser an und weiß oder ahne zumindest die Geschichten dahinter. So viele Menschen kenne ich, kenne ihre Schicksale, weiß um ihre Sorgen, weiß vor allem um die Einsamkeit so vieler. Ich müsste viel mehr bei ihnen sein, noch mehr Anteil nehmen. Müsste sie mehr, noch mehr lieben. Morgen noch mehr als heute!

„Wie dich selbst!" Leise Alarmglocken in meinem Hinterkopf erinnern mich daran, nicht wieder in alte Muster zu verfallen. Für die eigene Seele sorgen, um Seelsorger sein zu können. Dazu habe ich mein eigenes Leben schon deutlich umgestellt.

Ich wohne deshalb zum Beispiel nicht mehr in einem Pfarrhaus in „meiner" Gemeinde. Glücklicherweise war es ein Flachdachbau der frühen siebziger Jahre des vergangenen Jahrhunderts des vergangenen Jahrtausends. Renovierungsstau, Wasserschäden, Schimmel, Rohrbrüche. Gründe genug für ein Presbyterium zu sagen: „Weg damit!" Aber ich wollte nicht nur aus dem Pfarrhaus raus, in dem alles – und das konnte ich drehen und wenden, wie ich wollte – nach alter und neuer Katastrophe roch, nach zerbrochener Familie und dem verzweifelten Versuch, Neues am alten Ort zu leben. Ich wollte auch raus aus der Gemeinde. Bitte jetzt nicht falsch verstehen. Pfarrer in dem Ort wollte ich schon bleiben, aber eben nicht mehr dort wohnen. Und so etwas ist heute für Pfarrerinnen und Pfarrer immer noch nicht ohne weiteres möglich. Schließlich ist ein System aus dem 17. Jahrhundert aufrecht zu erhalten, das gerne Traditionen wahrt. Ob sie human sind, ob es noch zeitgemäß ist, was mit „Residenzpflicht" irgendwie hochherrschaftlich beschrieben wird, danach fragt niemand wirklich. Ein entwürdigendes Schauspiel begann. Zwei Reisen nach Düsseldorf in die Mitte des Hurrikans – sprich ins Landeskirchenamt –, mindestens drei Sitzungen auf der sogenannten mittleren Ebene, an denen ich natürlich nicht dabei sein durfte, geschweige denn angehört wurde, waren nötig. Es wurde nötig, dass ich vor Menschen, die genau unter dieser Residenzpflicht ihr Leben niemals einrichten müssen, mein ganzes persönliches Scheitern, die ganze Katastrophe meiner zerbrochenen Familie noch einmal ausbreiten musste. Alle scheinbar verheilten Wunden wurden dabei wieder aufgerissen. Die entscheidenden Herzen blieben hart. Dabei hatte ich die eigentlich maßgeblichen Herzen längst auf meiner Seite. Mein ganzes Presbyterium. Sie hatten sich für mich stark gemacht, konnten mich verstehen, hatten mein Anliegen unterstützt. So, wie sie mich in meiner ganzen persönlichen Krise unterstützt und getragen hatten – vom Wäschewaschen über's Kochen für meine Kinder bis hin zum Teilen von Zeit und für mich offenen Ohren. Wunderbare Menschen! Menschen, die eines wollten: dass wir wieder glücklich leben und ich meinen Dienst mit ihnen gemeinsam wieder gern tun sollte. Dazu spielte es für sie keine bedeutende Rolle, ob ich in einem Pfarrhaus im Ort wohne oder privat im Ort nebendran. Hauptsache ich bin da, wenn ich gebraucht werde. Bei täglichem Dienst im Büro und in der Gemeinde, bei Telefon, WhatsApp, E-Mail und SMS irgendwie doch kein größeres Problem, oder?

Schriftlich wandten sie sich mit ihrer Unterstützung für mich an alle mitentscheidenden Gremien. Sie mussten erleben, alle, wie die Entscheidung eines Presbyteriums, das bisweilen in unserer Landeskirche auf einen goldenen Teller platziert und hochgehalten wird, dann doch – obwohl einzig betroffen – nicht geachtet wird. Hoch lebe die Tradition und jahrhundertealtes Kirchenrecht!

Was ich gerade beschreibe, sind die für mich entwürdigendsten und deshalb auch enttäuschendsten Tage, die ich in der Kirche, die ich so sehr liebe, verbracht habe. Tage, an denen ich immer und immer wieder zu mir selbst gesagt habe: „Morgen! Morgen schmeißt du hin!" In meiner Phantasie sah ich mich wieder bei der NRZ – der Neue-Ruhr-Zeitung – oder beim Bayerischen Sonntagsblatt. Jahrelang hatte ich in den Redaktionen einem fröhlichen und aufregenden Journalismus gefrönt, in einem durchaus ehrenwerten Beruf.

Ich sah mich auch wieder tief unter der Erde im Bergbau. Dort, wo ich erlebt hatte, was Ehrlichkeit, was Solidargemeinschaft wirklich bedeutet. Aber diesen Weg zurück gab es ja nicht mehr. Die Zechen sind – bis auf eine – längst gestorben. Und ohne meinen vor vielen Jahren in Rente gegangenen Vater als Chef wäre es auch nicht dasselbe! Was also tun? Wie sollte ich meine Kinder ernähren, mit denen ich so eng zusammenlebte? Wovon? Straßenmusik! – Ich erinnerte mich an meine frühen Jahre. Mit der Gitarre in der Düsseldorfer Altstadt. Etwa 100 Meter hinter dem „Pöötzke", an der Ecke zum Kloster. Da hatte ich gestanden. Neil Young, Bob Dylan, Leonard Cohen. Mein Repertoire war damals gar nicht so schlecht. Ist es heute noch nicht! Zumal jetzt viele eigene Lieder dazu kommen. Aber hätte mich das retten können? Nein. Zweierlei anderes rettete mich. Zum einen war ich diesmal so klug, die neu aufgebrochene Depression direkt als Krankheit anzuerkennen und mir Hilfe zu suchen. Das war beim ersten Mal ganz anders. Da hatte die Scham, die ich fühlte – darüber, privat gescheitert zu sein, nicht mehr der Unbesiegbare zu sein, nicht mehr der zu sein, der immer alles lösen kann, jede Hilfe monatelang verhindert. Nun akzeptierte ich sie, wie einen gebrochenen Finger oder eine hartnäckige Grippe. Ich wusste natürlich, wohin ich gehen musste. Es dauerte einige Gespräche, bis ich mit einem Schreiben vor meinem Chef stand und ihn bat, damit in eine neue Runde für mich zu gehen.

Es wirkte. Nicht nur das Schreiben des Arztes einer psychosomatischen Klinik, sondern vor allem auch die Hartnäckigkeit meines Chefs, der zusammen mit einigen Kollegen der einzige war, für den die Residenzpflicht auch – noch – galt. Er hatte mich von Anfang an verstanden. Er musste mich verstehen. Er war nämlich nicht nur mein Chef. Er war einer meiner besten Freunde. Einer, der es verdient hat, sein Leben und sein Wirken mit einem eigenen Buch zu würdigen. Ein Harley-Davidson fahrender Superintendent, mit langem Zopf, mit einem solchen Wissen über finanzpolitische und kirchenrechtliche Dinge, mit einem Sinn für hohe feingeistige Philosophie, gleichzeitig geerdet und nahe bei den Menschen, dass es natürlich einigen anderen Kolleginnen und Kollegen – vielleicht neidvoll – aufstoßen musste. Ein Freund, mit dem ich oft unter der Sonne Spaniens am Fuße des Peñon d'Ifach, in der Altstadt von Altea oder am Strand von Albir gesessen hatte, um bei einem gemeinsamen Bier die ganze Kirche einmal für einen Moment zu vergessen. Ein Mensch mit einem solchen Sinn und einer solch tiefen Liebe für seine Familie, dass er mich einfach verstehen musste. Wenn ich an dieser Stelle bewusst schreibe „Er war ..." dann tue ich das, weil er vor kurzem – es ist ein Jahr bei Niederschrift dieser Gedanken her – irgendwie einfach so starb. Sein Herz hörte auf zu schlagen. Vormittags noch im Büro, nachmittags hingelegt, abends plötzlich tot. Einfach so! Einfach so und so sinnlos! Warum, lieber Gott? Ich weiß, ich sollte diese Frage nicht stellen. Aber warum eigentlich nicht, ich höre sie doch so oft, wenn ich zu Trauernden gerufen werde. Also warum eigentlich nicht! Diese Frage ist nämlich offen, nicht nur für mich. Gerade für die, die ihn lieben und vermissen. Also frage ich dich, guter Gott: Warum?

Lieber Gott, so fragte ich dich schon einmal! Vor einem Jahr, als ich da saß. An dem Abend in Spanien. Diesmal waren wir nicht gemeinsam dort. Er hatte Familiendienst zu Hause. Mein Handy blinkte. E-Mail! Ein Freund bat um Rückruf. „Du, hast du es schon gehört? Er ist tot! Dein Chef!" Ich weiß nicht, wie lange ich einfach nur da saß. Versuchend, die kurzen Erklärungen am Telefon irgendwie zu fassen. Nur aufwachen aus diesem bösen Traum. Alles ist dann wieder gut! So, wie es mal war! Nein, wurde es nicht mehr. Ich saß da, 1900 km weit weg. Es war unerträglich, kaum auszuhalten. „Morgen schmeiß' ich hin!" Mir war ganz klar, dass ich über diese Ungerechtigkeit Gottes nicht einfach so hinwegkommen würde. Heute – ein Jahr später – weiß ich, dass ich darüber wirklich nur schwer hinwegkommen werde. Es tut immer noch weh. Und täglich merke ich, wie er mir fehlt. Sein lachendes „Hallo, mein Lieber!", mit dem er mich meistens empfing, ich vermisse es so. Aber hingeschmissen, einfach hingeschmissen, weil ich sein Sterben nicht akzeptiere und deshalb mit Gott immer noch hadere, habe ich wieder einmal trotzdem nicht. Ich habe es deshalb nicht getan, weil ich gerade auch durch ihn gelernt habe, dass auszuhalten, dass zu kämpfen sich auch lohnen kann. Dass es die Beharrlichkeit ist, die meist auch zum Ziel führen kann.

Vor einigen Jahren nahm er also den Brief mit einem psychologischen Gutachten über mich, den Brief mit der Unterschrift eines renommierten Arztes und dem dazugehörigen Siegel, trat vor das entscheidende Gremium und überzeugte es. Durch einen Brief, vor allem aber durch seinen Einsatz für mich. Das weiß ich aus den sogenannten „gut unterrichteten Kreisen", die natürlich zur Verschwiegenheit verpflichtet sind. Er selbst hielt sich daran, hatte mir nie gesagt, wie das alles da hinter den Türen ablief. Andere taten das nicht.

Es dauerte eine Zeit, bis ich mich über die Entscheidung freuen konnte, zu tief saßen die Erinnerungen an diesen ganzen Prozess. Aber endlich konnte ich etwas tun, was für die meisten Menschen ganz selbstverständlich ist. Ich konnte Berufliches und Privates trennen. Nach einem tiefen und enttäuschenden Erlebnis, bei dem ich wirklich nahe dran war, alles hinzuschmeißen, endlich ein Neuanfang. Erwähnen darf ich vielleicht noch – nur um meine Enttäuschung vielleicht ein wenig verstehbarer zu machen –, dass in dem Klinikbrief mit dem Gutachten nichts anderes stand, als ich vorher so schmerzlich selbst offen gelegt und zu erklären versucht hatte. Nichts anderes! Nur mehr „von oben"! Für wie klein wurde ich eigentlich gehalten? Ich merke gerade, wie alles wieder da ist. Lange nicht vergeben. Ich kann es einfach nicht, noch nicht! Vielleicht fange ich morgen damit an!

Es wurde gut. Nach einigen Jahren kann ich nun sagen, es wurde wunderbar. Ich lebe in einem Nachbarort, in dem mir meine Nachbarn zu Freunden wurden. Ich komme nach Hause, lass alles abfallen und bin einfach Rudi. Wie früher im Motorradclub. Einfach nur Rudi, der Nachbar. Der, mit dem man grillt, feiert, dem man im Garten hilft, weil er überhaupt keinen grünen Daumen hat, nicht einen einzigen und mit dem man zum Fußball geht. Ich komme nach Hause, lege ab, tanke auf und freue mich auf jeden neuen Tag. Und auf das, was ich für Menschen tun darf. Auch wenn ich leider immer noch vieles auf den dann folgenden Tag verschiebe. Manchmal ist es nämlich einfach zu viel. Manchmal weiß ich einfach nicht, wie ich etwas machen oder ändern könnte. Dann lasse ich dem lieben Gott einfach noch ein bisschen mehr Zeit, lasse ihm noch einen Tag, um mir eine Richtung zu zeigen. „Morgen fang' ich an!" „Morgen ist auch noch ein Tag!" Sätze, die – ich habe es zu akzeptieren gelernt – zu meinem Leben, zu meiner Arbeit und meiner Art sie zu tun, dazugehören. Ich denke an sie aus Ratlosigkeit, aus Bequemlichkeit, aus Mutlosigkeit und manchmal aus Feigheit.

Aber ab und zu denke ich sie auch in dem Vertrauen, dass sich Wege auftun können, die ich noch nicht erahne. Wege auftun, die ich nicht erzwingen kann. Wege, auf die Gott mich erst behutsam leiten möchte. Ich weiß schon, dass der liebe Gott nicht mit sich handeln lässt. Manchmal schubst er mich in Situationen, in denen das Jetzt, das Hier und das Sofort notwendend sind. Situationen, die ich als Seelsorger durchaus liebe und in denen ich ungeahnte Kräfte in mir entdecke. Aber er lebt mit mir auch meine Gelassenheit, erträgt sogar mein Zögern und Zaudern. Ich hoffe, er tut es noch lange.

Wenn dann eines Tages der Moment kommt, an dem er mir sein „Komm zu mir! Es ist genug!" zuflüstert, dann wird er sich hoffentlich von mir daran erinnern lassen, womit ich eigentlich immer gut gefahren bin. „Ach weißt du", werde ich dann mit all meiner aufzubietenden Überzeugungskraft zurück flüstern, „morgen ist auch noch ein Tag!" Ich werde ihn anlächeln. Er wird zurück lächeln. Und mir noch einen Tag schenken. Ganz bestimmt!

MORGEN FANG' ICH AN

Seh' die alte Frau mit Einkaufstüten.
Vollbepackt und mühsam jeder Schritt.
Aber – sie geht ihn selbst.
Seh' den alten Mann, weit über achtzig.
Strampelt auf dem Rad, fällt beinah' um.
Aber – er strampelt selbst.
Ich seh' die dicke Frau,
schwer schleppt sie an sich selbst.
Doch täglich läuft sie ihre Runde.
Und – sie läuft sie selbst.
Und ich sitz' da und überlege,
was ich für sie tun muss und kann.
Dann bleib' ich sitzen und sag: „Morgen!
Ganz bestimmt morgen fang' ich an!"

Hör' alte Männer auf alles Fremde schimpfen.
Stammtischparolen brüten sie aus.
Und – sie sagen's laut!
Seh' den betrunk'nen Mann,
kommt in der Früh' nach Hause.
Schlägt die Frau und auch das Kind.
Und – er schämt sich nicht.
Ich seh die Trauerfrau,
die noch um ihren Mann weint.
Wünscht am Morgen schon den Abend her.
Will bald bei ihm sein.
Und ich sitz' da und überlege, ...

Schau' nun ganz auf mich,
kann mich nicht leiden oft.
Trag' einfach zu viel mit mir rum.
Hab's selbst draufgepackt.

Hör' in mich hinein,
so viele Sorgen.
Vieles läuft gleichzeitig ab.
Hab's selbst zugelassen.
Ich rede selbst mich an,
kann mich oft nicht verstehen.
Für andere bin ich immer da.
Hab's wohl so gewollt.
Und ich sitz' da und überlege, ...

Und einmal steh' ich auf und sage:
„Heut' wird ganz bestimmt gestartet!"
Gott nimmt mich zu sich und sagt: „Gestern!
Gestern hab' ich dich erwartet!"
Zu spät!

Ich liebe mein Leben

Als sich mein Selbstmitleid

selbst nicht mehr

leiden konnte,

begann ich endlich,

mein Leben

zu lieben!

Gerade noch

rechtzeitig!

Es gibt solche Tage. Tage, da läuft einfach alles irgendwie quer. Hermann van Veen, dieser wunderbare und faszinierende niederländische Poet, Clown, Violinist, Sänger, Künstler, Dichter, sagte einmal: „Es gibt Tage, die sind wie ein Griff ins Klo!" Das meine ich wohl auch! Und solche Tage kann ich dann gar nicht immer anderen in die Schuhe schieben. Obwohl das sicherlich die oft einfachere Lösung wäre!

Nein, manchmal oder sogar oft bin ich es selbst, der mir im Weg steht. Und bei schieflaufenden Tagen scheint sich die Uhr immer langsamer zu drehen als sonst! Glückliche Tage vergehen meist wie im Flug, besonders wenn sie von Schmetterlingen im Bauch begleitet werden. Die mühsamen dauern oft ewig.

Wenn so ein mühsamer Tag dem Ende zugeht, ich mich tausendfach geärgert habe, ich wieder einmal alles den Bach runter gehen sehe, mich vielleicht schlimmstenfalls von der Welt und von Gott nicht geliebt fühle, dann ist es meist wieder genau dieser gleiche und eine Gott, der mir prompt das Gegenteil beweisen möchte. Und bei mir möchte er das sogar oft immer am gleichen Ort. Niemand außer mir würde diese Stelle für etwas Besonderes halten, so gewöhnlich ist sie. Sie fällt bestimmt keinem auf, außer mir. Ein kleines Stückchen Straße, an dem der liebe Gott für mich oft all seine wunderbaren Register zieht.

Ich fahre also von Winzenheim aus meiner Kirchengemeinde nach Hause Richtung Roxheim. Nehme dann ein Stückchen Schnellstraße, B 41 Richtung Idar-Oberstein. Runter dann an der Ausfahrt Stromberg-Roxheim. Dann biege ich links ab. Ich beschreibe das an dieser Stelle nur deshalb so ausführlich, weil ich ja nicht weiß, liebe Leserin, lieber Leser, ob sie nicht auch mal Lust hätten, dem lieben Gott kurz vor Roxheim zu begegnen.

Ich biege jedenfalls links ab, die Straße liegt ein wenig tiefer als die Umgegend, führt deshalb ein wenig hinauf. Und für einen kurzen Moment ahne ich dann schon, dass ich auf einen offenen Himmel zufahre. Nach der nächsten Rechtskurve liegt er dann vor mir, dieser weite Blick, den Gott mir schenkt. Manchmal malt er ein atemberaubendes Abendrot an den Himmel, das mich mit einem ganzen Quertag versöhnen kann. An anderen Tagen öffnet er denselben Himmel in den schönsten und herzöffnenden Blautönen. Sogar graue Wolken schafft er in beeindruckenden Kontrasten an den gleichen Himmel zu malen. Nur um mir zu zeigen, dass wohl auch graue, auch Wüstentage zu einem, oder genauer: zu meinem Leben gehören.

Egal, was er sich für mich einfallen lässt, er behält immer Recht. Ich habe gelernt, sein himmlisches Farbenspiel anzunehmen. Und je länger und öfter ich es tat, desto mehr konnte ich es bis heute immer zusammenfassend mit einem Satz beantworten: „Ich liebe mein Leben!"

Es gab durchaus eine Zeit, leider viel zu lang, da konnte ich diesen Satz nicht sprechen! Nicht einmal denken! Es war die Zeit, in der ich tagsüber alle Rollos unten ließ, mir die Dunkelheit zur ständigen Begleiterin machte. Die Zeit, in der ich buchstäblich selbst tagsüber am Boden lag. Alle Versuche, mich wieder aufzurichten, quittierte ich mit laufengelassenen Tränen und Verweigerung.

Das Schlimmste war – und das weiß ich jetzt mehr als ein Jahrzehnt später – dass ich so, nach und nach und ohne es zu merken, den Respekt meiner Kinder vor mir auf's Spiel setzte. Sie konnten damals nämlich ihren ewig jammernden, die Welt und das Leben beklagenden, sich selbst so sehr bemitleidenden Vater einfach nicht mehr ertragen. Bis auf 77 Kilogramm hatte ich es so geschafft. Ungewollt.

Nur in Taizé kann ich komponieren, texten und schreiben. Aber dort überall!

So ganz am Boden liegend, ließ sich der liebe Gott etwas für ihn wohl ganz Normales einfallen. Er schickte mir einen Engel. Einen Engel in Gestalt eines holländischen Physiotherapeuten. Und noch zwei andere „Hilfsengel" dazu. „Wir gehen auf's Matterhorn! Gehst du mit?" Seine Frage klang so unglaublich in meinen Ohren. Irgendwie irrwitzig und an die völlig falsche Person gerichtet. Deshalb konnte ich diesen Irrwitz nur genau so irrwitzig beantworten: „Ja!" Bis heute weiß ich nicht, woher ich damals in diesem Moment die Kraft für solch eine Antwort hatte. Ich war nämlich bis dahin noch nie zu Fuß in den Bergen. Immer nur im Winter und mit Hilfe von unzähligen Liftanlagen, die einen ohne einen einzigen eigenen Schritt in wenigen Minuten auf die höchsten Berge bringen konnten, damit man sich dann – ohne die Natur zu bewundern – möglichst schnell auf Skiern wieder nach unten aufmacht, um sich dann wieder lange anzustellen, nur um wieder schnell hinauf zu kommen. Ich hatte „Ja" gesagt. Und heute weiß ich, dass es wohl Gottes Wille und der meiner Freunde war, dass ich dort hinauf gehen sollte. Sie nahmen mich mit, um mir dort etwas zu zeigen, das mein Leben komplett ändern sollte. Mit einem „Ja" ohne jedes Wenn und Aber begann meine Lebenswende, die bis heute dazu führt, dass die Worte „Ich liebe mein Leben" mit Sicherheit zu meinen Lieblingsworten zählen.

Über die mehrtägige Wanderung will ich an dieser Stelle gar keine weiteren Ausführungen machen, da ich von einer Groteske erzählen müsste, wenn ein hypochondrisch veranlagter, auf absolute Absicherung bedachter kirchenbeamteter Pfarrer einfach nur mal so aufs Matterhorn möchte. Nur mit dem Nötigsten im 15 Kilo-Rucksack, Schlafsack bis minus 10 Grad im August und ständigem Sonnenschein, Haarföhn – auf einfachen Wanderhütten ohne Strom nur bedingt zu gebrauchen – usw. Ich spare mir alle näheren Einzelheiten. Aber etwas trieb mich an, machte es mir von Schritt zu Schritt leichter.

Meine ganze Unsicherheit, mein Selbstmitleid, das ich selbst nicht mehr ertragen konnte, all mein mir selbst auferlegter Weltschmerz verwandelte sich zunehmend mit jedem Schritt in innere Erregung und Vorfreude. Vielleicht hatte ich einfach einen Höhenrausch. Allerdings war es doch wohl eher ein Satz, den mein Freund mir gesagt hatte, bevor wir den ersten Schritt auf dieser Wanderung ans Matterhorn – oder wie ich heute sagen würde: auf dieser Wanderung zurück zu mir – machten. „Wenn du ganz unten bist, dann musst du eben ganz nach oben! Und wenn du das geschafft hast, findest du auch wieder deine Mitte!" Physiotherapeut und Philosoph – beide Worte fangen mit „Ph" an. Sind also vielleicht verwandt. In diesem Fall auf jeden Fall!

Dann stand ich da. Auf dem Gletscher neben der Gandegg–Hütte. Blauer, wolkenloser Himmel, glänzendes Eis. Eine Fernsicht bis nach Hause, mindestens. Von oben auf alles herabschauend. Ich bin buchstäblich durch all meine Trauer, durch all meine Sorgen und Probleme hindurch, hab' sie da auf dem Gletscher wirklich unter mir gelassen. Ich stehe aufrecht da! Ich stehe fest! Jede Freudenträne hatte in diesem Moment das Recht, auf das Eis zu tropfen. Dieser Moment ist heute noch Gänsehaut auslösend in mir.

Ich fühle mich befreit. Gelöst. Ich lache. Ich lache wieder und wieder. Ich lache die Sonne an. Ich lache den lieben Gott an. Ich lache die Welt an. Nur, um ihr zu sagen: „Ich bin wieder da!" Und ich werde – irgendwann – auch mein Leben wieder lieben! Oft habe ich diesen Moment genau so in meinem Herzen und vor Augen. Den Moment, in dem Gott mir ins Herz flüsterte: „Ich liebe dich! Und ich war immer da! Lass uns gehen! Lebe! Liebe!"

Ich war da oben kaum zu halten. Wollte wieder runter. Ins Leben zurück. Mir war schon klar, dass es ein langer Weg werden würde. Aber ich wollte wieder los. Mir war klar, dass dieses Lachen da oben wieder erst ein Anfang war. Ich würde Hilfe brauchen. Vor allem aber würde ich sie endlich annehmen. Und dann, so versprach ich es mir selbst dort oben auf dem Gletscher unterhalb des Hörnli-Grades, werde ich wieder leben, mitmischen, teilen, was ich kann.

Die Nacht vor dem Abstieg in der Gandegg–Hütte bremste meine Euphorie glücklicherweise etwas. Ich konnte zur Ruhe kommen. Und es war wirklich und endlich eine Ruhe, es war eine wohltuende Stille in mir. Einschlafen, auftanken. Aufstehen. 85 Schweizer Franken für eine Nacht im Gruppenlager mit Bratwurst und Brot bezahlen und endlich los. Runter – übrigens fast schwieriger als rauf! Die Sonne lachte. Gott lachte: „Siehst du!" tippte er mir auf die Schulter. „Hat sich doch gelohnt, oder?" Ja, das hatte es. Ich konnte Gott wieder spüren, hören, fühlen. Nachdem ich ihn so lange fern von mir glaubte. Alles hatte sich gelohnt. Und in mir wuchs Neues, ein neuer

Satz begann in mir seine Gestalt, seinen Raum einzunehmen: „Ich liebe mein Leben!" Genau so war es auch.

Bis zur nächsten Katastrophe, einem für mich selbst unverzeihlichen emotionalen Rückfall. Darüber werde ich an dieser Stelle allerdings schweigen. Sonst müsste ich nämlich meiner Wut darüber, zu welchen Dummheiten ich fähig sein kann, einfach zu viel Raum geben. Und ich sehe gar nicht ein, dass ich mir meine gute Laune beim Schreiben dieser Lebensliebesgeschichte verderben lasse. Eines habe ich in dieser Zeit gelernt. Etwas, was eine über 90jährige Frau, die immer noch und gern jeden Mittwoch zu unserem Taizé-Abendgebet kommt, einmal gesagt hat. Ein Satz, der mir schon oft in meinem Leben zur Hilfe geworden ist, für andere natürlich aber auch eine Anfechtung sein kann. Diese weise alte Frau sagte zu mir: „In allem liegt ein tieferer Sinn! Und Gott erklärt Ihnen manches zu der Zeit, in der Sie es auch verstehen können!" Ich kann mir vorstellen, wie solch ein Satz in Menschen auch zur Anfechtung werden kann. Mir wurde er in schweren Augenblicken meines Lebens allerdings eher oft zu dem entscheidenden Anstoß, anzunehmen, was kommt, um es auch ganz Gott anzuvertrauen. Und auch anzunehmen, das zu tun, was er von mir fordert. Selbst schwierige Entscheidungen! Heute schaue ich auf diese schwierige Zeit meines Lebens zurück. Und ich erinnere mich. Sie begann zu einer Zeit, in der mein Leben immer geradeaus und höher hinaus gelaufen war. Genau in dem Moment, als ich dachte, so kann, so wird es bleiben, gerade als ich mich an den Gedanken gewöhnt hatte, das erreicht zu haben, was ich im Leben erreichen wollte, in genau diesem Moment brach alles zusammen. Ein jahrelanger persönlicher und innerlicher Kampf folgte. Kampf gegen das Eingestehen einer Niederlage, Kampf gegen das Eingestehen, von einer Katastrophe nahtlos in die direkt nächste getaumelt zu sein. Kampf gegen eine Depression, die mir den lieben Gott, den liebenden Gott madig machen wollte.

Heute, viele, viele Jahre nach dem Ausbruch meines Lebenschaos, blicke ich zurück. Ich lächle, wenn ich das tue. So unwahrscheinlich es für mich selbst manchmal auch scheint. Ich denke zurück und lächle. Vor allem aber lächle ich dankbar! Ich danke Gott für heute drei erwachsene Kinder, die ja an anderer Stelle dieses Buches durchaus ausreichend gewürdigt werden. Sie haben mir die Kraft gegeben weiterzumachen, neu zu leben. Manchmal habe ich das Gefühl, nicht ich habe sie für das Leben stark gemacht, sondern sie mich. Und ich schäme mich nicht, es zu sagen oder hier zu schreiben: Ich durfte viel von meinen Kindern lernen! Ich danke meinen Eltern, meiner ganzen Familie mit allen, die ich dazu zähle. Es war mir mein ganzes Leben lang ein Segen, immer zu wissen, wo ich hingehen konnte. Es tat gut, dass ich wusste, dass sie, meine Eltern, da waren, gerade auch, wenn ich selbst einmal nicht gehen konnte. Ich hoffe sehr, ich konnte ihnen etwas zurückgeben von dem vielen, das ich von ihnen für mein eigenes Leben empfangen habe.

Ich danke Gott für den Menschen, den er mir an die Seite gestellt hat. Einen wunderbaren Menschen, der mein Leben geworden ist, geliebtes Leben, Leben in Fülle. Eine lange Zeit nun schon. Und manchmal frage ich Gott, warum es so lange dauern musste, ob nicht alles hätte ganz anders kommen können. Und wenn ich so frage, dann schickt er mir immer wieder die alte Frau auf meinen Weg. Mit ihrem Satz: „Wissen Sie, in allem liegt ein tieferer Sinn! …"

So versuche ich immer noch zu verstehen. Vielleicht sollte ich es aber auch einfach lassen. Alles, was ich jetzt lebe, nehme ich an als das, was es ist: ein großes, kostbares und wunderbares Geschenk! Während ich das alles auf Georges' Terrasse in Taizé niederschreibe, schaue ich in die wärmende Herbstsonne von Taizé. Gott lächelt mich aus seinem Himmel an. „Es ist übrigens der gleiche Himmel wie über dem Matterhorn! Und wie über Roxheim!", erinnert er mich. „Morgen siehst du mich dort wieder!" „Ich weiß", antworte ich ihm. „Auch deshalb liebe ich mein Leben! Danke!"

ICH LIEBE MEIN LEBEN

Hab' geklagt, gezweifelt, hab' geweint.
Selbst hab' ich mir die Zukunft oft verneint.
Doch würd' ich heut' nach keinem and'ren streben,
denn eins ist sicher nun: ich lieb' mein Leben.
Ich liebe mein Leben und mit dir
leb' ich's besonders gern.
Du bist ganz in meinem Herzen –
ob du nah bist oder fern.
Ich liebe mein Leben und mit euch
werd' ich's gern weiter tun.
Ihr seid ganz in meinem Herzen,
schenkt mir Kraft und neue Ruh'.

Hab' geträumt, gelacht, mich korrigiert.
Wenn's anders kam, war ich schnell irritiert.
Manchen Stein im Weg konnt' ich gar nicht heben.
Doch eins ist sicher nun: ich lieb' mein Leben.
Ich liebe mein Leben und mit dir ...

Neuanfang, geschafft, geh' wieder los.
Manchmal frag' ich mich: warum das alles bloß?
Wohl um zu spür'n, wie viel mir ist gegeben.
Fühl' neues Glück in mir, ich lieb' mein Leben.
Ich liebe mein Leben und mit dir ...

Alles nicht so einfach

Es könnte so einfach sein,

wenn ich vieles

nicht so schwer nehmen würde.

Es ist eben eine schwere Aufgabe,

Schweres

leicht zu nehmen!

Fotograf! Fotograf wäre ich gerne geworden. Ich war auch schon ganz nah dran. Insgesamt sechs Jahre bei der „Neue-Ruhr-Zeitung", Lokalredaktion Dinslaken, meiner immer bleibenden Heimatstadt am Niederrhein. Lokalfotograf, Sportfotograf! Eine wunderbare Zeit! Natürlich wollte ich gern eher künstlerischer Fotograf werden, aber dafür blieb eben keine Zeit. Actionreiche Sportfotos sollten es sein. Den bestimmten Moment festhaltende Lokalfotos. Oft habe ich deswegen zum Beispiel neben einem Hallenhandballtor gestanden. Der MTV Rheinwacht Dinslaken spielte immerhin in der Oberliga, das war schon von ordentlichem öffentlichen Interesse. Also musste die Presse – in meiner Person – eben auch dahin. Wie immer wartete ich auf einen schönen Rückraumwurf oder ein schönes Kreisanspieltor. Ich war zu dieser Zeit selbst Handballtorwart, allerdings in einem anderen Verein.

Als Fotograf war es allerdings nicht meine Aufgabe, Bälle abzuwehren. Aber irgend so ein – entschuldigen Sie bitte diesen Ausdruck – Depp von Kreisläufer war doch tatsächlich in der Lage, aus weniger als sieben Metern Entfernung nicht das Tor, sondern den durch den Fotoapparat schauenden Fotografen daneben – also mich – zu treffen. Und ob sie es glauben oder nicht, ich hab' den Ball sogar durch das Okular kommen sehen! Nicht nur das! Ich hab' ihn auch gespürt, voll im Magen!

Als Torwart hatte ich gelernt, den Bauch rechtzeitig anzuspannen, sodass so ein Ball gar nicht so weh tut, wie viele denken. Aber doch nicht als Fotograf! Ich klappte zusammen wie ein Taschenmesser, sank an der Turnmatte an der Wand langsam in mir zusammen. Die Halle johlte. Lautes Lachen. Der Spieler kam auf mich zu, half mir wieder auf. „Entschuldigung! War keine Absicht!", sagte er. Aber er grinste so breit dabei, dass ich bis heute der festen Überzeugung bin, es war genau das – Absicht. So dumm kann man gar nicht sein, aus so kurzer Distanz neben das Tor zu werfen.

Meine Tätigkeit als Lokalreporter war allerdings nicht immer so gefährlich. Manchmal war sie anders gefährlich. Schützenfeste konnten so ganz anders gefährlich sein. Schützenfeste gibt es am Niederrhein vom Frühling bis in den Herbst an jedem Wochenende mindestens eins. Gefährlich waren für mich als „Mann von der Zeitung" diese Feste nicht wegen irgendwelcher herumfliegenden verirrten Gewehrkugeln auf der Suche nach einem Holzvogel auf der Stange. Nein, es waren die meist so schnell heranfliegenden „Pilsken". Reporter haben es immer eilig. Am liebsten kommen, Foto stellen und knipsen. Dann wieder ab und weg! Schützenbrüder haben den „Mann von der Zeitung" gerne auch mal länger da. So als ob er dann eine ganze Sonderseite im Lokalteil füllen könnte, am besten mit Porträtfotos der gesamten Schützenthronbesatzung. Also wird der Zeitungsmann, damit er schön auf dem Schützenplatz verweilt, gefüttert. Mit Bier! Und noch mehr Bier! Auf Schützenrechnung natürlich! „Trink, mein Freund, trink!" Rechtzeitig und von Anfang an Widerstand leisten gegen diesen Umgang mit der Presse – niemand hatte mir das beigebracht! Und so kam oft, was kommen musste. Der Vogel fiel, der König wurde auf den Schultern seiner Schützenbrüder durch das Volk getragen und der Mann von der Presse war längst am Tresen darnieder gegangen und vergaß, genau diesen so lang erwarteten Moment fotografisch festzuhalten! Dumm gelaufen! Aber irgendwie bin ich dann meist doch noch aktiv und erfolgreich gewesen. Glaube ich zumindest! Für den Fall, dass ich in der Redaktion nicht nur das Foto des neuen Schützenkönigs, sondern auch den Bericht dazu abliefern musste, hatte ich immer zwei fertig getippte – richtig, es war noch Schreibmaschinenzeit – Berichte in meiner Schublade. „Bei herrlichem Sonnenschein fiel um ... Uhr der Vogel endlich von der Stange. Neuer Schützenkönig wurde ..." Dann kamen allgemeine Floskeln über die gute Stimmung, die vielen Besucher. Und, und, und! Das war der Schönwetterbericht! „Petrus meinte es nicht gut mit den Schützen! Das tat aber der Stimmung keinen Abbruch, als um ... der Vogel endlich von der Stange fiel und ... neuer Schützenkönig wurde!" Dann wieder allgemeine Floskeln über die vielen Besucher. Das war der Schlechtwetterbericht! Uhrzeiten eingesetzt, Namen eingesetzt, fertig! Das ging nach ungezählten „Pilsken" immer noch. Und ab in die Erfassung! Dazu das im Labor noch selbstentwickelte Foto! Endgültig fertig! Darauf dann immer noch das abschließende Redaktionsbier und aus die Maus! Eine herrliche Zeit!

Bei den vielen Karnevalsfeiern ging es einfacher. Da gab es einen genauen Zeitplan, weil die Akteure meist von Sitzung zu Sitzung zogen, deshalb der Zeitpunkt für den Witz ziemlich genau feststehen musste. Deshalb wusste ich auch immer genau, wann ich kommen musste. Rein in den Saal, Foto machen und bloß schnell wieder weg!

Karneval ist überhaupt nicht mein Ding! „Irgendeinen speziellen Wunsch?", fragte ich manchmal den diensthabenden Wochenendredakteur. Und egal, welcher es war, es gab immer die Standardantwort: „Ganz egal! Wenn's geht – Männerballett!" Männerballett kam damals ganz groß in Mode. Ich weiß gar nicht mehr, wie oft ich behaarte Männerbeine in rosaroten Tuturöckchen fotografiert habe. Meist beim Versuch, den Schwanensee so zu entwürdigen, dass die einen lachen und die anderen eher weinen mussten.

All das waren allerdings nicht die Fotos, die ich eigentlich machen wollte. Wäre es nach mir gegangen, hätte ich damals – und würde es wohl auch heute noch machen – Gesichter fotografiert. Sie faszinieren mich. Gesichter von Menschen. Gesichter, in denen ich lesen darf, in denen ich ihre Geschichte ahnen darf. Außer den Gesichtern meiner Kinder habe ich allerdings keine künstlerisch ambitioniert fotografiert. Aber die sind mir wirklich gut gelungen. Das schreibe ich jetzt wieder einmal in der mir einfach angeborenen Bescheidenheit!

Eine Blume für jeden von euch! In meine Erinnerungen gepflanzt hört sie nie auf zu blühen!

Obwohl – ich tue es doch! Habe es immer getan! Allerdings nie mit einer Kamera. Ich tue es mit meinem inneren Auge und seiner direkten Verbindung ins Herz. Ich sehe in die Gesichter von Menschen, besonders wenn ich mit ihnen rede. Aber oft auch, um sie zu beobachten. Gesichter erzählen ihre ganz eigenen Geschichten. Es ist gut, wenn sie sich mit den Worten decken, die gerade aus ihrem Mund kommen. Es kann spannend, entlarvend, ja es kann traurig sein, wenn sie es nicht tun.

Ich weiß das von mir selbst. Jeden Morgen stehe ich vor dem Spiegel und schaue mich an. Als aufmerksame Leserin und aufmerksamer Leser wissen Sie das längst. Ich schaue mich an und ahne, mit welcher Stimmung ich in den Tag gehe. Ich sehe, dass ich meine vermeintliche Überarbeitung nicht weggeschlafen habe. Ich sehe an meinem Gesicht, ob mir die Ruhe im Haus, nachdem alle ausgezogen sind, gut tut, oder ob es eine Stille ist, die ich gerade nicht ertragen kann. Besonders gern sehe ich allerdings das Gesicht, das mich manchmal morgens schon anlächelt. Anlächelt und es gut mit mir meint. Das Gesicht, das mich so lange und ehrlich anlächelt, bis ich endlich den Satz ausspreche, auf den mein Spiegelbild so sehr wartet: „Ich liebe mein Leben!" Ein Satz, der mir in solchem Moment runter geht wie Honig. Und der Tag tut es dann meist auch! Wenn ich abends nach Hause komme und am Spiegel vorbeigehe, ist es wieder da, mein Spiegelbild! „Hallo!", sagt es. „Ich habe auf dich gewartet! Und – war der Tag so wie unser Anfang?" Aber es ist nicht nur mein Gesicht, das mich oft fasziniert, weil ich die Geschichten ernst nehme, die es erzählt.

Andere Gesichter sind mir im Kopf, gehören zu meinem Leben. Sind auf meiner Herzensfestplatte eingespeichert. Ich denke an zwei gute Freunde, ein Ehepaar. Er lächelte eigentlich immer. Nein, ich lernte es erst mit der Zeit. Er grinste. Das war etwas anderes! Lächeln war ihm fast unmöglich geworden. Ein immer leicht zynisches Grinsen blieb ihm. Seine erste Frau war gestorben. An Krebs. Sie mussten ohne sie auskommen. Die drei Kinder und er. Sein Lächeln hatte er damals verloren. Eingetauscht gegen ein Grinsen, das manchmal an Galgenhumor erinnerte. Er trauerte dem Leben nach, das ihm eine schreckliche und unbarmherzige Krankheit zunichte gemacht hatte. Sie war tot, er war allein. Mit drei Kindern! Überfordert! Und da wollte er grinsend durch!

Eine Haushaltshilfe, eine Wirtschafterin kam ins Haus. Sie! Eine Po-
werfrau! Wenn sie lachte, ging die Sonne auf. Selbst in diesem Haus,
auf dem lange ein Schatten gelegen hatte. Sie lachte. Ein herzliches,
ein ehrliches Lachen. Und damit gewann sie. Ihre Herzen, die der
Kinder und seines. Welches zuerst, ich weiß es nicht. Aber das Lachen zog wieder ein. Selbst sein Grinsen wurde wieder zum Lächeln,
zumindest für eine lange Zeit. Drei weitere gemeinsame Kinder bekamen sie. Starke Charaktere, mit allen Ecken und Kanten! Aber sie
verlor niemals den Mut. Bei sechs Kindern und einem manchmal
doch etwas schwierigen Mann. Auch ihr Lächeln verlor sie nie. Sie
strahlte tief von innen heraus. Konnte andere damit anstecken. Mit-
reißen! In der Kirchengemeinde sind solche Menschen Gold wert.
Ich habe es immer sehr bedauert, dass sie so tiefgläubig gut katholisch war. Ab und zu hatte ich sie mir evangelisch zu sein gewünscht.
Wir hätten sie nämlich auch in unserer evangelischen Gemeinde gut
gebrauchen können.
Ihren Mut verlor sie nie, auch ihr Lachen nicht. Aber ihr Leben!
Krebs, lautete die Diagnose. Sein Lachen wurde wieder zum Grinsen.
Zum Grinsen, das jedem verbat und unmöglich machte, in ihn hineinzusehen, um zu spüren, wie es wirklich in ihm aussah. Sein gan-
zer Zynismus, der so lange ruhen konnte, war wieder da. Er wusste,
was auf ihn wartete. Das machte alles für ihn noch schlimmer. Eine
Geschichte wiederholte sich. So grausam, so unbarmherzig. Sie – sie
verlor ihr Lachen nicht. Ihr Gesicht ist in mir. Ihre Fröhlichkeit. Ihr
Glaube. Bei Wilhelm, meinem Freund, der Bruder in Taizé wurde
und genau so starb, hatte ich es schon einmal gesehen. Auch sein
Lachen, seine Güte, ein Gesicht, das Gott selbst wiederspiegelte, es
bleibt mir unvergessen. So wie ihres.
Krank, sehr krank schon fuhren wir gemeinsam nach Taizé. Nicht
alle aus der Gruppe wussten, wie es um sie stand. Deshalb wurde es
auch kein Thema. Ich sah sie in dieser Taizéwoche vor langer Zeit
an. Oft. Besonders wenn sie auf einem kleinen Holzbänkchen unter
der fünften Lampe von vorne auf der Orgelseite neben der Buchsbaumhecke saß. Das war ihr Platz. Dort saß sie. Sie wissen es ja alle,
in einer Kirche gibt es keine Stammplätze. Aber die meisten sitzen
dort, wo sie immer sitzen. Und wehe, da sitzt ein anderer! Sie saß
eben dort. Und ich – immer – unter der Orgel. Ich konnte sie sehen. Sie saß direkt unter der Lampe. Ich sah ihr Lächeln, während

sie betete. „Meine Hoffnung und meine Freude" sangen wir. Ich sah ihre Tränen während der Gebetsstille in der Mitte des Gottesdienstes. Ich sah ihre Müdigkeit, die sie vor uns so gerne verbarg. Und ich sah in ihrem Gesicht – ich weiß nicht, wie ich es anders beschreiben soll – eine große Liebe. Eine Liebe, die sie, obwohl sie eigentlich recht klein war, zu einer Riesin machte. Ich sah eine Liebe in ihrem Gesicht, die sogar dem Tod ins Gesicht lachen konnte, zumindest um ihm zu sagen: „Beides wirst du mir nicht nehmen! Nicht meine Liebe, nicht mein Lachen! Du nicht!" Ihr Lächeln war Freude, war Kampf, war Sieg!

Sie sog diese letzten Taizétage auf. Sie machte kein einziges Foto. Aber an vielen Stellen blieb sie einen Moment stehen. Schloss die Augen und fotografierte doch – mit dem Herzen. Sie malte Herzensfotos in ihre Seele, die sie mitnehmen wollte, überallhin. Genau wie die vielen anderen, die sie bis dahin bestimmt schon gemacht hatte oder noch machen sollte.

Ich bin zutiefst überzeugt, ihr Herz öffnete ihr dieses innere Schatzkästchen an ihren letzten Tagen, an denen wir an ihrem Bett saßen. Ihr Lachen musste dem Fieber weichen. Aber wir sahen ihre Ruhe, spürten ihren Frieden. Wünschten ihr alle Herzensfotos vor ihr inneres Auge. Bis sie endlich einschlief! Ihr Tod war eine Erlösung – für uns, die wir zurückblieben. Er wurde zur Erlösung, weil wir sehen durften, auch und gerade an ihrem Gesicht – trotz allen Fiebers –, dass die Liebe bleibt. Viel, viel später sollte ich das beim Sterben meiner Mutter noch einmal erleben dürfen. Beide Gesichter und der Friede darin haben mir ein gutes Stück meiner eigenen Angst genommen. Ein gutes Stück Erlösung, jetzt schon!

Sie starb. Er blieb zurück. Ich habe ihn vor Augen, oft, sehr oft. Er ist mir zum Glaubenskrisengesicht geworden. Immer dann, wenn ich an Gott zweifle – und ab und zu kommt das durchaus vor – habe ich sein Gesicht, sein geradezu zynisches Lächeln vor Augen. „Siehst du! Ich sag' es doch. Es gibt keinen Gott! Es kann keinen geben!" So spricht dieses Gesicht zu mir. Er war tot, lebendig tot. Wenn ich dies so schreibe, liegt darin nicht der leiseste Vorwurf! Überhaupt nicht! Es war einfach zu viel für ihn. Zwei Krebsgeschichten, zwei verstorbene Frauen, sechs Kinder. Wir alle haben uns gefragt: Warum? Natürlich ist diese Frage immer da. Genauso wie das vermeintliche Schweigen Gottes!

„Ich fahre in drei Wochen nach Taizé", erzählte ich ihm im Jahr nach ihrem Tod bei einem unserer vielen Gespräche. „Hast du einen Platz frei? Nimm mich mit!" Wie aus der Pistole geschossen kam seine Reaktion. Plätze waren genug frei. Ich wollte nämlich alleine fahren. Alles in mir sträubte sich. Aber ich fand keine Worte, um es ihm auszureden. Für einen kurzen Moment dachte ich, dass sich der liebe Gott dabei etwas gedacht haben musste. Deshalb meine Antwort: „Na klar! Wir beide fahren nach Taizé!" Er war noch nie dort gewesen. Kannte den Ort nur aus den Erzählungen seiner verstorbenen Frau. Mit ihrem lachenden Gesicht hatte sie oft und gern ihre Taizé-geschichten erzählt. Das ist auch nicht schwierig, wenn man diesen Ort so im Herzen hat, wie es bei ihr der Fall war.

Wir kamen an. Und er begann sie zu suchen. Kaum waren wir in der Kirche, wollte er wissen, wo sie gesessen hatte. Dort setzte er sich hin. Welche Wege war sie gegangen? Woran hatte sie ihre Freude? Welche Arbeit tat sie in Taizé? Alles wollte er wissen. Alles! Nur von einem wollte er nichts wissen. Von Gott! Gut, er ging in jeden Gottesdienst. Aber er saß irgendwie verloren da, schaute die Menschen um sich herum an und begann zu grinsen. Über so viel Naivität, Gutgläubigkeit, Harmoniesucht. Ich wartete förmlich darauf, dass er eines Tages in die Stille des Gebetes laut rief: „Gott gibt es nicht!" Er tat es nicht. Er tat etwas anderes. Er trank. Trank Wein. Flaschenweise, Tag für Tag. Ich war mit einem Trinker, für den es keinen Gott mehr gab, der lebendig tot war, der in allem nach seiner Frau suchte, in Taizé. Lieber Gott, warum? Ich spürte meine ganze Ohnmacht, meine Hilflosigkeit. Es gibt nicht viele Situationen, in denen ich glaube, gar nichts tun zu können. Meistens glaube ich daran, dass sich Dinge immer auch wenden lassen können, dass ich sogar mit daran drehen kann. Ihn konnte ich nur überlassen! Sich selbst! Vor allem aber ganz Gott! Davon war ich mittlerweile überzeugt. Er, Gott allein, wird gewusst haben, warum er ihn nach Taizé geholt hatte. Ich weiß es bis heute nicht wirklich. Aber eines weiß ich, es wurde mir schon während der Tage damals in Taizé ganz klar. Meine ganze Ohnmacht, meine ganze Hilflosigkeit – ich denke, dafür gab es zwei Gründe. Zum einen konnte ich ihn so gut verstehen. Ich begriff sein Leiden. In all seinem Fragen, in seinem ganzen Suchen, ja in seiner ganzen Selbstzerstörung begriff ich, dass ich – trotz all meines Glaubens – wohl ganz genau so zerbrochen wäre, hätte ich durchmachen müssen, was ihm auferlegt war. Deshalb machte ich auch keinen Versuch, ihn dort herauszuholen. Bei dem Versuch, bin ich mir sicher, hätte er mich eher mit hineingezogen.

Und das andere war die aufkommende Frage: Warum ich eigentlich nicht? Nichts ist sicher im Leben! Warum bin ich bisher von solchen Katastrophen verschont geblieben? Wieso spüre ich von der Gnade Gottes mehr als er? Ich begriff mein Leben als ein großes Geschenk, über das ich mich täglich neu freuen darf. Es ist keine Selbstverständlichkeit! Da war Freude über mein Leben. Und da war die Angst vor dem Moment, in dem das alles zerbrechen könnte. Vielleicht nicht so grausam wie bei ihm. Aber anders! Und genau so – eben anders – sollte es einige Jahre später dann ja auch kommen! Gut, dass ich es damals noch nicht gewusst habe.

Diese Woche mit ihm in Taizé war mit Sicherheit meine schwierigste an meinem Sehnsuchtsort, meiner geistlichen Heimat. Als ich ihn zu Hause abgesetzt hatte, seine Einladung zu einem „Abschlussschlückchen" ausgeschlagen hatte und wieder allein im Auto saß, fühlte ich mich erlöst. Fühlte mich befreit. Auch von den traurigen Anblicken und Gedanken der vergangenen Taizéwoche.

Es dauerte nicht mehr lange, dann starb auch er. Er hatte sich ganz seinem Freund, dem Wein, anvertraut. Der hatte ihm dabei geholfen, so gut er es konnte. Und er konnte es! Wir alle seine Freunde, die immer weniger wurden, konnten es nicht.

Unvergessen eingebrannt sind mir die Gesichter der beiden. Ihr Lachen, sein Grinsen. Gerne hätte ich ihnen geholfen, das Schwere leichter zu nehmen. Aber manches kann nur Gott allein! Und das ist gut so!

Und noch eines ist da. Noch ein Gesicht. In meiner Erinnerung, in meinem Herzen! In meiner Dankbarkeit! Horst!

Horsts Gesicht! Ich nenne kaum Namen in diesem Buch. Jetzt tue ich es! Denn Engel muss man beim Namen nennen! Das ist schon seit urbiblischen Zeiten so.

Horst! Wenn er lachte, lachte die Welt! Wenn er weinte und traurig guckte, versank die Welt in einem Tränenmeer. Horst war ein Kind mit vielen körperlichen Behinderungen. Seine Spastik im Körper verhinderte selbst im Rollstuhl kontrollierte Bewegungen. Er konnte seinen Arm bewegen und unkontrolliert seinen Kopf. Mit dem Arm konnte er, wenn wir sangen, dirigieren. Er hätte ein Sinfonieorchester dirigieren können. So viel Taktgefühlt hatte er im Arm, wenn er Musik hörte. Alle Spastik musste sich in solch musikalischen Momenten seinem Taktgefühl ergeben. Und mit seinem Gesicht erklärte Horst die Welt! Seine Welt!

Mich hatte es ganz unvermutet getroffen. Der damalige Superintendent ließ mir keine, absolut keine andere Chance. Ich hatte mir eine gemütliche Kirchengemeinde als erste Pfarrstelle ausgemalt. „Ich brauche einen Pfarrer in der Diakonie! Sie machen das!" Bei dieser Gelegenheit erwähne ich nur kurz, dass er in seinem früheren Leben im Krieg „Kaleun" – also U-Boot-Kapitänleutnant – war. Sie ahnen deshalb hoffentlich den Tonfall, in dem er mir die – was ich damals noch nicht wusste – gute Nachricht verkündete. Ich weiß leider nicht mehr, ob ich in diesem Moment die Hacken zusammengeschlagen hatte. Aber ich glaube schon!

Ich wurde also Pfarrer in der Diakonie. Pfarrer für Menschen mit schwersten körperlichen und auch geistigen Behinderungen. Und ich hatte keine Ahnung, was ich wie mit wem machen könnte. Gut, Konfirmandenarbeit zum Beispiel hatte ich gelernt. Im Predigerseminar und im Vikariat. Aber sieben junge Menschen, alle im Rollstuhl, unfähig zu reden, zumindest auf meine Art, unfähig, sich zu bewegen, alle so ganz anders. Ich war so allein! Horst war in der Gruppe. Horst war katholisch. Aber er liebte Bibelgeschichten, hatte jemand erzählt. Deshalb kam er einfach mit in den Konfi-Unterricht. Ich werde es nie vergessen. Horst sah mich an. Bei unserem ersten Zusammentreffen in der Schule für Kinder mit Körperbehinderungen sah er mich an. Sah mich an und strahlte. Ich kann mich nicht erinnern, jemals in einem Gesicht solche Freude gesehen zu haben. Man hatte ihm erzählt, dass ein neuer Pfarrer kommt. Er sah mich an und strahlte. Seine Freude sprach zu mir: „Herzlich willkommen! Schön, dass du da bist! Wir haben auf dich gewartet!" Meine innere Abwehr gegen den Weg, auf den Gott mich gesetzt hatte, schmolz in dem Maße wie Horst strahlte. Und jauchzte! Für einen kurzen Moment glaubte ich, Gott in seinem Gesicht zu erkennen. „Hier und Jetzt! Es ist dein Platz!", sprach er. Horst wurde mein ständiger Begleiter! Kein Tag, ohne dass ich ihm nicht mindestens einmal begegnete. Und immer, wenn wir uns sahen, rappelte sein Rollstuhl. So sehr schüttelte er sich. Es passiert nur sehr selten, dass sich Menschen vor Freude schütteln, wenn sie auf mich treffen. Er tat es.

Von Horst lernte ich – wie natürlich von allen meinen damaligen Konfis und den vielen anderen Menschen, die zu meiner außergewöhnlichen Gemeinde gehörten –, dass er natürlich mit mir reden konnte, dass er sich natürlich auch durch Bewegung ausdrücken konnte. Eben anders! So lange anders, bis mir seine Gesten, Laute, Bewegungen, Blicke und eben sein Gesicht vertraut wurden. So vertraut, dass es noch einmal anders wurde. Nicht mehr befremdlich anders, vertraut anders eben. Nur noch vertraut! Horst lehrte mich ihn anzusehen. Ihn so zu sehen, wie er eben war. Nein, das trifft es nicht. Deshalb noch einmal anders: Er lehrte mich nicht zu sehen, wie er war, sondern dass er war. So war, wie er eben war. Einzigartig. Glücklich an manchen Tagen. Traurig an anderen. Horst konnte Tränen weinen – groß wie Rosinen oder Weintrauben. Kullertränen, er konnte sie weinen. Niemals habe ich Tränen so langsam an einer Wange herunterlaufen sehen wie bei Horst. Ich weiß nicht, wie er das oder ob er etwas machte. Aber niemand konnte strahlen wie er, niemand konnte weinen wie er.

Deshalb ist Horst ein Mensch, der für immer in meinem Herzen ist. Ein Gesicht, in dem ich lesen durfte, mich erkennen durfte. Ein Gesicht eines Menschen, das nicht lügen konnte, das bereit war, jedes Gefühl mit mir zu teilen. Ein Gesicht eines Menschen, das mich in der Erinnerung mit so viel Dankbarkeit erfüllt und zu Recht für immer einen Platz auf meiner Herzensfestplatte behalten wird. Ein Gesicht wie eine offene und einladende Tür, durch die ich gerne noch einmal gehen würde, um noch einmal an einem besonderen Ort zu Hause sein zu dürfen.

Horst war 15 Jahre alt, als er starb. Es war eine der eindrücklichsten Beerdigungen, die ich in meinem Leben jemals erlebt hatte. So viele Menschen. So viel liebevolles Lächeln aller bei jeder Erinnerung. So viel Liebe in den Gesichtern seiner Eltern und Großeltern. Ich weiß noch wie heute, wie ich mich mit meinen verweinten Augen umsah. Ich schaute mich um und sah die vielen wirklich trauernden Menschen. Mir wurde in diesem Moment noch einmal klar, dass es all diese trauernden Menschen waren, die er in seiner so kurzen Lebenszeit offensichtlich genau so wie mich in jeder Begegnung mit ihm fröhlich gemacht hatte. Glücklich! Ermutigt! Wieder kommt mir der Satz von Mutter Teresa in den Sinn, den Sie an anderer Stelle in diesem Buch schon einmal finden:

„Lass nicht zu, dass du jemandem begegnest, der nicht nach der Begegnung mit dir glücklicher geworden ist!"

Das war Horst. Seht, welch ein Mensch! Ein Engel! Mein Engel! Ich danke dir und denk' an dich! Und wenn ich manchmal da stehe, in den Spiegel sehe und mich sehe, erkenne, erkenne in allem, was war, dann treten eben Menschen an meine Seite. „Es war nicht alles leicht!", sagen sie zu mir. „Aber nimm alles auch nicht zu schwer! Für uns ist gesorgt. Es geht uns gut! Sorge du für dich! Und lass es dir gut gehen! Wir sehen uns! Aber lass dir ruhig Zeit!"

So höre ich sie reden. Und dann starte ich in den Tag. In einen neuen, wunderbaren Tag!

ALLES NICHT SO EINFACH

Wenn du einfach nicht mehr schlafen kannst,
wenn du einfach nicht mehr denken willst,
wenn du einfach nicht mehr tragen kannst,
wenn du einfach nichts mehr sagen willst.

Dann setz' dich hin, erkenn', dass es nicht einfach ist,
ganz neu zu seh'n, wer du selbst und wirklich bist.
Stell vor den Spiegel dich und schau' dich an. ·
Nimm' einen Stift und mach' dich endlich dran:
Mal' dir ein Lachen wieder ins Gesicht.
Mal' dir die Falten endlich aus der Stirn.
Mal' dir die Ohren groß zum neuen Hören.
Mal' dir die Augen weit zum neuen Seh'n.
Mal' deine Wangen rund und rosig rot.
Mal' dir die Nase so wie du sie magst.
Mal' dir dein Haar als Spiel im Wind.
Mal' dir 'nen Mund, der Wahrheit sagt.

Wenn du einfach nicht mehr lieben kannst,
wenn du einfach nicht mehr geben willst,
wenn du einfach nicht vertrauen kannst,
wenn du einfach nicht mehr leben willst.

Dann setz' dich hin, erkenn', dass es nicht einfach ist, ...

Und dann freu' dich wieder über dich.
Lach' es an und lach' es aus – dein Spiegelbild.
Und dann starte einfach wieder neu,
weil es nur jetzt und hier zu leben gilt.

Wie du eben bist

„Ich bin, wie ich bin!"

Habe den Satz

hundertmal abgeschrieben.

Langsam erkenne ich

den Zauber darin!

Wunderbar!

Manchmal möchte ich aus meiner Haut. Manchmal möchte ich ein ganz Anderer sein. Allerdings – welches Ich möchte da raus aus der Haut? Was bliebe dann eigentlich übrig? Und warum? Ich stelle mir gerade eine Schlange vor. Sie häutet sich. Wenn sie genug von sich selbst hat – so scheint es –, wenn sie einfach noch einmal neu und schön anfangen möchte, zack, Haut ab und Aaah!

Menschen versuchen es oft anders. Versuchen eher verzweifelt, alte Haut oder alt werdende Haut zu verjüngen. Mit manchmal eher traurigen Ergebnissen. Eine Schlange hat es da viel leichter. Sie wirft ab, was verbraucht ist und präsentiert sich neu. Ohne dabei jünger zu werden, einfach irgendwie frischer, obwohl sie dieselbe geblieben ist. So stelle ich mir das für mich manchmal vor. „Altes ist vergangen, siehe, Neues ist geworden", Zitat aus meinem Lieblingsbuch (2. Kor 5,17). Aber hat mich das Vergangene nicht geprägt? Hat es mich nicht werden lassen, wie ich jetzt bin? Und ist es nicht gut, dass alles so geworden ist? Davon schwärme ich in diesem Buch doch geradezu in jedem Kapitel!

Natürlich ist es gut! Es ist wunderbar, aber das wissen Sie, liebe Leserin, lieber Leser, längst. Nur der Weg dorthin, er hätte durchaus leichter sein können. So viele Schmerzen und Verletzungen, hat das, lieber Gott, wirklich sein müssen? Und warum? In Momenten, in denen ich dachte, so könnte es bleiben, kam es meist ganz anders. Ganz unerwartet anders. Was macht mich dann jetzt so ruhig und freudig vertrauend, dass nun Stetigkeit, Kontinuität und Gelassenheit mein Leben tragen werden? Mit allem, was es bringen wird.

Meine Erklärung ist denkbar einfach. Ich schaue nicht mehr zurück. Ich schaue nicht mehr mit der offenen Frage im Kopf zurück, ob ich etwas hätte anders machen müssen. Ich plane nicht mehr nach vorne, was noch alles zu tun bleibt, wofür vielleicht vorzusorgen wäre. Es ist vielmehr der Augenblick! Es ist meine neu gewonnene und vor allem erlernte Freiheit, den Augenblick zu leben. Ich lebe jetzt! Nicht gestern, noch nicht morgen! Ich lebe jetzt, ich lebe ganz! Ich lebe hier! Und genieße es. Jeden neuen Tag. Zum Beispiel einen Tag wie diesen, den Gott mir mit einem geradezu unbeschreiblichen und inwendigen Sonnenaufgang in Taizé sinnbildhaft vor mein Leben stellt, während ich das schreibe. Ich bin ich! So, wie ich bin! Und so ist's gut!

Klar, oft war da der Gedanke, ein ganz anderer zu sein. Aber außer Bruder in Taizé zu werden, fällt mir eigentlich nichts ein. Doch selbst da wäre ich kein anderer. Ich wäre nur ein wenig anders anders. Ich spüre gerade noch einmal sehr deutlich, wie wach dieses Sehnen noch in mir ist. Es war immer da, und es wird immer bleiben. Und ich lasse es einfach zu! Weil ich gelernt und angenommen habe, dass Gott mich woanders haben wollte. Aber lieber Gott, lass mir mein Sehnen! Du hast mich doch in der weißen Kutte schon gesehen, weißt du noch? Ich war doch ganz nah dran! Durfte sie tragen. Mal ehrlich, sie stand mir doch gar nicht so schlecht, oder?! Nun, es ist, wie es eben ist. Im Augenblick leben, im Heute Gottes, das reicht mir! Erfüllt mich ganz! Und ein anderer sein – ganz ehrlich, wer wollte ich sein? Fällt Ihnen jemand ein, in dessen Haut sie schlüpfen möchten und Ihr ganzes eigenes Leben dafür wirklich aufgeben würden? Ein Politiker vielleicht, jemand der sich für das Gemeinwohl einsetzt, der sich dafür immer von Andersdenkenden beschimpfen lassen muss, der immer auch in der Gefahr steht, irgendwann seine Ideale zum Machterhalt und zum Einbringen seiner Schäfchen ins Trockene zu verraten? Oder ein Topfußballspieler, der wie ein Sklave gekauft und verkauft wird, natürlich mit einem millionenschweren Trostpflaster auf die eigene Unmoral? Mir fällt wirklich niemand ein, der ich sein möchte. Und ich hoffe sehr, Ihnen geht es auch so. Denn der liebe Gott freut sich doch an uns, so wie wir eben sind. Mit jeder und jedem von uns hat er sich solche Mühe gemacht. Einzigartig und wertvoll, jeder Mensch! Sogar Du und ich! Wunderbar! Und genau damit müssen und dürfen wir eben leben!

Obwohl – lieber Gott, so ein paar Dinge hätte ich vielleicht bei mir doch ein wenig anders gewichtet. Zum Beispiel ein bisschen vom Bauch in den Bizeps. Oder von allem insgesamt ein bisschen weniger. Außer von meinem – und das sage ich jetzt wieder in der mir so ganz eigenen Bescheidenheit – großen Herzen, aus dem ich gerne gebe. Besonders an die Menschen, die ich liebe. Oft habe ich versucht, anders zu werden. In einer tiefsten Depression vor vielen Jahren wollte ich – ich erinnere mich – laufen. „Lauf!", hatte jemand gesagt. „Laufen ist Meditation! Laufen macht frei!" Das war genau das, was ich damals wollte. Frei sein. Nicht mehr das ganze Leid dieser Welt tragen, in diesem Gefühl lebte ich tatsächlich eine Zeit lang. Das eigene Scheitern. Ich wollte mich nicht mehr meinen Depressionen hingeben, die mir fast den Respekt meiner Kinder vor mir geraubt hätten. So beschloss ich eines Tages eben zu laufen. Laufen macht nämlich frei!

Ich weiß nicht mehr genau, wer mir das sagte. Es gibt drei Verdächtige in meiner Erinnerung. Eines Tages werde ich es wieder genau wissen. Und dann erwische ich ihn! Jedenfalls kaufte ich mir erst einmal sündhaft teure, weil natürlich speziell an meine Füße angepasste Laufschuhe. Dazu ein komplettes Laufequipment. Mit Leuchtstreifen für Nachtläufe, Nachtkopflampe. Laufgürtel, mit Handy- und Flaschenhalter sowie Platz für weitere Laufnotwendig-keiten. Ich bestaunte mich vor dem Spiegel, sah aus, als ob ich in meinem ganzen Leben nichts anderes gemacht hätte als zu laufen. Ich sah allerdings auch ein wenig aus wie John Wayne, dem man sein Pferd geklaut hatte. Aber allein beim Blick in den Spiegel ahnte ich schon den Siegerkranz nach meinem ersten Halbmarathon auf dem Kopf!

Genau zum Training für solch einen Lauf hatte ich mich nämlich einer Trainingsgruppe für Laufanfänger angeschlossen. „Extra für Einsteiger" – es stand groß auf dem Flyer. Pustekuchen! Hörte ich den Geschichten meiner Trainingskameraden zu, hörte ich Laufgeschichten, die von allem erzählten, aber nicht von Neueinstiegen oder Anfängen. Heute weiß ich, es gibt nicht nur Jäger- und Anglerlatein, es gibt auch Läuferlatein. Jedenfalls fand ich mich eines Abends auf einem Parkplatz wieder. Dehnen, eine Vorübung vor jedem Lauf, war angesagt. „Stretching" – um im Laufjargon zu bleiben. Dehnen Sie mal einen Körper auf, der von Depressionen geplagt wochenlang zusammengekrümmt, in Selbstmitleid badend einfach nur bewegungslos dagehockt hatte. Es knackte, es knirschte vom Kopf bis in den kleinen Zeh. So laut, dass die anderen im Kreis Stehenden manchmal geradezu hochschraken und mich ansahen – in der festen Annahme, nun wäre ich vollends auseinandergebrochen. Gequält lächelte ich sie an. „Geht schon! Weitermachen!" Nächste Übung. Mit durchgestreckten Beinen mit den Händen die Füße erreichen! In der Schule, als ich noch der Kleinste in der Klasse war, war das meine Spezialität. Damals da auf dem Parkplatz, war es irgendwie anders. Ich bückte mich, sah an mir runter. Und sah meine Füße nicht! Vielmehr ich sah sie schon, aber sie waren so weit weg, so weit unten! Ich schaute runter und überlegte. Was konnte in den Jahren seit dem Schulsportunterricht passiert sein? Beine länger geworden? Oder Arme kürzer? Zwischen dem Ende meiner Arme und meinen grinsenden Füßen klaffte jedenfalls eine beachtliche Lücke. Mit sanftem Zug nach unten versuchten meine Hände das Übungsziel noch irgendwie umzusetzen. Allerdings machte mein Rücken ihnen einen Strich durch die Rechnung. „Ohne mich!", sagte er. „Ich steige aus!" Und ließ auch nicht mehr mit sich handeln. Ich musste an den Apostel Paulus denken und sein Nachdenken über die vielen Glieder an dem einen Leib (1. Kor 12,12-31). Oder war es Otto Waalkes mit seinem Sketch „Großhirn an Kleinhirn"? Jedenfalls meldeten sich meine Knie. Sie wollten helfen, wo sich der Rücken beleidigt abgewandt hatte. Sie beugten sich so weit nach unten, dass sich endlich Hände und Füße ausführlich begrüßen konnten. Allerdings sah ich deshalb mittlerweile eher wie ein Frosch aus, der den Absprung ins Wasser irgendwie verpasst hatte. Jede Ästhetik meiner Lauffreunde ließ meine Haltung vermissen. Gut, dass ich mich in diesem Moment nicht von hinten gesehen habe. Zumindest hatte ich die wohl teuersten Laufklamotten an, war deshalb zumindest ein ansehnlicher Frosch.

Irgendwann ging es dann tatsächlich los. Endlich laufen! Start in eine neue Freiheit! In ein neues Leben! Laufen, um zu meditieren, die Mitte wieder zu finden! Wieder zu sich selbst finden! Endlich! „Findet euer Tempo! Es ist dann richtig, wenn ihr euch während des Laufens noch unterhalten könnt! Zumindest jetzt am Anfang!" Alle, die bisher noch weitgehend geschwiegen hatten, begannen zu laufen. Zu laufen und zu reden! Alle irgendwie gleichzeitig! Ich wusste gar nicht, wem ich zuhören sollte! Oder mit wem ich mich unterhalten sollte! Es dauerte keine fünf Minuten, dann brauchte ich darüber auch gar nicht mehr nachzudenken. Ich war allein. Alle anderen liefen hundert Meter vor mir, unterhielten sich munter und liefen. Ich schnaufte irgendwie hinterher, schnappte nach Luft, unfähig zu nur einem einzigen Wort für ein Selbstgespräch! Denn außer mir war niemand mehr bei mir. Aber etwas erwachte in mir. Mein altes Kämpferherz aus Schultagen. Ich als kleines „Kannkind" war immer ein Jahr jünger und einen Kopf kleiner als alle anderen. Ich musste immer mehr geben, ehrgeiziger sein, nur um mitzuhalten. Ich erinnerte mich an meine sportlichen Hoch-Zeiten als Handballer und Tischtennisspieler. Und ich kam ran. Ran an mein eigenes wiederauflebendes Leistungsvermögen. Von Laufabend zu Laufabend konnte ich besser mithalten. Irgendwann hatte ich sogar ein Lied auf den Lippen, als ich – und das wurde meine Lauftaktik – immer langsam anfing, um dann das Tempo kontinuierlich so hoch zu fahren, bis mein Körper signalisierte: „Alle Maschinen Volldampf voraus!" Ich zog an manchem anderen aus meiner Laufgruppe vorbei. Ich begann sogar an andere Dinge zu denken. Begann, etwas von der meditierenden Kraft des Laufens zu spüren. Begann, nicht mehr zu überlegen, wie lange ich noch laufen musste, sondern eher, wohin mein Leben laufen sollte.

Das Halbmarathontraining machte enorme Fortschritte. Der Wettkampf, das Rennen nahte. Einmal im Leben, war meine Devise. Einmal im Leben wollte ich solch ein Rennen wirklich mal laufen. Zwei Wochen vor dem Lauf trainierten wir wieder gemeinsam. Es lief sich so leicht. Wir liefen und unterhielten uns. „Ihr werdet sehen", sagte unser Trainer, „dieses Rennen wird nur der erste Schritt sein! Lauft dieses Rennen. Dann werdet ihr euch neue Ziele setzen! Der Gutenberg-Marathon in Mainz, ein Stadtlauf, das wär' doch was!" Mein mit Adrenalin bepumpter Körper ließ in einem Anflug von Wahnsinn diesen Gedanken kurz zu. 42,195 km – Mainz! Gutenberg-Marathon! Ich hatte zu laut gedacht. Meine Muskelfasern im rechten Bein mussten diesen Gedanken gehört haben. Denn sie schienen augenblicklich darüber abzustimmen, ob sie diesen Gedanken ernst nehmen sollten. Die eine Hälfte entschied sich für den Fuß, also das Laufen. Die andere Hälfte entschied sich für den Kopf, also gegen den Wahnsinn. Da sie sich offensichtlich nicht einigen konnten, trennten sie sich im Streit, rissen sich einfach auseinander, ein ganzes Bündel. „Pling!", machte es. „Pling!" So laut, dass es für meine Mitläufer hörbar schien. Sie sahen noch, wie ich ein paar Schritte auslief, aushumpelte, den Schmerz zuließ und mich auf den Boden setzte. Das war's mit meiner Laufkarriere! Dick bandagiert kam ich aus der Ambulanz nach Hause, legte mich auf's Sofa und machte mir erst einmal ein Bier auf. „Na siehst du", hörte ich meinen Bauch flüstern, dem es in den Trainingswochen deutlich an den Kragen gegangen war, „das hätten wir uns sparen können!" Sofort beschloss er, wieder zu wachsen. Ich hatte jedenfalls die Lust verloren. Laufen war einfach irgendwie nicht mein Ding!

Genau wie das Tanzen. Eine für mich geradezu traumatische Erfahrung und Erinnerung, gegen die ich allerdings demnächst ankämpfen und sie bezwingen werde. Aber dazu später mehr. Erinnern Sie sich noch? Früher war Jugendzeit immer auch Tanzschulzeit! Es gab bei uns am Niederrhein sogar verbreitet „Klassenparties". Unsere 8b des Jungengymnasiums lud die 7b des Mädchengymnasiums zur nachmittäglichen Tanzparty ein. Selbstverständlich mit zwei Lehrkörpern als Aufsicht. Sie waren in meiner Erinnerung nur da, um sich beim ersten Klammerblues zu „Nights in white satin" von den Moody Blues laut zu räuspern, falls der Körperkontakt in Gefahr stand, wirklich zu einem solchen zu werden.

Jedenfalls halfen auf solchen organisierten Partys kichernder Pubertiere keine dummen Sprüche, um zu beeindrucken. Es halfen nur und ausschließlich Tanzkünste. Also meldete sich meine ganze Klasse geschlossen in der Tanzschule Parker an – konkurrenzlose Einrichtung, weil die einzige in meiner Heimatstadt. Eine echte Goldgrube für die betreibende Frau Parker. Sie war groß, sie war breit. Sie hatte das Auftreten einer Internatsleiterin der frühen 60er Jahre. Hochsteckfrisur und niemals ein Lächeln. Sie verkörperte geradezu alles, was mich davon abhalten sollte, ausgerechnet bei ihr das Tanzen zu erlernen. Wenn, ja wenn da nicht diejenige gewesen wäre, an die sie eines Tages wohl ihr „Tanzinstitut" – eine „Tanzschule" tat es bei ihr nicht – abtreten sollte. Ihre Tochter Pamela Parker! Für mich und alle anderen Jungen natürlich ein Name wie Musik und unvergesslich. Pamela war einfach nur schön! War Traumfrau! War Mitte zwanzig, für uns Pubertiere also unerreichbar, weil viel zu alt, aber anregend für alle Phantasien, zu denen wir damals fähig waren. Der Tanzkurs begann. Einleitende Worte über Etikette und anderes. Dann langsamer Walzer. Irgendwie beginnen alle Anfängerkurse seit Generationen mit langsamem Walzer. Damenwahl. Alle Mädels – übrigens alle ebenso wie alle anderen Jungen einen Kopf größer als ich – stürzten sich auf die Jungen, um bloß einen Tanzpartner zu bekommen. Ich blieb natürlich übrig. Was mich nicht besonders schockierte. Schließlich blieb ich immer übrig. Beim Schulsport wurde ich niemals in eine Mannschaft gewählt, sondern zum Schluss vom Sportlehrer immer einer Mannschaft zugeteilt, was diese dann mit einem kollektiven Herunterklappen der Kinnladen quittierte. Aber das hatten wir ja schon an anderer Stelle. Ich vertraute also auf die Weisheit von Frau Parker sen. und hatte eine leise, traumerfüllende

Hoffnung. Sie könnte doch... Pamela...!

Pamela bedient die Schallplattenanlage – ja, so war das damals – und machte keinerlei Anstalten, sich auf mich zu zu bewegen. Jemand anderes tat es allerdings. Mit unglaublich dicken Füßen in viel zu engen Schuhen, mit tollkirschenrot bemalten Lippen, einer enormen Oberweite in einem viel zu engen Kleid kam sie auf mich zu, walzte heran – Frau Parker sen. Wie ein Reh, das nachts starr und unbewegt auf der Straße steht und nicht glaubt, dass das Scheinwerferlicht direkt auf es zukommt, um dann in einer Katastrophe zu enden, genau so stand ich da. Links war keiner, rechts war keiner. Ich war ihr Ziel, ich ganz allein. Nun glauben sie bloß nicht, dass „Damenwahl" auch für sie gegolten hätte. Dann hätte sie mich ja aufgefordert. Ich hätte „Nö" gesagt und wäre fortgerannt. Nein, ich beschreibe es, wie es war. Und wenn Sie glauben, ich übertreibe jetzt, dann kann ich nur schreiben: Die Realität war sicher noch schlimmer, denn ich schreibe nur das auf, was mir unvergesslich geblieben ist.

Also: sie packte mich, presste mich an sie, was dazu führte, dass ich mich mit meinem Gesicht unterhalb ihres enormen Busens und oberhalb ihres Bauchnabels wiederfand, geradewegs auf einer Fläche, die einen Mix aus Schweiß und „4711 – Echt Kölnisch Wasser" absonderte. Noch heute glaube ich bei meiner Erinnerung an diese Zeit, diesen Geruch in der Nase zu haben. Ich merkte, wie ich mich bewegte. Eine undeutliche Stimme über mir erzählte etwas von Walzertakt und Dreivierteltakt. Schreiben wir es einmal so. Ich denke, ich wurde bewegt. Ob meine Füße dabei wirklich den Boden berührten, ich kann es Ihnen heute ehrlicherweise nicht mit Bestimmtheit schreiben.

Irgendwann nach ein paar Kursstunden, in denen sich für mich diese Peinlichkeit einige Male wiederholt hatte, war mir klar: für mich ging es hier nicht um die Kunst des Tanzens. Für mich ging es einfach ums Überleben! Nur überleben und dann diese Karriere beenden, abhaken! Vergessen! Tanzen ist nicht mein Ding!

Später, viel später sollte ich es noch einmal versuchen! Mit einer ganzen Clique aus meiner Kirchengemeinde. In einer Tanzschule mit verspiegelten Wänden im Tanzsaal. Über die Jahre und Jahrzehnte sah ich mittlerweile ein bisschen so aus wie Frau Parker in meiner Erinnerung. Ich war groß geworden, rund geworden, stattlich übergewichtig und steckte in zu engen Hosen und Hemden!

Und Schuhen! Nach den ersten Bewegungen vor der unbarmherzigen Spiegelwand stand es für mich innerlich sofort wieder fest, ganz genau wie vor Jahrzehnten vorher. Abhaken! Vergessen! Tanzen ist einfach nicht mein Ding!

Obwohl: ich werde es noch einmal versuchen! Ehrlich! Ich sollte das hier allerdings besser nicht schreiben. Ich sollte es nicht, weil ich nicht weiß, was passieren wird, wenn meine Frau dieses Buch einmal lesen sollte und an diese Stelle kommt. Ich weiß, sie wünscht es sich so sehr, mit mir zu tanzen. Jahrelang habe ich mich gedrückt und verweigert. Ich weiß auch, wie traurig es sie macht, dass wir es nicht tun. Aber ich werde es tun! In letzter Zeit passiert es immer häufiger, dass ich eine Melodie, die ich z.B. im Fernsehen höre, einem bestimmten Tanz zuordnen kann. Dann nehme ich – natürlich nur wenn ich allein zu Hause bin – meine Frau in Gedanken in die Arme und tanze durchs Wohnzimmer. Dann spüre ich es ganz deutlich, es könnte klappen. Ich ahne auch, warum es endlich funktionieren könnte. Es ist diese Frau! Das passt. Es wird passen. Nicht, dass ich auch nur die leiseste Hoffnung hätte, sie würde sich von mir führen lassen. Im Leben nicht! Aber es wird der Takt sein. Der Takt

Der offene Himmel! Wir haben ihn beide gesehen, ganz am Ende! Du bist dort. Und ich sehe dich!

der Melodie, der Musik, vor allem aber des Herzens, der uns tragen und führen wird. Er wird es richten. Ich freue mich jetzt schon darauf. Wird sie diese Stelle lesen und mich auffordern, ich würde auf der Stelle mit ihr tanzen. Andersherum werde ich mit ihr, hoffentlich bald, nachdem ich dieses Versprechen zu Papier gebracht habe und dieses Buch in ihren Händen liegt, darauf mit ihr anstoßen, an einem Ort mit Musik – und Tanz!

Nur eines könnte mich dazu bewegen, dieses Versprechen platzen zu lassen: 4711 – Echt Kölnisch Wasser! Dann wäre ich aus dieser Nummer raus! Für immer! Aber diese Gefahr besteht bei meiner guten und in vielem besseren Hälfte eher nicht!

Warum schreibe ich das eigentlich alles? Nun, weil es diese beiden und viele andere Erinnerungen sind, die mich wissen lassen, was ich nicht bin und was ich nicht kann. Ich könnte noch viele andere Dinge aufzählen. Niemand ist alles, niemand kann alles. Wichtig ist mir geworden – und es hat fast sechs Jahrzehnte gedauert, das herauszufinden –, zu wissen, wer ich bin und was ich bin. Und das nicht nur zu wissen, sondern auch anzunehmen. Es nicht nur anzunehmen, sondern darin auch meine Zufriedenheit zu finden.

Ich bin Pfarrer! Ich bin es gern! Ich möchte nichts anderes sein! Außer vielleicht Liedermacher und Autor, aber davon könnte ich niemals leben, also weg mit diesem Gedanken – in die Kategorie „Geliebtes Hobby". Ich liebe es, das zu leben, was Gott selbst mir vor langer Zeit in der Kirche von Taizé durch einen der Brüder ins Ohr flüsterte: „Hilf, dass viele Menschen in der Kirche einen Platz finden!" Das ist mein Lebensprogramm, mein geistliches Programm geworden. Ich möchte keine Kirche reformieren. Ich möchte keine Kirche kleinreden, aber auch nicht schönreden. Solange sie in Konfessionen getrennt lebt, bleibt sie der verwundete Leib Christi. Mir reicht auch nicht die Feststellung der Kirchenleitenden, dass wir in der Kirche ärmer, älter und weniger werden. Ich liege manchmal im Gras vor Zelt F in Taizé oder im Liegestuhl auf Georges' Terrasse, denke an diese arme, alte und so klein gewordene Kirche. Ich schließe die Augen, atme tief. Dann sehe ich sie aufstehen: jünger, größer geworden und reicher! Nicht an Geld! Aber an Hoffnung, an Zutrauen, an der Fähigkeit mitzuleiden. Ich sehe eine Kirche, die lächelt, die sich den Menschen wieder neu und liebenswert zuwendet. Eine Kirche, die lächelt – genau so wie der liebe Gott, an den ich glaube. Der Gott, der mich anschaut und sagt: „Lass dir diesen Traum nicht vermiesen! Lebe ihn! Suche sie; suche und finde die, die ihn auch träumen! Und dann steht auf und lebt diesen Traum gemeinsam! Ich bin auf jeden Fall dabei!"

Und bevor der liebe Gott sich wieder in seinen himmlischen Schaukelstuhl setzt, um sich von den Menschen seiner Kirche, die ihm mit ihrem ewigen Genörgel vieles manchmal so schwierig machen, zu erholen, dreht er sich noch einmal kurz um. Er lächelt mich – so wie ich es liebe – an. „Ach übrigens! Das mit dem anders sein und dem aus der Haut schlüpfen, das kannst du vergessen! Ich habe dich so gewollt! Genau wie du eben bist! Hast du damit ein Problem?" Ich lächle zurück. „Nö! Warum sollte ich?!"

WIE DU EBEN BIST

Manchmal möchte ich aus meiner Haut.
Manchmal möcht' ich ein ganz and'rer sein.
Denk' es leis' und oft sag' ich's auch laut,
anders wär' ich wohl nicht mehr dein.
Drum bleib' ich wie ich bin.
Denn so wie's ist, ist's gut.
Denn um mich zu ändern,
fehlt mir sowieso – der Mut.

Ich möchte laufen, wie ich's früher tat.
Das Knie sagt: „Läuft nicht mehr!"
Ich möchte wandern, jedoch der Bauch sagt:
„Bin doch viel zu schwer!"
Ich möchte schwimmen, doch die Schultern rufen: „Nein!"
Und so schleicht sich bei mir ein Gedanke ein.
Manchmal möchte ich aus meiner Haut. ...

Möchte tanzen, doch die Füße rufen:
„Kannst du nicht!"
Ich möchte aufrecht steh'n, das Kreuz es sagt:
„Das geht doch nicht!"
Ich möchte springen wie ein junger Bock.
Mach nur so weiter, dann gehst du bald am Stock.
Manchmal möchte ich aus meiner Haut. ...

Möchte ordentlicher sein, das Chaos ruft:
„Magst du mich gar nicht mehr?"
Möchte konsequenter sein, die Kinder fragen:
„Wo kommt das jetzt her?"
Ich möchte einfach einfach leben.
Würd' ich doch nicht so sehr am alten Leben kleben.
Manchmal möchte ich aus meiner Haut. ...

Vielleicht sollt' ich's doch versuchen,
bei Gott ein neues Leben buchen.
Er lacht mich an, sagt: „Ich habe keins!
Leb' dein Leben, denn du hast nur eins!
Versuch es einfach anders
und wenn du nicht anders bist,
dann bleib' doch einfach so,
so wie du eben bist!"

Hättest mehr verdient

Wenn ich als Kind gewusst hätte,

was dich im Alter erwartet,

ich hätte es dir

leichter gemacht.

Ehrlich!

Ich merke, wie meine Hand zittert und mein Atem schwer wird. Ich spüre den Schatten, der über meinem Herzen liegt. Alles ist anders! Ich schreibe dieses Kapitel, und es ist fast genau vier Wochen her, da habe ich sie beerdigt. Meine Mutter! Ich sitze jetzt hier in der Kirche von Taizé und weiß es. Ich weiß, ich hätte dieses Kapitel eher schreiben müssen. Es wäre mir leichter gefallen. Jetzt ist alles anders. Sie ist tot!

Ich denke oft an sie. Und ich spüre jetzt in mir, wie oft und gern ich das tue. Ja, ich ertappe mich dabei, wie ich zu lächeln beginne. Ich lächle, weil ich zu verstehen beginne, neu zu verstehen beginne, welche wunderbare Frau mir Gott an die Seite meines Lebens gestellt hat, um mich für mein Leben stark zu machen. Schade, dass Sie, liebe Leserin, lieber Leser, diese Frau nicht so kennenlernen durften wie ich.

Ich erinnere mich an eine ungebrochene Frau, die kein Schicksalsschlag davon abbringen konnte, mich zu lieben. Ich erinnere mich an die Frau, die zur Löwin werden konnte, wenn sie meinte, ich hätte Angst davor, wenn andere unsere Armut spürten. Ich erinnere mich an die demütige alte Frau, die demenzgestraft in ihrem Zimmer im Seniorenwohnheim eine Apfelsine anlächeln konnte, die ich ihr in die Hand gelegt hatte. Genau an diese Frau erinnere ich mich und schenke ihr die Träne, die beim Schreiben meiner Erinnerungen gerade auf das Papier tropft.

„Lebenskünstlerin" – jetzt fällt mir das Wort wieder ein, mit dem ich sie gern an dieser Stelle schmücken möchte. Wenn ein Mensch als „Lebenskünstler" bezeichnet werden kann, weil er es zum Beispiel versteht, mit ganz wenig so zufrieden leben zu können und dabei bereit bleibt, das alles noch einmal gerne mit Menschen, die er liebt, zu teilen, um sich dann an deren Glück freuen zu können, dann war sie es wirklich – eine „Lebenskünstlerin".

Arbeiten, immer arbeiten, um leben zu können. Arbeiten, damit ihr Kind – also ich – es einmal besser haben könnte, arbeiten, ohne zu „kleben" – rentenunrelevant würde man heute so uncharmant und nüchtern sagen-, arbeiten, um dann im Alter mit 414 Euro den Kampf mit einem Sozialamt führen zu müssen, um wenigstens einen Platz im Seniorenwohnheim zu bekommen; so arbeiten zu müssen, um zu dieser Generation von Frauen zu gehören, die am Wirtschaftswunder der 60er und 70er Jahre des vergangenen Jahrhunderts des vergangenen Jahrtausends immer so gerade vorbeigelebt haben – das alles war sie, diese wunderbare Frau, die als letzten verständlichen Satz ihres irdischen Lebens auf die Frage meines Sohnes, ob sie denn noch einen Wunsch hätte, ihn entrückt ansah, lächelte und sagte: „Ja, jetzt ein gezapftes Bier bei Schnier!"

Das war sie. So war sie, meine Mutter! In dem Moment, in dem Gott zu ihr sagt „Komm, es ist genug!", in dem Moment, als wir alle noch einmal bei ihr waren, um ihr für ihr Leben für und mit uns zu danken und sie spüren zu lassen, dass wir von ihr gelernt haben, was wirklich wichtig ist im Leben, in diesem Moment ist meine Mutter noch einmal ganz mit ihren Gedanken an dem Ort, den sie so mochte. In ihrer Lieblingskneipe direkt neben ihrer Wohnung in Dinslaken. Dort, wo sie so gerne mit ihren Nachbarn und Freunden saß, in Momenten, in denen das Leben so lustig und so leicht war. „Lieber Gott", wollte sie in ihrem Sterbebett wohl sagen, „einen kleinen Moment noch für ein letztes Glas, wenn auch nicht im Stehen! So viel Zeit muss sein!"

Mit solch einem Gedanken im Herzen lächelte sie uns zum letzten Mal an. Mit einem Scherz auf den Lippen, mit einem Lächeln und einem Zwinkern machte sie uns alle stark weiterzuleben. Künstlerin eben, Lebenskünstlerin! Absolut!

Was bleibt? Was bleibt mir als ein Schatz, den ich mir für immer bewahren werde? Es bleibt die Gewissheit des Apostels Paulus, der den Korinthern einmal versprochen hatte: „Die Liebe hört niemals auf!" (1. Kor 13,8a) Es bleibt das Wissen, dass Gott Menschen begleitet und schon tröstet, noch bevor die Trauer versucht, übermächtig zu werden.

Es war Ostersonntag 2017, sechs Tage vor ihrem Tod. Wir, meine Kinder und ich, hatten meine Mutter zu uns nach Hause geholt. Ein schöner, ein wirklich schöner Tag. Sie war schon sehr schwach. Konnte nur noch ein paar Schritte machen, gestützt von uns. Geschichten, die sie erzählte, vermischten auf manchmal geradezu lustige Weise Wirklichkeit und Phantasie. Aber, sie erzählte. Sie lachte, wir mit ihr. Und sie bekam natürlich auch ihr „Schnäpsken". Gemeinsam hatten wir alle versucht herauszubekommen, wie wir ihre Erinnerung an uns vielleicht doch irgendwie stärken könnten. Wir haben sie vieles gefragt. Meist antwortete sie nur mit einem Blick und einem Lächeln.

Abends hatte ich sie nach Hause, zurück in ihr Wohnheim gefahren. Ich spielte ihr im Auto das Lied vor, das ich ihr zum 80. Geburtstag geschrieben und geschenkt hatte. Das Lied, das nun dieses Buchkapitel möglich und nötig macht. Sie hob den Finger, sah mich lächelnd an. „Hören Sie das auch? Da singt mein Sohn! Wo bringen Sie mich jetzt hin?" Ich sah sie an, schluckte meinen Kloß im Hals runter und erklärte ihr, wo wir hinfahren. Ich brachte sie in ihr Zimmer und setzte sie in ihren Fernsehsessel. Dort musste sie dann warten, bis eine Pflegerin kam, um sie für die Nacht vorzubereiten. Ich verabschiedete mich von ihr, drehte mich um und machte drei Schritte. „Rüdiger!", hörte ich sie rufen. Ich drehte mich noch einmal um und sah gerade noch, wie sie sich wie ein junges Mädchen aus dem Sessel schwang. So, als würde ihr nichts weh tun, so als wären alle Gelenke ihres so geschundenen Körpers auf einmal um dreißig Jahre jünger. Sie stand da und sagte in ganz klaren Worten: „Komm, lass uns noch einmal drücken!" Wir nahmen uns in die Arme und hielten uns. Fest! Ganz fest! Und noch fester! Alle MRSA-Keime dieser Welt hätten mich nicht davon abhalten können, ihren Druck zu erwidern.

Ich liebe mein Leben! Jede Blume in Taizé erzählt diese Geschichte. Und ist meine geworden!

In diesem Moment, in diesem Moment nach fast 59 gemeinsamen Jahren wurden mir zwei Dinge so klar, so hell, so einsichtig. Das eine war sofort da. Das sollte das letzte Mal für uns beide sein, so sein! Gott sagte in diesem Moment: „Drück sie! Drück sie und dann lass' los. Gib sie mir. Ich halte sie!" Der lächelnde Gott, der Gott, den ich in meinen Liedern besinge, in meinen Texten hoffentlich spürbar beschreibe, er war in diesem Moment da, geradezu greifbar da. Die Worte des Paulus, sie waren als mein zweiter Gedanke in diesem Moment so nah wie nie. Sie waren in meinem Herzen. Aber besonders waren sie in ihren Augen. Ich sah sie an, sah sie an wie nie. „Die Liebe hört niemals auf!", sagten diese Augen lächelnd.

In all ihrer Krankheit, trotz einer Demenz, die uns Menschen in unseren Familien auf so gemeine Weise die Erinnerungen nehmen möchte, trotz alledem war eines in diesem Moment gewiss für uns beide: „Die Liebe hört niemals auf!"

Wir standen eine Zeit lang so da. Dann ließ sie mich los, nahm mein Gesicht in ihre Hände, etwas, was sie schon ewig nicht mehr gemacht hatte. Einmal durfte ich noch spüren, wie gut es tut, gehalten zu werden. Ich sah in ihr lächelndes Gesicht. Schaute in ihre Augen und spürte ihre Tränen, die sie, meine Löwin, nach innen weinte. „Jetzt kannst du gehen", sagte sie. Oder Gott. Oder Gott in ihr und durch sie! So, so unvergesslich sah ich sie das letzte Mal stehend. Aufrecht, lächelnd und mich ins Leben sendend. „Die Liebe hört niemals auf!"

Zwölf Stunden später kam der Anruf. So liebevoll wie möglich, sagte eine Stimme am anderen Ende der Leitung: „Bitte kommen Sie! Ihre Mutter hat sich auf Ihren Weg gemacht!" Fünf Tage sollte diese letzte Wanderung dauern. Fünf Tage, an denen ich sie in ihrem Zimmer noch begleiten durfte. Am ersten Tag gemeinsam mit der Familie, an dem Tag, an dem sie abends noch einmal zu unserer Verwunderung die Augen aufschlug um sich ein gezapftes Bier zu wünschen. Die anderen Tage durfte ich allein an ihrem Bett sitzen. Ich durfte sie halten, ihr Lieder singen, sie anlächeln, über's Haar streichen, das sie bis zuletzt Woche für Woche freitags zum Friseur trug, ihr ganzes Leben lang. Freitags um 11 Uhr war Friseurzeit, ihr ganzes Leben lang, bis auf den letzten Freitag ihres Lebens. Da habe ich sie gekämmt.

Vor allem aber durfte ich sie anschauen und noch einmal auf unser gemeinsames Leben sehen. Ich durfte endlich auch begreifen, wie reich dieses Leben war. Ich schaute die Frau an, die so unglaublich lieben konnte. Nach ihrer Scheidung, ich war gerade elf Jahre alt, sorgte sie für mich. Sie schaffte Unglaubliches. Arbeitete hart. Tagsüber in einem Stoffgeschäft, abends in der Nähschule eines bekannten Geschäfts für Nähmaschinen in Dinslaken. Sie nähte als gelernte Schneiderin für Freunde und Bekannte, konnte Kleider, sogar Hochzeitskleider entwerfen oder zuschneiden, wenn sie nur ein Zeitungsbild davon sah. Ich kann heute nicht wirklich sagen, wann sie eigentlich geschlafen hat. Manchmal war sie morgens schon weg, oft war sie abends noch weg, wenn ich schon einschlief. Aber sie wollte eben, dass es mir, der ich aus einer einfachen Bergarbeiterfamilie komme – worauf ich übrigens durchaus stolz bin – und trotzdem auf ein Gymnasium gehen konnte, an nichts fehlen sollte. Das hat sie wahrlich geschafft! Und wie!

An Klassenfahrten konnte ich teilnehmen, dafür legte sie dann eben ein paar Nachtschichten mehr ein. Wenn sie hörte, dass andere in Urlaub fahren konnten, dann packte sie mich und etwas Gepäck in unser meist immer schon älteres Auto. Dazu – und das musste sein – immer ein Paar ältere Damennylonstrümpfe. „Falls der Keilriemen reißt!", sagte sie immer. So weit ich mich erinnern kann, ist niemals ein Keilriemen gerissen. Vielleicht wollte sie nur alte Nylonstrümpfe entsorgen. Und so fuhren wir meist einfach los, nichts gebucht, ohne jeden Schutzbrief. Einfach so, nach Italien, sogar bis nach Kroatien. Sie war einfach nicht zu bremsen!

Ich hatte von einem Jugendtenniscamp geträumt. Es fand damals immer in den Sommerferien in Porec, in Istrien statt. Genau dort fuhr sie mit mir hin. Als wir da waren, packte sie ein Fila-Hemd aus. In rot. Das trug damals immer einer der besten Tennisspieler der Welt und mein großes Vorbild, Björn Borg. Das zog sie mir an. Es muss sündhaft teuer gewesen sein. Natürlich flog ich in der ersten Runde des Turniers raus. Aber für sie war ich der Gewinner, ihr persönlicher Held. Unvergesslich bleiben mir diese gemeinsamen Tage vor so langer Zeit. Unendlich viele solcher Geschichten könnten hier ihren Platz finden. Das lasse ich aber lieber. Nur eine noch! Diese eine, weil sie mich bis heute prägt und mich ihre Art zu lieben verstehen gelehrt hat.

Meine Tanzschulzeit! Damals gab es noch den sogenannten „Mittelball" zur Hälfte des Kurses. Wieder war klar, dass alle in teuren Kleidern und Anzügen auflaufen würden. Topmodisch natürlich! Natürlich nur fast topmodisch! Denn es gab wohl nichts, was meine Mutter nicht noch hätte toppen können. Also, was macht sie, damit ich nicht als armer Schlucker aus einfachen Verhältnissen auffalle? Meine Mutter kauft eine „Bravo", die damals angesagteste und wegen Dr. Sommers Aufklärungshilfen auch immer leicht anrüchige Jugendzeitschrift. Auf der Titelseite der gekauften Ausgabe zufällig Michael Holm, ein damals durchaus bekannter Schlagersänger. (Übrigens für Eingeweihte und Kenner der damaligen Musikszene: nicht auszudenken, wenn auf der Titelseite der damals gekauften Ausgabe zufällig Neil Young oder Alice Cooper als Titelfigur gedient hätten!) Michael Holm stand da, in einem curryfarbenen Anzug. Ärmelloses Jackett, knallgelbes Hemd mit einem Riesenkragen, dazu ein grünes Halstuch und hellbeige Lederschuhe. Sie ahnen jetzt, liebe Leserin, lieber Leser, wie ich zum Mittelball gehen durfte, oder? Richtig! Als originalgetreue lebende Michael Holm-Kopie.

Aber jetzt kommt das, woran ich mich bis heute erinnere und was auch sofort wieder da war, als ich da an ihrem Bett saß; als ich zusah, wie sie von mir ging und ich über unser gemeinsames Leben nachdachte. Ich weiß noch sehr gut, wie ich damals auf keinen Fall in den Festsaal der Dinslakener Trabrennbahn gehen wollte. Sie brachte mich bis zur Tür. Verabschiedete mich, und ich höre sie heute noch sagen: „Du siehst gut aus! Und denk' dran, keiner da drin trägt einen selbstgenähten und maßgeschneiderten Anzug!" Ja, ich war auf einmal ein wenig stolz und traute mich hinein. So wie ich war. Rüdiger Dunkel, der kleinste männliche Teilnehmer des ganzen Kurses und echte, lebende Michael Holm-Kopie. Es hätte nicht viel gefehlt und ich hätte tatsächlich „Barfuß im Regen" oder „Mendocino" angestimmt. Ich glaube, ich habe damals da draußen vor der Tür gespürt und gelernt, wie sehr mich meine Mutter liebt. Es hat übrigens – eigentlich überflüssig, es hier zu erwähnen – niemand mit mir tanzen wollen. Das war ja irgendwie klar. Aber ungefähr ein Jahr später liefen fast alle so oder ähnlich rum. Es war plötzlich modern. Meine Mutter hatte sie einfach alle nur in der Zeit überholt. Ich saß an ihrem Bett und dachte an ihre Anfänge in Bad Kreuznach, im Seniorenwohnheim. In der eigenen Wohnung zu bleiben, war irgendwann einfach nicht mehr möglich. Aber wie verpflanzt man einen alten Baum? Am besten natürlich gar nicht, keine Frage. Und wenn man es doch tut, stirbt meistens ein Teil davon ab. Ich schaute sie daliegend an und dachte daran, wie schwer es ihr in der ersten Zeit gefallen war. Und mir. Ja, mir auch, mindestens genau so schwer wie ihr! Alles andere wäre gelogen! Ich weiß wohl und gut, wie schlecht ein Gewissen sein kann, wenn das Gefühl in einem selbst stark wird, nicht bis an die gleichen Grenzen und darüber hinaus gehen zu können, wie es andere für einen selbst getan hätten und haben. Meine Löwin!

Aber mein Lächeln kehrte da am Bett sitzend schnell wieder zurück, als ich daran dachte, wie schnell meine Mutter dort als niederrheinischer Sturkopf alles und alle im Griff hatte. Ich denke, und ich hatte es schon erwähnt, dass ein Friseur im Haus war, es war ihr und mein Glück, machte die Eingewöhnung für sie dort überhaupt nur möglich. Denn ein Freitag ohne Friseurbesuch – das ging bei ihr gar nicht. Dafür rannte sie in früheren Jahren sogar zweimal aus dem Krankenhaus in Dinslaken fort. Sie konnte fordernd sein, aber eben auch mit ihrem so trockenem Humor Menschen verblüffen und zum Lachen bringen.

Ich saß da, weiß gar nicht wie lange schon, oder welcher Tag gerade wirklich war. Schaute sie an. Und lächelte wieder. Ich lächelte über Gottes erste offizielle und ökumenische Christin, eine tiefgläubige Frau. In unserer gemeinsamen niederrheinischen Heimatstadt Dinslaken wurde sie – niemand weiß, warum – in beiden Gemeindekarteien, in der evangelischen und auch in der katholischen, als Gemeindeglied geführt. Dabei war meine Mutter eigentlich eine tiefgläubige und durch und durch katholische Frau. Zu ihrem Geburtstag kamen und trafen sich immer beide Pastoren, der einzige Geburtstagsbesuch, bei dem das so war. Darüber wurde immer herzlich gelacht. Irgendwann fanden die beiden auch gut so, wie es war. Es wurde nie bereinigt.

Aber jetzt kommt das Wundersame. Bei der Anmeldung in Bad Kreuznach machte ich darauf aufmerksam, dass meine Mutter katholisch sei. Dann kam ihr erster Geburtstag in der neuen und letzten irdischen Heimat. Was bekam sie? Richtig! Post! Post von der evangelischen Pfarrerin und Post vom katholischen Pfarrer! Lieber Gott – ich freue mich jetzt schon darauf, wie du mir das eines Tages erklären wirst! Obwohl ich es hier in Taizé, als ich dies alles zu Papier bringe, schon irgendwie ahne.

Ich hörte ihr Röcheln. Dieses so grausame, weil so unbarmherzige „Todesröcheln". So nannte es die Stationsschwester. Ich wurde zunehmend dankbarer. Dankbar dafür, dass sie, meine Mutter, mir zur Glaubenslehrerein wurde. Von meiner Mutter habe ich gelernt, dass Glaube sich in ganz einfachen Worten, in kleinen Zeichen und liebevollen Gesten äußern kann. Tief geprägt hat mich das. Dafür danke ich ihr sehr. Kaufte sie früher ein frisches Brot, dann – und dieses Bild habe ich bis heute immer vor Augen – wurde es nie angeschnitten, ohne dass sie mit dem Messer auf der Unterseite drei Kreuze einritzte – Vater, Sohn und Heiliger Geist! Das kannte ich schon von meiner Oma. Und ich kannte es von meiner Mutter. Nämlich den Wert des Brotes, den Wert dessen, was Gott zum Leben schenkt, zu achten und zu ehren.

Nun sitze ich hier in der Kirche in Taizé und wollte eigentlich endlich weinen. Losheulen und dir, Gott, meine Trauer und allen Schmerz in mir vor die Füße legen, nein werfen. Und was machst du? Du schenkst mir ein Lächeln. Ja, du gibst mir mein Lächeln zurück. Nimmst allen Schmerz an dich und füllst mich auf mit Dankbarkeit. Hilfst mir zu verstehen, wozu all diese Erinnerungen dienen sollen. Ja, mehr noch. In der Kirche von Taizé, in der Kirche, von der ich dachte, dort schon alles erlebt zu haben, da stellst du mir in die wundervolle Maisonne meine Mutter vor mich.

„Lebe", sagt sie. „Lebe und stehe fest! Wenn du an mich denkst, dann lächle. Und wenn du nicht weißt, wie man Trauer buchstabiert, dann helfe ich dir. Schreib es so: D A N K E! Ich tue es auch. Uns war so vieles geschenkt. Erinnere dich immer daran, wie du mich in meinem letzten Augenblick mit dir hier auf Erden in deine Arme genommen hast. Weißt du es noch? Ich habe meine Augen noch einmal aufgemacht. Wir beide haben aus dem Fenster geschaut – ins Licht, in einen offenen Himmel! Und dann haben wir es beide – du und ich – gehört. Für dich hoffe ich es. Von mir weiß ich es. Gehört, wie da einer sagte: „Es ist genug! Vertraut! Und seid gewiss, die Liebe hört niemals auf!"

Ja, ich weiß jetzt wie ich meine Trauer buchstabiere. Und ich werde es mir bewahren: D A N K E!

HÄTTEST MEHR VERDIENT

Du konntest eine Löwin sein
Hast immer gekämpft für mich
An Nichts sollte es mir fehlen
Das war ganz klar für dich
Leben für dich – das war Arbeit
Tag für Tag, auch Nacht für Nacht!
Lieben heißt auch, sich zu geben
Du allein hast's wahr gemacht

Und so tu' ich nichts Besond'res,
Denn ich gebe nur zurück,
was ich von dir hab' bekommen
ein Stück von meinem Glück
Ich weiß natürlich auch, du hättest
viel, viel mehr verdient als das.
Doch ich kann dir nicht mehr geben,
als was du mit 80 hast.
Unsre Liebe, unsre Sorge,
unsre Angst, die teilen wir.
Doch wir leben nicht im Morgen.
leben nur im Jetzt und Hier.
Und so teil'n wir unsre Freude
und wir teilen unsre Zeit.
Geh'n gemeinsam alle Wege,
Gott alleine weiß, wie weit!

Mit dem Auto nach Italien,
Hast mir so gezeigt die Welt.
Für nichts warst du dir zu schade,
Phantasie ersetzte Geld.
Ich weiß auch, du hast gelitten,
Deine Narben trägst du noch.

Doch du hast nie aufgegeben,
Hast gesagt: „Du brauchst mich doch!"
Und so tu' ich nichts Besond'res, ...

Ich hab' dir's oft nicht leicht gemacht
Streiten konnten wir wohl auch.
Ich bin manchmal ausgebrochen,
doch wie schnell verflog der Rauch!
Und ich weiß, du hast gewartet,
als ich früh sagte: „Ich werd' geh'n!"
„Kind, du hast doch bestimmt Hunger"?
Erster Satz beim Wiederseh'n.
Und so tu' ich nichts Besond'res, ...

Glück

Das Glück

kann sich manchmal

ganz gut verstecken.

Hinschauen, es erkennen

und zur richtigen Zeit

am richtigen Ort festhalten

– das ist Lebenskunst.

Abhandlungen über das Glück! Wie viele gibt es schon? Sinnbilder für das Glück. Unendlich viele, ein paar wenige habe ich dazu beigetragen. Große Philosophen, von der Antike bis in die Moderne, berühmte Autoren. So viele Menschen versuchen es bis heute, das Glück zu beschreiben. Noch mehr versuchen wohl, es überhaupt zu finden. Dieses wunderbare Gefühl, das es einfach zuzulassen gilt, um es genießen zu können. Das Glück!

Ich kenne Menschen, die rennen ihrem Glück vermeintlich hinterher, ohne zu erkennen, dass sie es längst überholt haben. Nun hechelt es hinter ihnen her und ruft: „Nun bleib' doch endlich mal stehen! Ich kann nicht mehr!"

Es gibt andere, die laufen im eigenen Leben immer neben ihrem Glück, ohne auch nur einmal die Hand auszustrecken und zu sagen: „Komm, wir halten uns!"

Wenige haben ihr Glück vor Augen, schaffen aber den Gleichschritt nicht und hängen sich selbst ab!

Und dann gibt es die letzten – die Glücklichen. Die, die es einfach zulassen können, das Glück zum Freund zu haben?

Wozu gehören Sie? Und wie würden Sie es beschreiben, malen, besingen, erklären, teilen – ihr Glück? Wem würden Sie dafür danken?

Ich sitze – wie bei jedem Kapitel dieses Buches – wenn es nicht gerade auf Georges' Terrasse oder Zelt F und Frère Pedros Bibeleinführung ist – in der Kirche von Taizé. Aber auch das wissen Sie ja mittlerweile. Es ist kurz vor dem Gottesdienst. Glockengeläut. Hinter mir Tage voller Sonne. Tägliche Telefonate mit meiner wunderbaren Frau. Eine schöne Zeit mit Freunden. Neue und gute Nachrichten von meinen Kindern.

Wenn mich jetzt jemand fragen würde, was Glück ist, ich würde sofort sagen: „Jetzt! Es ist das Jetzt! Das Jetzt und Hier! Es ist dieser Augenblick! Das Ein- und das Ausatmen! Das Lächeln des Bruders, der mir sein freundliches „Bonjour" zuflüstert! „Glück ist Jetzt!" Deshalb, so denke ich es, leg den Stift weg und genieße es! Und genau das tue ich jetzt.

So, der Ort ist gewechselt! Ich sitze wieder im Zelt F in Taizé, dem kleinen Ghetto für Erwachsene am Ort des Konzils der Jugend, zu der ich mich mit meinen fast 60 Jahren durchaus noch zähle! Frère Pedro erzählt gerade von Petrus. Von dem, der kein Fettnäpfchen vor Jesus ausließ, um dann auch voll reinzutreten. Wie oft bin ich ihm so ähnlich! Also nicht Jesus, sondern Petrus!

Aber es ist wieder so ein „Jetzt!". Wie oft habe ich hier gesessen! Wie oft habe ich die harten Holzbänke oder eiskalten, Hämorrhoiden provozierenden Metallstühle auf den Mond gewünscht! Wie oft bin ich hier sogar eingenickt, weil es einfach zu viele Worte oder Gedanken waren! Und doch – ich komme immer wieder. Freue mich jedes Mal riesig. Immer wieder neu. Warum? Nun, weil ich dann immer ganz hier bin. Ganz im „Jetzt". Ganz im Heute Gottes. Ein wirklicher Moment tiefsten Glücks! An einem ganz einfachen, geradezu ärmlichen Ort.

Und genau in diesem Hier und Jetzt erkenne ich einen, nein, meinen Zusammenhang. Meinen Zusammenhang von Ort und Gefühl. An einem einfachen Ort erlebe ich das tiefste Gefühl. Ich spüre auf einmal, was mich Glück, mein Glück erklären lässt. Es ist die Demut. Demut ist meine Vorstufe zum Glück!

Immer wieder führt mich Gott an diesen einen Ort. Den Ort der Ruhe, der Einfachheit, der Güte. Hier darf ich stehen, gehen, sein. Darf einfach ich sein. Einfach so, wie ich bin. Ich lege ab, was ich mit mir trage. Ich atme ein und atme aus. Und dann werde ich still. Demütig. Demut ist die Dankbarkeit vor Gott, in der ich erkenne, wie gut er es mit mir meint. In dieser Demut schaue ich auf alles, was war.

Da war so viel. Es war nicht immer leicht. Vieles war wunderbar! Vieles bleibt unverständlich. Weniges tut noch weh. Aber alles was war, gehört zu meinem Leben. Nichts war dabei, so sage ich es heute, das mich nicht danach doch weiter gebracht, geprägt, ja sogar gestärkt hätte. Vor allem aber konnte mich nichts unfähig machen zu lieben. Oder besser: immer neu lieben zu lernen. Und auch zu wagen!

In solch einer Demut schaue ich auf das, was ist. Blütezeit, Erntezeit des Lebens, meines Lebens. Freude über jeden neuen Tag. Da ist das Gefühl der Kostbarkeit jedes Augenblicks. Unwiederholbar, jeder Moment! Wertvoll, geschenkt! Ärger, Wut, Zeiten von Trauer und Depression, sie verschwinden nicht automatisch. Aber ich gestatte ihnen keine Macht mehr über mich.

Täglich schaue ich in den Spiegel. Aber wenn Sie dieses Buch von vorne nach hinten lesen – und nicht wie manche Krimileser erst hinten den Mörder erfahren, um dann beim Lesen von vorn immer gleich mit dem Gedanken zu prahlen: „Der ist es bestimmt!" – wissen Sie das ja bereits.

Nach Einübung dieses Spiegelblicks habe ich dann für mich etwas entschieden. Mir steht mein Lächeln besser als jede Sorgenfalte. Ich seh' dann einfach besser aus! Das behaupte ich jetzt einmal in der mir so ganz eigenen Bescheidenheit. So möchte ich mir selbst begegnen. Lächelnd, aus tiefem Herzen lächelnd. Genau so möchte ich auch den anderen Dankbarkeiten meines Lebens begegnen. Den Menschen, die ich liebe, meiner Berufung, die ich lebe, meinem Alltag und meinem Leben! Erfüllte Gegenwart!

In dieser Demut schaue ich auf alles, was da noch kommt. Bisher tat ich es immer mit Sorge. Nein, jetzt verharmlose ich es. Ich tat es mit Angst. Mit der eigenen und so selten preisgegebenen Angst vor dem Sterben, dem eigenen Sterben. Ich lebe nämlich so gerne. Der Gedanke daran, dass das nicht unendlich so bleiben kann, taucht immer mal wieder auf. Und er hat mich bisher immer geängstigt. Je älter ich werde, scheint mir die Zeit zu fliegen. Aber auch das wissen Sie bereits. So als nähme sie mich einfach mit. Dabei hatte ich schon immer Flugangst!

All das kommt gerade in mir zur Ruhe, gerade auch in dieser Woche in Taizé, kurz nachdem ich meine Mutter beerdigt habe. Sie konnte mir durch ihr Sterben leider nicht meinen Schmerz nehmen, dass ein Leben eben endet, irgendwann. Aber sie konnte mich darin trösten und stärken, meine eigene Angst davor in Zuversicht zu verwandeln. Fünf Tage sollte dieser Unterricht dauern. Fünf Tage, an denen ich an ihrem Bett saß und ihrem Röcheln zuhörte. Ein Röcheln, das weder durch Absaugen der Lunge noch durch irgendein Medikament zu einem halbwegs erträglichen Geräusch gewandelt werden konnte. So musste ich es ertragen, musste es sogar annehmen lernen. „Ich kann noch nicht loslassen", wollte meine Mutter wohl sagen. „Die Erinnerungen an unsere schönen Tage brauchen noch etwas Zeit!" Wie oft strich ich ihr in dieser Zeit über ihr Haar, beugte mich an ihr Ohr. „Mutter, ich bin da!" Meine häufigsten Worte in diesen Tagen. Sie antwortete mit einem Händedruck. Nicht allein zu sein, das ist Glück. Ja, Mutter, ich hab's gelernt, hab's verstanden! Irgendwann nach fünf Tagen hörte das Röcheln auf. Am frühen Nachmittag. Augen, die tagelang geschlossen waren, öffneten sich leicht noch einmal, suchten das Sonnenlicht hinter dem Fenster.

Plötzlich atmete sie ganz ruhig. Sie atmete ein, sie atmete aus. Und drückte meine Hand. Ich folgte ihrem Blick. Wenn ich mich richtig erinnere, folgte ich auch ihrem Atmen.

Ein und aus. Ein und aus. – Pause. Ein und aus – längere Pause. Kurz ein, kurz aus. Kurz ein, kurz aus – lange Pause. Tiefes Ein. Tiefes Aus. – Friede, Ruhe.

Eine Träne aus dem Augenwinkel, also aus ihrem. „Es ist vollbracht" (Joh 19,30), erinnerte ich mich an Jesu Worte. „Vater, in deine Hände lege ich meinen Geist!" (Lk 23,46)

„Mutter?", fragte ich leise. Ich hielt sie noch im Arm. „Mutter! Danke!" Ich ließ sie langsam los. Ganz am Schluss, da war Gott! Für einen kurzen Moment, gerade da, als ich sie losließ, fühlte ich mich wie ein Brautvater, der seine Tochter in die Kirche bringt, um sie dann loszulassen und sie an seinen Schwiegersohn zu „übergeben". Ein schreckliches Wort, aber wohl von „Übergaberitus" folgerichtig unbarmherzig abgeleitet. Oft sehe ich bei Trauungen dann auf der Stirn der Brautväter die offene Frage geschrieben: „Ist der auch wirklich der Richtige für meine Tochter?"

In diesem Moment da im Zimmer des Seniorenwohnheims, das für uns sechs Jahre zu unserer kleinen Welt geworden war, war es anders. Ich konnte loslassen, weil Gott selbst es sagte: „Komm! Komm mit mir!" Ein starkes Stück – von Gott und meiner Mutter! Sie haben perfekt zusammengespielt, um mir meine eigene Angst vor dem Sterben klein zu machen und um diesen Raum mit Freude am Leben bis dahin, mit Freude auf jeden neuen Tag zu füllen. Und mit dem Vertrauen, dass jemand da sein wird, wenn ich einmal sterbe. Darauf vertraue ich jetzt einfach mal!

So nehme ich also in aller Demut alles an. Ich ahne, dass vieles noch auf mich wartet. Und es wird sicher anders, als ich es erahne. Vieles wird mir geschenkt, an vielem werde ich arbeiten müssen. Träume kann ich träumen oder eben auch, wenn möglich, leben. Nicht irgendwann! Jetzt! Luftschlösser brauche ich keine mehr, hatte genug davon. Das Wissen um den Platz, an den ich gehöre, das reicht mir. Dankbar bleiben!

Ich fasse also zusammen:
In Demut danken für das, was war. In Fülle leben, was gerade ist. Hoffend und vertrauend freuen auf alles, was kommt. Das ist Glück!

Jedenfalls für mich. Und aus diesen beiden, also aus Demut und Glück wächst das dritte: die Liebe. Sie macht's einfach vollkommen. Demut, Glück, Liebe! Eigentlich brauche ich nicht mehr. Obwohl „eigentlich" wollte ich ja, auch das wissen Sie längst, nicht mehr denken und sagen. Deshalb noch einmal klar, deutlich und ohne jede Einschränkung: Demut – Glück – Liebe. So lebe ich mein Leben! Und darüber singe ich sogar Lieder!

GLÜCK

Das Glück ist ein Lied,
es singt in meinem Herzen.
Das Glück ist eine Blume,
es streckt sich dir entgegen.
Das Glück ist eine Feder,
es trägt Erinnerungen.
Das Glück hat zwei Gesichter,
ein lächelndes, ein lachendes.

Das Glück ist ein Boot,
es trägt dich durch schwere See.
Das Glück ist ein Berg, auf dem du stehst
und ganz weit siehst.
Das Glück ist ein Esel,
es trägt deine schwere Last.
Das Glück ist eine Quelle,
aus der du schöpfst, kriegst neue Kraft.

Doch wie kann ich es erkennen,
und wie halte ich es fest?
Vielleicht einfach nicht nachrennen.
Denn es bleibt,
wenn du dich ihm überlässt!

Das Glück kommt zu dir,
wenn du Vertrauen nie verlierst.
Das Glück bahnt dir den Weg,
wenn du neue Schritte gehst.
Das Glück es tröstet dich,
wenn dir der Atem stockt.
Das Glück schenkt dir das Leben,
wenn du dich zu lieben traust.

Doch wie kann ich es erkennen, ...

Statt eines Epilogs – Schlusslied

Vielleicht

sollte es jetzt

einfach mal reichen!

Aber

ich ahne schon

den neuen Anfang!

Es geht immer weiter!

Ich komme also zum Schluss, fasse kurz noch einmal zusammen: Das waren meine Gedanken, als ich die Lieder für meine letzte CD „Spiegelblicke" geschrieben hatte. Ein Lied fehlte irgendwann noch. Eines, das noch einmal daran erinnerte, worum es in den Liedern ging, mir ging. Ein Lied, das auch in der Melodie zum Ausdruck bringen sollte, was in den Geschichten hinter den Liedern steckt. Ich ahnte wohl, was es sein konnte, fand aber das richtige Wort dafür nicht. Den Text hatte ich schnell. Auch die mir in diesem Lied wichtigste Zeile war mir klar. „Und hast du wirklich Schluss gemacht, wird neuer Anfang möglich und erwacht!" Ja, den Text hatte ich schnell. Genau wie die Ahnung, was mir dieses Lied hinter seinen Worten sagen wollte. Nur etwas hatte ich nicht: die passende Melodie! Also stimmte irgendetwas auch noch nicht. Sonst hatte ich – bis auf ganz wenige Ausnahmen – immer beides, Wort und Melodie! Oder Melodie und Wort. Aber wenn die Melodie fehlte, hatte ich ja immer noch eines, oder besser: einen! Ralf! Meinen Musikbruder und Ruditexteversteher!

Ich gab ihm also meinen Text und ließ ihm Zeit. Als ich ihn später besuchte, um mir anzuhören, was er daraus gemacht hatte, sagte er etwas, das mir – glücklicherweise – abschließend zu denken gab. „Weißt du", sagte er, „alle deine Lieder sind ja Liebeslieder. Und das muss man beim letzten Lied ja dann auch hören. Es muss fließen, ganz ruhig vor sich hinfließen. Kleine Wellen in der Sonne! Wie ein zufriedenes Leben!" Er spielte und sang es mir vor. Wieder, wie schon einmal bei einem anderen, hörte ich mein Lied wie von außen. Ich hörte diese verträumte Melodie. Hörte jede einzelne Zeile. Alle Liedgeschichten noch einmal, jedes Lied in einer Zeile. Und ich hörte den Refrain, besonders den Schluss. „Und hast du wirklich Schluss gemacht, wird neuer Anfang möglich und erwacht!"

Schluss! Aus! Vorbei! – Jetzt wusste ich auf einmal, was ich schon geahnt hatte, als ich den Text zu diesem „Schlusslied" geschrieben hatte. Ich hatte nämlich alles geschrieben. Alles, was raus musste, es war gesungen. Mein Leben, das mein Herz – trotz aller Verwundungen, Verletzungen, Depressionen, trotz allem Leid – so voll gemacht hat, es hat sich seine Bahn gebrochen. In Liedern, die mich an vielen Stellen vor mir – und damit ja auch vor Ihnen, liebe Leserin, lieber Leser – noch einmal offengelegt haben.

Ich hab' mich angesehen! Habe Altes neu gesehen, zumindest noch einmal mit Abstand gesehen und mich erkannt, wiedererkannt. Lieder sind allerdings immer nur kurze Zusammenfassungen. Erzählen Geschichten nie ganz, lassen aber oft die Geschichte dahinter ahnen. So wurden diese Lieder mir zu einem Spiegel, in den ich schauen durfte. Jedes Lied ein Blick in den Spiegel – meines Herzens, meiner Seele. Jedes Lied eine Erinnerung, ausgepackt auf Georges' Terrasse in Taizé, in der Kirche von Taizé oder im Zelt F in Taizé. In den Bibeleinführungen. Bis heute denken die verschiedenen Brüder von Taizé, die mir in diesen morgendlichen Einführungen in den Tag dort begegnet sind, bestimmt gern an mich zurück. „Das war der, der immer alles mitgeschrieben hat! Pausenlos! Ein sehr aufmerksamer Mensch!" So ähnlich werden sie mich in Erinnerung haben. Wenn die wüssten! Nicht einen Satz von ihnen könnte ich wiedergeben, so sehr war ich mit mir selbst beschäftigt. Mit mir, meinem Leben, mit all meiner Liebe – zu Menschen, zum Leben, eben zu dem, was ich tun darf.

Ja, alle meine Lieder sind Liebeslieder, sie sind Lebensliebeslieder! Und diese Geschichten dahinter mussten dann auch einfach raus. Mussten noch einmal erinnert werden. Mussten mir meine Seele noch einmal zum Klingen bringen. Damit ich selbst verstehen und endlich auch annehmen kann, dass ich einfach ein glücklicher Mensch bin und leben darf. Jeden Tag neu und immer mit einem offenen Herzen für alles, was er bringt.

Das alles wurde mir klar, Schritt für Schritt, als ich dieses Buch, das Sie gerade in den Händen halten, geschrieben habe. Mein Leben liegt sozusagen gerade in Ihren Händen. Und wissen Sie was? – Ich fühle mich ganz wohl darin. Es erinnert mich daran, getragen zu werden. Durch Gott, der mir in vielen anderen Menschen begegnet ist und mein Leben reich gemacht hat. Ihnen bin ich noch einmal begegnet, neu begegnet, dankbar begegnet! In Erinnerungen, die in mir waren und wieder lebendig wurden. So wurde meine ursprüngliche Absicht, Sie nur ganz kurz durch kleine erläuternde Texte in meine Lieder einzuführen, zu einer Reise, zu einem Abenteuer, zu einer Seelenreise.

Auf dieser Reise bin ich ihr begegnet. Der Frau, die ihr Leben mit mir teilt. Manchmal sitzen wir da und erzählen uns noch einmal gegenseitig den Weg, auf dem Gott uns zusammengeführt hat. Von allerersten gemeinsamen Tagen – natürlich in Taizé –, dann mit zwei Jahrzehnten Stille und je ganz eigenen Geschichten und Familien. Nun schon seit sechs Jahren wieder gemeinsam. Auch wieder gemeinsam in Taizé. Manchmal möchte ich den lieben Gott schon fragen, was er sich bei unserer Geschichte gedacht hat. Aber dann nehme ich einfach einmal an, er ist genau so ein Romantiker wie ich und hat eben Freude an Liebesgeschichten. Vielleicht mag er ja dann auch meine Lieder! Ist ja eigentlich auch ganz klar. Woran sollte ein Gott, der selbst die Liebe ist, auch sonst Freude haben! Danke, lieber Gott, für diesen wunderbaren Menschen. Sie steckt in allem, diese wunderbare Frau!

Ich habe mich an meine Kinder erinnert. Wie ein Film zog ihr Leben an mir vorbei. Dieser Film ist für immer auf meiner Herzensfestplatte gespeichert und hat mir noch einmal gezeigt, wie kurz ein Leben ist und wie schnell es fliegen kann. Diesen Film kann ich jederzeit abrufen. Diesen Film über Menschen, über die ich einfach nur staune. Ich weiß es noch sehr gut. Als sie noch klein waren – Kindergarten- und Grundschulalter –, habe ich mir oft gewünscht, dass die Zeit einfach stehen bleiben soll. So klein sollten sie bleiben. Die liebenswerte Neunmalkluge, die immer auf alles spontan eine Antwort wusste. Der kleine blondgelockte Engel, der alle immer sofort um seine kleinen Finger wickeln konnte. Und die kleine „Schepperhexe" – wie ihr Großvater sie immer liebevoll nannte. Die drei waren aber auch sowas von süß!

Das Leben schien so unbeschwert. Heute sehe ich das ein wenig anders. Jetzt, jetzt müsste die Zeit stehenbleiben. Jetzt stehen sie im Leben, haben es sich eingerichtet. Das Säen hat so lange und doch nur so kurz gedauert. Nun geht das Ernten schon wieder so schnell. Obwohl – ich bin noch mitten dabei! Ich merke in jeder Begegnung mit ihnen, wie viel sie mir zurückgeben und wie reich sie mein Leben machen. Jetzt! Jetzt könnte die Zeit stehenbleiben. Ihr Lieben, ja, ich meine euch drei! Hätte ich einen Hut, ich würde ihn jetzt aufsetzen. Nur, damit ich ihn vor Euch ziehen könnte! Jede Begegnung wie ein kleiner Edelstein. Und seid gewiss, ich bewahre sie alle gut auf. In meinen, in unseren Erinnerungen.

An viele andere Menschen durfte ich denken. Ich habe einige seit Langem mal wieder vor meinem inneren Auge gesehen. Und wenn es das innere Auge war, dann müssen sie ja auch von innen, also aus mir heraus gekommen sein. Eine schöne und beruhigende Vorstellung. Denn dann waren sie ja auch immer in mir, waren mit mir!

Welch ein Reichtum! Ich bin geprägt worden, habe mich nicht selbst erfunden. Ich bin kein angelernter Pfarrer; einer, der im Predigerseminar so sehr an seinem Profil, seinem „dienstlichen Bewusstsein" gefeilt hat, bis ihn die hohen Herren nach dem Zweiten Theologischen Examen auf die Menschheit losließen. Nein, der Pfarrer, der ich bin, wurde ich durch die Begegnungen mit Menschen, die mir Gott auf meinen Weg gestellt hat. So auf den Weg gestellt hat, dass ich an ihnen nicht vorbeikam, mich ihnen stellen und sie ansehen musste. Von ihnen lernen durfte; lernen, wie man etwas macht oder wie man etwas niemals machen sollte. Jeder Mensch, jede Begegnung war wichtig.

Während ich das gerade schreibe, denke ich an zwei Menschen. Jahrelang trafen wir uns hier in Taizé, immer im Herbst. Nun hatten wir uns einige Jahre nicht gesehen, auch der Kontakt war abgerissen. Vorgestern, als ich in der Kirche von Taizé in der Stille des Gottesdienstes Gott fragte, ob ich noch auf meinem Weg bin und ob er ihn weiter mit mir geht, da saßen genau die beiden – alte Weggefährten – plötzlich nach dem Gottesdienst beim Frühstück vor Zelt F, irgendwie einfach so. In den Arm genommen, einen Stuhl geholt, mich zu ihnen gesetzt und – so kam es mir vor – am Gespräch vor vielen Jahren direkt angeknüpft. Es gibt Menschen, die sind einem einfach vertraut. Da gibt es durch Zeit, durch Raum, ja sogar durch Nichtkontakt einfach keine Trennung. Sie waren einfach da, mir nahe wie immer! Manchmal ist es schon geradezu atemberaubend, wie schnell Gott sich Antworten auf ein Gebet einfallen lässt und wie kreativ er dabei sein kann. Zwei mir so vertraute Menschen setzt er einfach vor Zelt F, etwa zwanzig Minuten nachdem ich ihn etwas gefragt hatte. Nur um mir zu zeigen, deutlich zu machen: „Ich höre dich, ich höre dich immer! Und schau' hin. Sieh auf die beiden. Sie waren mit dir auf dem Weg und sind es noch immer! Es ist also immer noch dein Weg! Deshalb – kurz innehalten, Freude tanken und weitergehen! Ich bin dabei!" Solche göttliche Aufmunterung kann man doch nicht ausschlagen, oder!?

Das wünsche ich Ihnen übrigens auch. Menschen, die Ihnen vertraut und Freunde bleiben, auch wenn ein Kontakt mal nicht möglich ist. Und einen spürbaren, einen hörbaren Gott, der sie dafür empfindsam hält, wie gut er es mit Ihnen meint.

Noch mindestens einem solch vertrauten Menschen bin ich beim

Schreiben meiner Lebensliebesgeschichte öfter begegnet. Ralf – mein Musikbruder! Er macht nicht nur meine Musik schöner und bringt sie unter die Leute. Er ist Teil meiner wunderbaren Jugend. Vor einiger Zeit war sie sofort und am gleichen Ort wieder da – unsere Jugend. Eben nur 35 Jahre später!

Ich hatte mein erstes Buch „Gedankenvolle Liebeleien – liebevolle Gedanken" fertig. Dazu schon einige Lieder, die später auf die CD „Seelenreise" kamen. Beides wollte ich in der Ev. Stadtkirche in meiner Heimatstadt Dinslaken vorstellen. Von hier bin ich schließlich losgezogen vor langer Zeit. Und außerdem gab es da noch etwas, was diese Kirche zu meinem geistlichen Wohnzimmer gemacht hatte. Vor fast vierzig Jahren hatte ich mich hier für drei Nächte – natürlich mit Erlaubnis des Pfarrers, einem wunderbaren Menschen und Freund, „'ne echt kölsche Jong" – eingeschlossen. Wir waren eine Folkrockgruppe mit Hang zu mittelalterlichen Klängen und sogar mittelhochdeutschen Texten. Diese Musik war Ende der 70er Jahre des vergangenen Jahrhunderts des vergangenen Jahrtausends total angesagt. Und wir waren als Gruppe „Mumpitz" gar nicht so unbekannt! Auf einem Kölner Folkfestival mit „Gurnemanz", oder als Vorgruppe der „Bläck Fööss", die Dinslakener Stadthalle haben wir gefüllt. Das war schon was! In den drei Nächten damals in der Stadtkirche, mitten in der Fußgängerzone, nahmen wir unsere erste LP auf, „Seifenblasen". Unser Techniker und Produzent und wir jungen, überaus talentierten Musiker verewigten unser künstlerisches Schaffen auf unserer ersten Langspielplatte. Dass es dann doch die einzige blieb, lag nicht am mangelnden Talent. Nein, es waren die Lebenspläne junger Menschen, die uns auf einmal – gerade als wir wirklich auf dem Höhepunkt unseres musikalischen Schaffens waren – vom hohen Norden bis nach Bayern verstreuten. Wir haben nie wieder zusammen gespielt. Waren auseinandergegangen, irgendwie einfach so. Ohne Streit, ohne ein böses Wort, mit einem Lachen und einer wunderbaren und gemeinsamen Erinnerung. Wir gingen so auseinander, als ob wir uns am nächsten Tag wiedersehen würden! „Alles hat seine Zeit!" So steht es in meinem Lieblingsbuch an einer Stelle (Pred 3,1).

Jetzt, viel später, als ich meine Lesung und Buchvorstellung in „meiner" alten Kirche plante, dazu noch einige meiner erst halbfertigen, rohen Liedchen spielen wollte, erinnerte sich der liebe Gott wohl selbst an sein Lieblingsbuch. Übrigens das gleiche wie meines! „Alles hat seine Zeit!", flüsterte er mir zu. „Auch das Musikmachen mit alten Freunden! Ruf' ihn an! Jetzt ist die Zeit!" Na klar! Das war's! Musik allein ist schön, Musik zu zweit ist schöner! In einer Zeit von „Geheimnummern" und großen Lücken in Telefonbüchern schaute ich trotzdem ins Dinslakener Online-Telefonbuch. Suchte einen Namen. Und fand ihn. Ich rief sofort an! „Hallo! Ich bin's, Rüdiger!" Stille am anderen Ende. Dann ein tiefes und deutlich hörbares Atmen. „Rüdiger? Oh, mein Gott!" Er meinte das natürlich nicht so, wie er es sagte, also das mit „Gott". Oder vielleicht gerade doch, weil er sich genau so freute, wie ich mich und Gott sich über uns beide! Und da ist „Oh, mein Gott" zweifellos eines der kürzesten Dankgebete!

Nach 37 Jahren ohne Kontakt erklärte ich ihm kurz, was anstand, fragte, ob er mich begleiten würde. „Na klar! Sag mir, wann!" Ich nannte das Datum und dann den Ort. „In der Stadtkirche!" „Stadtkirche! Oh Mann, kannst du dich noch erinnern?" Wir schwelgten sofort wieder in unseren Erinnerungen. Erst am Telefon, später dann am Tag vor dem Lesungskonzert in seiner Wohnung. Wir redeten und redeten. Nur eines vergaßen wir irgendwie: zu proben!

Die Lesung – einen Tag später – begann. Mit einem Lied. „Seelenreise". Ich beginne jedes meiner Konzerte mit diesem Lied. Einfach weil es mich an den Punkt meines Lebens erinnert, an dem mein ganzes Leid, das mich – so brutal, auch unvorbereitet, langsam anschleichend – getroffen hatte, sein Ende fand und sich mein ganzes Leben wendete; jedes weitere Lied, jeden in einem meiner Bücher festgehaltenen Gedanken erst möglich machte. Eigenartigerweise und für mich heute immer noch unerklärlich, lag dieser Wendepunkt ausgerechnet nicht in Taizé, wie eigentlich alles für mein Leben andere. Nein, dieser Wendepunkt lag auf einem Gletscher unterhalb des Matterhorngipfels, links neben der Gandegg-Hütte. Da stand ich, hatte mich dorthin hochgearbeitet, vieles auf dem Weg abladen können. Dort stand ich in der Sonne, blauer Himmel, endlich wieder freies, tiefes, erlöstes Atmen. Die Welt schien unter mir zu liegen. Ich hatte das Gefühl, bis nach Hause sehen zu können. Ich hörte förmlich, wie meine Kinder riefen: „Komm! Komm endlich nach Hause, Papa! Sei wieder ganz da! Lebe wieder. Sei wieder der für uns, der du mal warst und der sich nur kurz verloren hat!" In diesem Moment da auf dem Gletscher begann alles neu! Ein wunderbares Leben bis hin zu dieser Zeile, die sie gerade lesen. Und hoffentlich noch weit darüber hinaus!

Jedenfalls begann ich, dieses Lied in der Stadtkirche zu spielen. Ich schaute zu Ralf, er saß neben mir. Saß da, hatte die Augen geschlossen. Dann begann er zu spielen! Begann, mich zu begleiten! Und wenn ich begleiten schreibe, dann meine ich das genau so. Jeden meiner Sätze, jeden meiner dahinter liegenden Gedanken – er übersetzte alles in Gitarrenklänge. Klänge, die mich um ein Haar dazu veranlasst hätten, einfach aufzuhören selbst zu spielen, nur um ihm ganz zuzuhören. Wir beide! Wir beide wieder in der Stadtkirche. In der Kirche, die wir vor 35 Jahren eines Morgens um sechs Uhr abgeschlossen hatten, mit dem guten Gefühl: „So, fertig!"

Und nun – älter geworden, grau geworden – saßen wir wieder genau dort. Nur das Gefühl war ein anderes. Nicht mehr „So, fertig!" Eher: „Jetzt geht's los! Noch einmal ganz anders. Ganz neu!" Und genau so wurde es und ist es noch. Wir sind wieder jung. Treten gemeinsam auf. Die gleiche Freude! Die gleiche Lust! Die gleiche Liebe zur Musik! Alles selbstgemacht! Und es gefällt auch noch! Nicht nur uns beiden, auch denen, die es hören. Lieber Gott, Danke! Für Ralf und für die Musik, unsere Musik.

Zwei andere sind da, denen ich im Rückblick auf die Kapitel davor noch einmal ein paar Gedanken schenken möchte! Schenken muss! Es sind meine Eltern! Während ich an diesem Buch arbeitete – da ich nur in Taizé texten, komponieren und auch schreiben kann, war das ein Prozess über fast zwei Jahre für dieses Buch –, starb meine Mutter. Sie starb, als es etwa zur Hälfte fertig war. Die Kapitel, die sich mit ihr beschäftigen sollten, waren noch nicht geschrieben. Der liebe Gott wusste wohl, warum. Sie sind nämlich nun so ganz anders geworden. Mussten anders werden, weil ich ein anderer geworden bin. Das Sterben meiner Mutter war – natürlich – einer der intensivsten Momente meines Lebens. Vergleichbar wohl nur mit der Geburt der Kinder. Ich habe sie in diese Welt kommen, habe ihren ersten Blick in diese Welt gesehen. Ihre ersten Laute. Und ich habe sie, meine Mutter, aus dieser Welt gehen sehen. Mit ihrem letzten Blick in den offenen Himmel, mit ihrem letzten Seufzen! Kommen und gehen! Danke, lieber Gott! Für meine Kinder und für meine Mutter! Manchmal wandern meine Frau und ich durch die Landschaft. Und ab und zu findet sie eine kleine weiße Feder. „Schau mal", sagt sie dann, während sie sie aufhebt. „Mein Vater geht mit uns!" „Meine Mutter auch", ergänze ich seit einigen Monaten. Dann pusten wir gemeinsam und lassen die beiden, die sich hier auf Erden nie kennenlernen konnten, gemeinsam fliegen. Wir sehen der einzigen Engelsfeder nach, die sich vom Wind treiben lässt. Und dann spüren wir es in einem solchen Moment beide, wir wissen es einfach. Wir sind behütet! Behütet von denen, die aus dem Himmel über uns wachen, uns begleiten und für immer in unseren Herzen wohnen. Danke, lieber Gott!

Da ist auch mein Vater. Mein bester Freund. Mein Vorbild! Auch einer von denen, dem viele meiner Gedanken in diesem Buch gelten. Und diese Gedanken haben mir geholfen. Dazu geholfen, mich vor ihm und in ihm zu erkennen. Eigentlich wollte ich immer so sein wie er. Deshalb bin ich wohl in seinen Spuren gelaufen. Aber wohl auch, damit ich mir – und ihm – zeigen konnte, dass ich auch als sein Sohn so sein könnte wie er! Deshalb war ich im Bergbau 1200 Meter tief unter der Erde. Nur, um ihm dort, wo er den größten Teil seines Lebens verbracht hatte, auch zu begegnen. Ich arbeitete dort, akzeptierte ihn als Chef. Er schonte mich natürlich nicht, dachte ich zumindest. Aber er tat es natürlich doch. Meine Kollegen dort unten erzählten es mir später. „Pass auf ihn auf! Pass gut auf ihn auf!", hatte er seinem besten Freund und – um einmal den Jargon von Winnetou und Old Shatterhand zu bemühen – seinem Blutsbruder ans Herz gelegt, in dessen Gruppe ich arbeitete. Und Horst – wieder ein Horst –, die perfekte Ergänzung zu meinem Vater, die aus den beiden ein wirklich unschlagbares Team machte, das sogar den gesamten Rhein im Paddelboot bereiste, ihm vertraute mein Vater alles an, an Gedanken, aber auch an Menschen, die ihm selbst wichtig waren. Also auch mich. Ich folgte meinem Vater in seinen Sportschuhen. Handball spielte ich. Gerne, wirklich gerne! Aber andere Sportarten waren mir lieber. Aber ich spielte solange Handball, bis ich mir sicher war, dass er auch hierbei stolz auf mich sein konnte.

Mein Weg wurde allerdings doch ein anderer. Heute schaue ich ihn an. Und freue mich! Weil ich so bin wie er. Was habe ich von ihm gelernt, habe ich von ihm verinnerlicht? Nun, da ist die Ehrlichkeit. Wahrheit sagen, auch wenn es unbequem wird. Ehrlichkeit heißt für meinen Vater, Menschen nicht zu enttäuschen. Verlässlichkeit hat er mich gelehrt. „Was du versprichst, musst du auch halten. Sei deshalb sehr vorsichtig mit dem, was du anderen versprichst. Andre müssen sich auf dich verlassen können!" Das ist übrigens etwas, worauf sich alle Bergleute verlassen können müssen, denn das kann lebensrettend werden. Freundschaft! Für meinen Vater wohl das höchste Gut. Wenn mein Vater auf sein Leben zurückschaut, dann erzählt er von Freunden. Im „Rentnerclub", einem kleinen angemieteten Raum im Lohberger Park, treffen sie sich regelmäßig. Tauchen in längst vergangene Zeiten ein. Mit den alten Liedern, den alten Würfeln und Karten, allerdings immer mit frischem Bier! Und sie treffen sich auf Friedhöfen! Um einen aus ihrer Mitte Gott zu übergeben! Ihn ein letztes Mal in die Grube fahren zu lassen! „Glückauf, der Steiger kommt!" An einem Grab gesungen. Für mich gibt es nichts, was mich die Generation meines Vaters besser verstehen lässt.

Leben, um zu lieben. Auch das ist etwas, was ich von ihm gelernt habe. Es wurde allerdings zu einer Zeit erschüttert, in der ich ihn vermisste. Vermissen musste. Als unsere Familie vor langer Zeit zerbrach, war ich gerade zwölf Jahre alt. Und mir wurde Angst eingeredet. Angst vor meinem Vater. Angst, dass er mich nicht mehr lieb hätte. Angst, dass er mir Böses wollte, wenn er mich treffen sollte. Es ist so leicht, ein Kind mit Angst zu füllen. Und es ist so gemein! Gemein, ein Kind zu einem Instrument eigener schlechter Gedanken zu machen. So sahen wir uns einige Jahre nicht. Später, Jahre später, als ich rebellierte und für mich selbst denken konnte und wollte, wurde mir selbst klar, dass nichts von dem stimmen konnte, was man mir von ihm und über ihn erzählt hatte. Deshalb schäme ich mich, bis heute. Ich schäme mich, weil ich auch nur für einen kleinen Augenblick gedacht hatte, er würde mich nicht mehr lieben. Erst als ich mich an meine Kindheit wieder erinnerte, als ich mich selbst traute, gegen die mir eingetrichterte Angst anzudenken, war mir eines wieder ganz klar. Unser Weg kann nur ein gemeinsamer werden! Er wurde es. Und was für einer! Danke, lieber Gott! Danke für meinen Vater und unseren Weg!

Gott selbst hatte vor langer Zeit bei all den vielen dankbaren Gedanken, die ich in meinen Gebeten in Taizé vor ihn legte, wohl Lust auf meinen Vater. „Bring ihn doch mal mit", flüsterte er mir, wie er das so oft tat, in einem Gottesdienst in Taizé ins Ohr. „Ich würde ihn gern näher kennenlernen! Und bei der Gelegenheit kannst du auch mal wieder den kleinen Blonden, deinen Sohn, mitbringen! Er müsste doch jetzt auch schon groß sein!" Der liebe Gott unterbreitet seine Vorschläge manchmal mit seinem ganz eigenen liebevollen Sinn für Untertreibung. Er kannte sowohl meinen Vater als auch meinen Sohn schließlich mindestens genau so gut wie mich. Aber Gott wollte etwas anderes. Er wollte uns die schönste gemeinsame Woche unseres gemeinsamen Lebens schenken. Großvater, Vater, Sohn, drei Generationen in einer Woche in Taizé! Was er den anderen beiden in dieser Woche ins Herz gelegt hat, müssten Sie meinen Vater und meinen Sohn selbst fragen. Mir wollte er eines zeigen: „Schau, wo du herkommst! Und sieh, wo du hingehst!" Eine ganze Woche Taizé, meine Herzensfestplatte hat viel Speicherplatz! Danke, lieber Gott!

Und nun? Nun bleibt noch einer. Ich! Ich habe mich angesehen! Habe mich demaskiert und gesehen, wie ich bin. Taizé, mein Sehnsuchtsort, meine geistliche Heimat wurde mir zum Spiegel, zum Lebensspiegel! All meine Gedanken, all meine Gefühle nahm er an. Hielt sie wieder vor mich und schenkte mir das Wunder, daraus Lieder und Geschichten machen zu dürfen. Erinnerungen wurden in Taizé zu Liedern und Lieder zu Erinnerungen. Taizé, Gott in Taizé – beide haben mich überrascht. Haben mir Kraft geschenkt, Kreativität, Ausdauer und Beharrlichkeit. All das zu singen. All das zu schreiben.

Warum? Warum eigentlich? – Ich weiß es nicht. Ich könnte jetzt schreiben, das musste einfach mal raus. Ich habe es einige Seiten vorher auch schon so geschrieben. Und es stimmt ja auch! Aber da ist auch das andere. Während ich das alles schreibe, merke ich nämlich auch, dass ich Sie gerne vieles fragen möchte.

Haben Sie Freundinnen und Freunde? Solche, die Sie nach Jahren irgendwann und plötzlich nachts um halb zwei anrufen könnten, nur um zu sagen: „Du, ich brauche dich!"

Wenn Sie an Ihre Eltern denken, welche Geschichten kämen in Ihre Gedanken? Wofür könnten Sie danken? Gott danken?

Was machen eigentlich Ihre Kinder? Und warum?

Was hat sie geprägt? Welche Leiderfahrung? Welche Freude?

Fragen über Fragen hätte ich. Vielleicht nehmen Sie ja auch einfach mal ein leeres Buch, klappen es auf, legen einen Stift daneben und warten einfach, was passiert. Es passiert etwas, da können Sie sicher sein. Ich bin es, wenn es sein muss, auch für Sie!

Mein Abenteuer, meine Seelenreise endet hier! Jetzt ist Schluss! Aus! Und vorbei! Was ich singen wollte, es ist gesungen. Ich werde es hoffentlich auf vielen Konzerten immer wieder tun! Was ich schreiben wollte, schreiben musste, es ist geschrieben. Ich hoffe, ich kann meine Geschichten noch oft erzählen.

Aber jetzt – Schluss, aus und vorbei! Nicht, dass Sie jetzt denken, irgendeine depressive Tendenz heraushören zu dürfen. Im Gegenteil! Genau das Gegenteil ist der Fall! Ich habe auf eine für mich selbst nicht möglich gehaltene Weise auf mein Leben blicken dürfen. Was ich erleben wollte, ich habe es erlebt. Was ich erleiden musste, guter Gott, ich hoffe, wir beide sind da durch! Was ich werden wollte, ich habe es erreicht. Jetzt – so habe ich es für mich beschlossen – jetzt, kurz bevor ich sechzig Jahre alt werde, möchte ich genießen. Nur noch glücklich genießen. Jeden neuen Tag, mit allem, was er bringen wird.

Jede Stunde, Minute und Sekunde mit meiner Frau, die ein liebenswertes Abenteuer für mich bleibt – lieber Gott, solange wie irgend möglich bitte! Alle Zeit mit meinen Kindern, die ich in meinem Herzenstagebuch ablegen werde. Jede Begegnung, die mir Gott mit anderen Menschen schenkt und durch die er mir immer wieder noch Neues ans Herz legt!

Meine Arbeit, die mich immer noch glücklich macht. Ich darf Menschen dafür empfindsam machen, wie sehr Gott sie liebt. Einfach auch dadurch, dass ich mit ihnen lebe, sie in schwierigen wie in fröhlichen Zeiten begleiten und ihnen sogar von diesem Gott predigen darf. Etwas Schöneres gibt es nicht – zumindest nicht für mich!

Und da sind die Menschen, die mir im Leben zu Freundinnen und Freunden wurden. Schon seit vielen Jahren oder auch erst seit kurzem. Da ist einfach nur Dankbarkeit für jede und jeden von ihnen. Wenn Sie, liebe Leserin, lieber Leser, wissen möchten, wie reich Sie sind, zählen Sie einfach Ihre wirklichen Freunde!

Taizé – mein geliebtes Taizé! Was darf ich über dich denken? Was kann ich schreiben? Ich versuche es – wie so oft in meinem Leben wieder einmal so: Danke! Danke und nochmals Danke! Mehr dürfte es nicht werden. In dir durfte ich schon als Kind sein. Meine Verletzungen und mein Leid als Jugendlicher – all das hast du angenommen und gewandelt! Hast mich gesandt. Zurück in die Kirche und zu den Menschen. Manchmal gehe ich auf deinen Friedhof an der alten Kirche. Halte kurz inne am Grab von Frère Roger. Ein kurzes Dankeschön, ein kurzes Gebet! Aber dann gehe ich zwei Gräber weiter. Frère Wilhelm! Noch lesbar auf einem alten, ganz einfachen Holzkreuz.

Lieber Wilhelm, du bist der Schlüssel, der mir mein Leben öffnete. Güte Gottes, sie lag auf deinem Gesicht! An dir durfte ich erkennen, wo dein Platz nur sein konnte, hier in Taizé! Und an dir durfte ich erkennen, wo meiner nicht ist. Nämlich hier, hier in Taizé! Für mich bleibt dieser Ort immer wie der Rand einer Quelle. Hier darf ich ausruhen, mich stärken und dann wieder gehen! Ich werde dieser Wahrheit immer hinterhertrauern! Aber alles was wurde, es wurde gut. Es ist gut!

Lange und oft habe ich nun hier nachgedacht, mich erinnert, getextet, komponiert und geschrieben. Allein an diesem Buch fast zwei Jahre! Oft habe ich dabei gelächelt! Manche Träne ist geflossen! Aber alles ist hier an diesem Ort entstanden und gut aufgehoben.

Im Zelt F, in der Kirche von Taizé und auf Georges' Terrasse in Taizé, auf der ich gerade sitze und diese letzten Worte schreibe. Blauer Himmel, lachende Sonne, liebender Gott. Danke, Taizé! Danke, lieber Gott! Ich liebe euch!

SO, DAS WAR'S! FERTIG!

Oder – um es mit Hanns-Dieter Hüsch zu sagen:

„Ich bin vergnügt, erlöst, befreit!
Gott nahm in seine Hände meine Zeit!"

Freitag, 29. September 2017, 15.47 Uhr!

Danke, lieber Gott!

SCHLUSSLIED

Zum letzten Mal soll mein Herz klingen.
Ein Schlusslied möchte ich euch singen.
Denn hast du wirklich Schluss gemacht,
wird neuer Anfang möglich und erwacht.

Von Freunden, die auf meinem Weg mitgeh'n.
Von Kindern, die mir Segen bleiben.
Auf die Not and'rer hab' ich gesehen.
Ließ mich vom Glück oft treiben.
All das ist hier nun bald verklungen.
Über was ich wollt', hab' ich euch nun gesungen.
Zum letzten Mal soll mein Herz klingen. ...

Dass ich einfach nur hier sitzen darf,
dass wir „wir" statt „ich" und „du" jetzt sagen.
Von der Zeit, die als Freund und Feind mich traf.
Alles nicht so einfach ist, konnt' ich klagen.
All das ist hier nun bald verklungen.
Über was ich wollt', hab' ich euch nun gesungen.
Zum letzten Mal soll mein Herz klingen. ...

Vom Versuch, aus meiner Haut zu flieh'n.
Vom Lebenswunsch, der mir bis heut' verwehrt.
Von Kindern, die ihre Bahn nun zieh'n.
Vom Spiegelblick, der vieles mir erklärt.
All das ist hier nun bald verklungen.
Über was ich wollt', hab' ich euch nun gesungen.
Zum letzten Mal soll mein Herz klingen. ...

EPI-EPILOG!

Alle meine Texte – für die Lieder und die Geschichten – schreibe ich natürlich erst einmal handschriftlich. In leere kleine Bücher, die meine Frau mir schenkt. Sieben Stück mussten dafür herhalten. Eigentlich sollten sechs reichen. So war es von mir gedacht. Das sechste sollte voll werden, es müsste eigentlich ausreichend Platz haben. Dachte ich! Aber für die Hälfte des Kapitels „Schlusslied" musste ich ein neues Buch beginnen. Zwölf Seiten davon sind nun voll. Etwa 150 andere Seiten sind noch leer. Was mache ich jetzt damit?

„Und hast du wirklich Schluss gemacht, wird neuer Anfang möglich und erwacht!"

In den blauen Himmel hinein summt der liebe Gott mein Lied. Lieber Gott, was soll daraus werden? Wir werden sehen!

Danke, lieber Gott!

Die Liebe hört niemals auf!

ZUM AUTOR

Rüdiger Dunkel, 1958 in Dinslaken am Niederrhein geboren, ist seit 30 Jahren Pfarrer in Bad Kreuznach und Winzenheim, aber immer von ganzem Herzen Niederrheiner geblieben. Als Kind kam er schon Ende der 60er Jahre mit der Communauté in Taizé in Berührung und lernte dort Frère Roger und die Brüder der Gemeinschaft kennen. Längere Aufenthalte dort sowie regelmäßige Begegnungen bis heute ließen diesen Ort in Burgund zu seiner geistlichen Heimat werden. Die unvergleichbare Schönheit der Landschaft und die Ruhe, die dort über allem liegt, lassen ihn texten, komponieren und erzählen. Nur dort schreibt er seine Chansons und Bücher.

Gedankenvolle Liebeleien –
liebevolle Gedanken
(eines verliebten Jungen)

Eine Woche in Taizé: Gedanken über
die Liebe, über Gott und die Ökume-
ne, über das Leben und die Menschen
in Taizé und auch über die eigenen
Wege zu Gott. Augenzwinkernd lädt
Rüdiger Dunkel dazu ein, sich lächelnd an die eigenen Erinnerungen
zu wagen.

272 Seiten,
12,90 Euro

ISBN 978-3-935516-87-7,
Verlag Matthias Ess

Seelenreise
Audio-CD

ISBN 978-3-945676-03-5
12,90 Euro

Spiegelblicke
Audio-CD

ISBN 978-3-945676-16-5
12,90 Euro